励耘史学文丛

# 罗马社会经济研究

杨共乐 / 著

北京师范大学出版集团
BEIJING NORMAL UNIVERSITY PUBLISHING GROUP
北京师范大学出版社

本次出版得到了教育部人文社会科学重点研究基地
北京师范大学史学理论与史学史研究中心的大力支持

# 前　言

　　自从 19 世纪末叶以来，西方学者对古代地中海地区经济史的研究日趋重视，并逐渐形成了两大学派，即"现代派"和"尚古派"。

　　"现代派"以迈尔、蒙森、罗斯托夫采夫等人为代表。他们比较重视导致工农业生产效率提高的技术作用，强调商业活动在产品分配中的作用，认为古代希腊、罗马经济与近代资本主义经济类似。他们的观点一般可以概括为：在经济上，强调工商业起主导作用，农业与市场关系密切，农业生产为市场服务，受市场支配；在政治上，强调工商业奴隶主的领导作用，把古代希腊、罗马的"民主"和"共和"政治归结为工商业奴隶主领导平民同贵族进行斗争的结果。

　　"尚古派"以费尼为代表。"尚古派"贬低工商业的相对重要性，认为古典时代的希腊和意大利几乎没有人完全靠工商业谋生，希腊人和罗马人的财富大部分来自农业。无论是生产，还是消费品的再分配都于家庭这一单位之内完成。在"尚古派"看来，只有在特别例外的情况下，产品才被卖到市场上去。"尚古派"强调家庭是生产和消费的基本单位，应该说是对"现代派"不合时宜地将自由市场经济合理性的近代观念运用到古代社会的有益纠正。但它也有局限性。因为在古代几乎没有家庭能完全做到自给自足。多数家庭的规模太小而不能生产自己所需的全部生活用品。甚至连最大的家族也不能做到自给自足。如果没有额外雇佣的按日计酬的自由佃农和佣金劳动者，凯西利乌斯·伊西多鲁斯(Caecilius Isidorus)的 4 116 名奴隶就不可能完成他全部土地的耕种任务。"尚古派"的最大缺陷是忽略了从公元前 2 世纪以来，罗马市场迅速扩大这一事

1

实；忽略了在市场快速扩张的形势下，土地所有者愿意为市场生产，以最大限度增加收入这一事实。因此，从历史唯物主义的观点和方法出发，依据古典作家提供的相关材料和西方学者的有关优秀研究成果，对古代罗马经济进行分析和研究，并对其进行正确的评价，仍是摆在我们面前的一项十分重要的任务。

《罗马社会经济研究》是国家社会科学基金资助项目。我选择这一题目的目的主要有三点。第一，弄清罗马社会经济发展的规律，准确认识罗马的古代所有制和奴隶所有制社会，正确理解马克思主义的经典学说，从而进一步纠正主导国内外史学界达一个多世纪的"古史现代化"倾向，纠正将西方古典文明视作工商业文明的错误观点。第二，仔细考察罗马的土地所有制变革状况，从而揭示罗马土地所有制内部的运行规律。恩格斯说过："一切文明民族都是从土地公有制开始的。在已经经历了某一原始阶段的一切民族那里，这种公有制在农业的发展进程中变成生产的桎梏。它被废除，被否定，经过了或短或长的中间阶段之后转变为私有制。"①大量事实表明，罗马是走完由公有制到公、私兼有，再由公、私兼有到私有制这条道路的典型之一。因此，对它进行认真研究，无论对罗马史研究，还是对人类社会发展史研究都有十分重要的意义。第三，做一些基础性的研究工作，并力图从相当复杂的罗马社会中分析罗马奴隶制及其奴隶社会的特征。国内外史学界对罗马的奴隶制研究已经开展了许多年了，应该说成绩很大，但也确实存在着单纯以奴隶制研究奴隶制、从宏观角度研究奴隶制等倾向。因此，不利于将这一问题继续引向深入研究。我觉得要改变这种局面必须从基础做起。这种基础主要包括两方面的内容，一是积累大量的第一手材料；二是对决定古代社会的经济成分如农业、工商业等做深入、细致的研究。这些都是本书所极力追求的。本书的写作重点主要放在公元前 3 世纪至 2 世纪之间，至于 3 世纪以后的经济问题，我将另行研究，并力争写出《帝国后期的罗马经济》，以分析罗马经济在帝国后期向封建制过渡时的作用。

---

① 《马克思恩格斯选集》第三卷，480~481 页，北京，人民出版社，1995。

　　《罗马社会经济研究》所用的古典文献，或直接译自洛布本，或引自商务印书馆等出版的古典译作。至于参考的作品则更多，主要部分详见书后的参考文献。

　　《罗马社会经济研究》是我在极其艰难的情况下完成的。因此，对于此书的出版，我非常珍惜。我非常感谢倪寄兰大夫和李英慈大夫对我的鼎力帮助；同时，我也非常感谢白寿彝、李雅书、廖学盛、刘家和、龚书铎等老先生对我的关心和鼓励；非常感谢我的家人以及学生们对我的帮助。中国社会科学院世界史所的廖学盛先生对本书做了认真的审读，并提出了许多宝贵的修改意见，我由衷地感谢他们。如果没有他们的大力支持，要写成这部书显然是不可能的。我衷心地希望在本书出版后，能得到读者真诚的建议与批评。

# 目　录

# 第一章　早期罗马经济

在罗马，农业自古以来就是当地居民的主要产业。从罗马建城到公元前5世纪后半叶，罗马实际上就是一个由众多自由小农组成的小部族。当时"罗马占据近400平方英里①的领土，人口肯定不会超过15万，几乎全部散居于乡村，分为17个地区或乡村部落。大多数家庭有自己的一小块土地和一所小房子，父亲和儿子们一块居住，一起工作，主要种植谷物，间或也在地上种些葡萄藤或橄榄树，在附近公地上牧放几头牲畜，所需衣服和简单农具都为家内自制。偶尔在特殊时节才进入那个设防的城镇，这既是他们的宗教中心，又是他们的政治中心。城里有各种神的庙宇，有富人的住宅，也有手工业者和商人的店铺。在店铺里可以用谷物、油或酒来换取少量的盐或粗糙的铁制工具和武器"②。公元前5世纪到前3世纪，罗马的地域面积迅速扩大，但经济生活的基础仍是农业经济，居民们仍然过着"日出而作，日落而息"的农耕生活。在这种生活方式中，家庭的全体成员都在田地里辛勤劳动，只有在特殊的情况下才使用奴隶和豢养家中的被保护民。农业经济和居民从事谷物生产是拉丁姆经济生活的主要面貌。在所有那些新并入罗马领土的部落统辖区以及新建立的罗马殖民地与拉丁殖民地，情况也大体相同。每一个新建的罗马移民区就是一个农民新村，每一个新建的殖民城就是一个筑有

---

①　1平方英里约合2.59平方千米。——编者注

②　Guglielmo Ferrero, *The Greatness and Decline of Rome*, translated by Alfred E. Zimmern（H. J. Chaytor）, London, William Heinemann, 1971, pp. 1-2.

城堡的农民村庄。①

在罗马早期，上自元老下至一般公民，全都勤勤恳恳地劳作于田间垄上。人们常常把从事交换和处理城内事务的日期定于市集日，也即每周的第一天。对此，古代农学家科鲁美拉和瓦罗均做过论述。瓦罗认为，先人们安排每"周"的第九天②来城里处理事情，而把每"周"的其余七天都用在田间干活③。科鲁美拉说得更明白，他说："在那个时代，国家领导经常在农村生活，当需要进行国事讨论时，临时把他们从农村召唤到元老院来。那些负责送信的使者叫作驿人（Viatores）。当这种习惯还被保持的时代，那些老萨宾公民和罗马父族元老都勤勤恳恳地耕种自己的田地。即使在剑与火的战争年代，收成遭到敌人的劫掠，他们储存的粮食也比我们现在所存的要多。"④普林尼也极力赞赏这种制度，认为："那时候，罗马的将领们亲自耕种土地，以至可以设想，土地也因为接触到荣获桂冠的凯旋者所扶持的犁铧而欢欣鼓舞，或者因为这些将领们像从事战争那样认真地从事耕作，像开辟营地那样仔细地开辟田园，抑或因为庄稼在这些可敬的双手的辛勤培养下生长得特别快，特别茂盛。"⑤瓦罗认为，只要罗马人保持农耕这一习惯，便能达到两个目的，即通过耕种使他们的土地丰产；同时也使他们自己身体强健，而无需希腊人的城市体育馆。⑥

正因为农业在罗马早期生活中起着举足轻重的作用，所以罗马人对它十分重视。据普林尼记载，那些对田地疏于耕耘的公民常常会受到监

---

① M. Rostovtzeff, *The Social and Economic History of the Roman Empire*, Oxford University Press, 1998, p. 13. 参见 M. 罗斯托夫采夫：《罗马帝国社会经济史》，31 页，北京，商务印书馆，1985。

② 实际上是第八天。因为罗马的一周包括八天，称为 nundinae，而一周的第一天也叫 nundinae，这是集市的日子。（参见李雅书选译：《罗马帝国时期》上册，北京，商务印书馆，1985）nundinae 一词直译为第九天，因为罗马人计算一周是将一周的第一天和最后一天合并计算的，这样，下一周的第一天就成了第九天。

③ 瓦罗：《论农业》，2，引言。

④ 科鲁美拉：《论农业》，1，引言。

⑤ 普林尼：《自然史》，18。

⑥ 瓦罗：《论农业》，2，引言。

察官的审理和指责①。迦图也说："我们的祖先在赞扬一个好人时，就称赞他是一位种地好手、一位好农民。凡是受到这样赞誉的人，就被认为受到了最大的称赞。"②而且"最坚强的人和最骁勇的战士，都出身于农民。（农民的）利益来得最清廉、最稳妥而且最不为人所嫉妒。从事农业这一职业的人，常常心里不怀恶念"③。

其实，罗马人的许多绰号和名字都与农业有关。例如，皮索（Piso）的绰号来自磨谷物（Piso），法比乌斯（Fabius）、伦杜鲁斯（Lentulus）和西塞罗（Cicero）等人的名字都出自他们擅长耕作的不同豆科作物④。家族名普鲁姆努斯（Pulumnus）是给发明磨坊用杵的人的。在神圣的礼仪中也有一些与农业有关。例如，在举行最神圣的共食婚仪式时，新娘就得送上一块由斯佩尔特小麦做成的糕饼。

拥有适量土地是罗马早期公民的主要特征。据记载，公元前6世纪，罗马王政时代第六位勒克斯（王）塞尔维乌斯对罗马社会进行了一系列改革，其中最重要的措施是对全体公民进行财产普查，并在此基础上划分五个财产等级，建立等级社会。据说，第一等级公民的财产资格为10万阿司以上⑤，第二等级为7.5万至10万阿司，第三等级为5万至7.5万阿司，第四等级为2.5万至5万阿司，第五等级为1.1万至2.5万阿司。低于第五等级的为无产者。因为铸币出现于公元前3世纪以后，所以塞尔维乌斯时代不可能用阿司作为货币单位来估价公民财产。大多数学者认为，塞尔维乌斯改革是按土地财产的多少来划分公民等级的，只是后来的作者才将其折算为货币。据测算，在当时，任何一个拥有20犹格土地，另有简陋土坯房屋、两头耕牛、若干绵羊的公民都能进入第一等级的行列；任何拥有10犹格土地的公民就能进入第二等级；

①　普林尼：《自然史》，18，3。
②　迦图：《农业志》，引言。
③　同上。
④　Fabius 来自 fiba（蚕豆），Cicero 来自 cicer（鹰嘴豆）。
⑤　10万阿司财产是相当少的。在波利比乌斯时代（公元前2世纪）只能购买3 000蒲式耳左右的小麦。就是在西塞罗时代，也只是元老财产普查规定标准的1/25。

任何拥有 7.5 犹格土地的公民就能进入第三等级；拥有 5 犹格土地的公民能进入第四等级；而拥有 2 至 2.5 犹格土地的公民都能列入最低等级。① 从各等级所占有的土地数目中，我们可以看到，它们之间的财产差额很小。这充分说明，当时公民间的地产划分是相当均匀的。塞尔维乌斯的制度一直保持到公元前 4 世纪末叶，也即阿庇乌斯·克劳狄乌斯当选为监察官之时。阿庇乌斯·克劳狄乌斯开始将流动资本计算在公民的财富之中。此后，流动资产也就进入了政治生活。其他的材料也告诉我们，公民在国家中所得到的土地一般都很少。公元前 290 年的执政官马尼乌斯·库里乌斯②曾明确指出："不满足 7 犹格土地的公民必定是一位危险公民，因为这是国王被逐后国家把土地分配给公民的标准数额。"③无论是执政官还是平民都是如此。据记载，萨宾人曾派使者来请马尼乌斯·库里乌斯·邓塔图斯（Manius Curius Dentatus）帮助他们打仗。当使者到达时，马尼乌斯·库里乌斯·邓塔图斯正在自己狭小的农场里烤萝卜。使者们看到这种情景，很有感触。他们赶忙上前对他说，萨宾人愿意送给他大量的黄金，他拒绝了，并这样说道："征服一个出产黄金的民族比接受黄金更有价值。"④第一次布匿战争期间，执政官鲁古路斯受命出征北非的迦太基。战役结束后，他向元老院写信，说渴望立即回到自己 7 犹格土地的农庄上料理农事，但元老院没有批准他的请求。⑤ 当战争胜利后，罗马给予将军们或勇敢的公民们最慷慨的奖品，就是 1 个人 1 天内用 1 张犁所能翻耕的最大限度的土地，全体居民过去也习惯于每人向他们捐献 1 夸尔塔利乌斯（或一半）⑥斯佩尔特小

---

① T. Frank, *An Economic Survey of Ancient Rome* (ESAR), Baltimore, The Johns Hopkins Press, 1933, Vol. 1, pp. 21-22; H. H. Scullard, *A History of the Roman World, 753 to 146 BC*, London, Methuen & Co. Ltd., 1951, p. 47.

② 马尼乌斯·库里乌斯分别于公元前 290 年和公元前 275 年两度出任执政官，以生活节俭著名，曾率领罗马军队击败萨姆尼特人、萨宾人和路加尼亚人，战胜皮洛士率领的军队。胜利后返乡务农，拒绝接受任何战利品。

③ 普林尼：《自然史》，18。这里的国王指的是小塔克文。

④ 西塞罗：《论老年》，16。

⑤ 瓦莱利乌斯·马克西姆斯：《值得纪念的言行》，4，4，6。

⑥ 夸尔塔利乌斯（quartarius）为 sextarius 的 1/4。

麦。将军们也不愿意接受更多的土地作为奖品。例如，当马尼乌斯·库里乌斯在指挥一次战斗并取得胜利后，罗马人民决定将50犹格土地奖给他，可是遭到了他的拒绝。因为马尼乌斯·库里乌斯认为，对于一个胜利者和一个前执政官来说，50犹格土地实在太多了。他宁愿满足于普通平民所应有的一份土地，也不愿接受人们赐予的礼物。① 从李维的记载中，我们可以看出，许多执政官在为国捐躯后，几乎无钱下葬。例如，公元前503年，普布利乌斯·瓦列利乌斯(Publius Valerius)这位担任过4次执政官的人与世长辞，"但是他经济拮据，缺少殡葬费用，因此用公费为他殡葬"。每位罗马男子都为葬礼献出一个夸尔塔利乌斯。在公元前493年去世的阿格里帕·迈纳尼乌斯(Agrippa Menenius)情况也是如此。② 这些都表明，罗马早期的社会生活还相当简朴，大地产几乎是不存在的。

在早期罗马，社会的主要生产者并不是人们原先所说的奴隶，而是公民自己。公民们(无论是贵族还是平民)都以躬耕田垄为荣，例如，昆提乌斯·辛辛纳图斯就是在田野中扶犁耕地时接到元老院召唤的，他来到城里受命为独裁官，去救援一个执政官及其统率的军队。在完成任务后，他立即交出军权，重新回到他的耕牛身边，回到祖传的小小的4犹格土地上。③ 与他相类似的还有盖乌斯·法布里奇乌斯④和马尼乌斯·库里乌斯·邓塔图斯，前者在把皮洛士赶出意大利之后，后者在战胜萨宾人之后，都回到了农庄。他们同一般公民一样，每人分到从敌人那里夺来的7犹格土地。他们以与拿起武器战胜敌人时同样的精力，精心耕作自己的份地。⑤ 显而易见，在王政时代尤其是共和早期，罗马人还过着一种简朴、勤勉和自给自足的田园生活。即使如迦太基的征服者阿非

---

① 参见科鲁美拉：《论农业》，1，序言。
② 李维：《罗马史》，2，16～23；普鲁塔克：《普布利乌斯传》，23，7。
③ 李维：《罗马史》，3，26～29；科鲁美拉：《论农业》，序言。
④ 盖乌斯·法布里奇乌斯曾于公元前282年和公元前278年两度在罗马任执政官。
⑤ 科鲁美拉：《论农业》，1，序言。

利加·西庇阿也亲自耕种土地。[①]

罗马的手工业和贸易在公元前5世纪时极不发达。属于这一时期的古物只有一种铜制品被人发现，上面的铭文似乎表明其来源于罗马[②]。这个孤证不能证明当时罗马城有铜器作坊。公元前450年之后的罗马遗物中希腊陶极少。当时除了因战事频繁进口一些粮食之类的必需物资外，其他贸易比公元前6世纪时反而锐减了。大概到公元前4世纪后半期才逐渐恢复。

从公元前348年罗马和迦太基订立的一项条约可以看到罗马当时还很不关心贸易利益。条约规定迦太基人不许在拉丁姆建立任何永久驻地，不能骚扰已接受罗马统治的城市，但允许他们从沿岸各省贩运奴隶，而且罗马情愿退出西地中海贸易区，承认撒丁以西为迦太基贸易势力范围。[③]

罗马的海港奥斯提亚和安提乌姆当时主要是为军事目的而存在的，不为贸易。罗马甚至不干涉安提乌姆的海盗营生。

货币是社会发展到一定程度的产物，从罗马货币出现和缓慢发展中，我们也可看出早期共和时期贸易不发达。和一般意大利人一样，罗马人最初使用的交换媒介是牡牛和绵羊。1头牡牛的价格大约等于1头绵羊。后来，人们又转而使用青铜块，有散块，也有铸成长方块的，但都是现称分量。在《十二铜表法》里，罚金就是以青铜重量来课征的。例如《十二铜表法》第八表第三款规定，如用手或棒子打断自由人的骨头，则应缴纳300阿司的罚金[④]；如为奴隶，则为150罗马磅铜。又如第四款规定，如果欺侮人，则罚款25罗马磅铜。数百年来，人们就是以这

---

① 辛尼加：《论浴室》。

② 铭文为"Novios Plautios med Romai fecid"，其意为"诺维乌斯·普劳提乌斯于罗马制造了我"。参见《拉丁铭文集》，8562。

③ 关于这一条约在波利比乌斯、李维和西西里的狄奥多鲁斯的作品中皆有记录。参见波利比乌斯：《通史》，3，22~26；李维：《罗马史》，7，27，38；西西里的狄奥多鲁斯：《历史集成》，16，69。条约的内容参见本书附录。

④ 这个数目应该是原始文件上的数目。那时，1罗马磅重的铜或1阿司是1头牛的价格的1%。所以，凡打断自由人骨头者应被处以相当于3头牛价值的罚款。李维：《罗马史》，4，30，3。

些青铜条作为交换和估价的媒介。后来，为了方便起见，人们又通过了一项法律①，规定了收取财物的等价值，即 1 头牛等于 10 头绵羊，又等于 100 罗马磅青铜。

从公元前 406 年开始，国家以青铜支付士兵的薪饷，大抵也以青铜重量课取为这一开支所需要的捐税。罗马早期所通行的便是这种不方便的货币制度。此后大约在公元前 338 年，罗马才出现了重铜币（aes grave），或被称为阿司（as）②的货币。阿司以下分成塞米斯（Semis）③、乌尼契亚（Unicia）④。与此同时，罗马又让坎佩尼亚的造币厂铸造了一些带有"Roma"字样的银币。在南部意大利，罗马人就是用这些钱来购买物品的。公元前 289 年，罗马设立了货币监督官 3 人，监督公用货币的铸造，罗马的铸币业才开始走上正轨。皮鲁士战争后，由于受希腊人铸币的影响，大约于公元前 269 年，罗马才出现了自己铸造的银币⑤，这就是狄纳里乌斯⑥和它以下的塞斯退斯⑦。1 狄纳里乌斯大约等于 10 阿司，1 塞斯退斯等于 2.5 阿司。法庭在判决时，常常以下列比价折合：1 头牛等于 10 只羊，等于 10 狄纳里乌斯。

布匿战争以后，银币和铜币种类增多，重量不定的铜块逐渐消失。很显然，皮鲁士战争和布匿战争对罗马与外界的经济交往起着重要的作用。但是直到公元前 4 世纪末，意大利政治形势的变动并没有促进经济生活的发展。当罗马在政治上变为意大利的领袖时，在经济和财富上，罗马比它的一些属邦还要落后。

大约在公元前 325 年，罗马才开始铸造金币。

铸币制度的落后本身就是早期罗马商品经济落后的反映，也是早期

---

① 大约是在公元前 430 年，一说为公元前 454 年。

② 1 阿司（相当于 1 磅青铜），它的正面是双面神雅努斯（Janus），背面则是船的头部。

③ 1 塞米斯等于 1/2 阿司。

④ 1 乌尼契亚等于 1/12 阿司。

⑤ 公元前 269 年，罗马铸币官铸造的银币一面印有赫尔库利斯神像；另一面为母狼和双生子。

⑥ 狄纳里乌斯（Denarius）直译为 10 阿司。

⑦ 塞斯特提乌斯（Sestetius）简译为塞斯退斯。

罗马商品经济落后的表现。

与上述情况相吻合的是罗马政治制度的落后与原始。罗马直到公元前 3 世纪，政府机构仍然十分简单。除几种人民大会和元老院外，就是为数不多的几种官员：执政官、行政长官、监察官、财务官、营造官和保民官等。每种职务有二、三、四人或稍多，保民官数量最多也只有 10 人。另外有些辅助小吏。

公元前 3 世纪，罗马城无论面积或人口都比王政末期扩大了许多倍。公元前 509 年，罗马土地面积为 300 平方英里。到公元前 265 年，罗马的领土面积已达意大利半岛总面积的 1/5。南北向从塔奎尼城起到库麦和那不勒斯。东西向从第勒尼安海跨亚平宁山直到亚德里亚海。公民人口中的成年男性达 30 多万人。

国家发展了，但因为没有复杂的政府机构，所以无须警察和税官。行政、司法、财物、市政等部门只需有若干名官员就可使国家机器运转。甚至保卫国家和向外扩张所依靠的军队也无须专门培训，到时把民兵召集起来即可。青年时代有军事经验的执政官等都能带兵做指挥官。军费开支由掠获的战利品补足，而且大大有余。分配战利品和土地也只需由执政官或其他高官或元老院指派一些工作人员按决议或习惯法执行即可。一般而言，较难决定且较难处理的事都由元老会议决定。元老院是罗马主要的协调机构。它安排确定官员的职权范围，辅助执政官员克服众多艰难险阻。同时，它也能抑制擅权的执政官和保民官，一般用否决、反否决的办法让他们的同僚互相牵制。内部的等级斗争也往往有人出面调停，常常以妥协而告终。

直到公元前 3 世纪，罗马的政治制度基本上还保留着简政的特点，没有一套复杂的官僚机构，没有很多公务人员。但是国家机器依旧运转，并且国家能发展壮大。之所以如此，和公民国家及其特有的双重所有制有密切关系。每个公民的命运都同国家的命运紧密联系在一起，所以每个公民甚至半公民都对国家有高度的认同感，以捍卫国家为己任，同舟共济。因此无须官僚机构的催迫，人民自然且自觉地关心政治和国家的兴盛。

公元前 3 世纪时，人民大会的参加者仍以居住在乡村的小农为主。由这些有产者投票决定宣战、媾和等大事。国家官员也由几个人民大会分别选举，而且人们仍惯于从某几个著名的有功勋的古老家族中选举高官。尽管官职对平民开放了，但并不是立刻就有许多平民能当高官。元老院和高级官职的贵族性质长期保持不变。最早进入贵族圈子的平民有李锡尼、赛克斯都两家。随后 100 年左右的时间里，陆续进入罗马统治阶层的平民家族不过 10 来家，著名的有普劳提乌斯(Plautius)和马尔契乌斯(Marcius)。移居到罗马的拉丁和意大利城市的望族也有进入统治阶层的，如托斯库鲁城的富尔维乌斯(Fulvius)和波尔西乌斯(Porcius)等。埃特鲁里亚和奥斯其语族也有成为罗马贵族的。据考证，西塞罗原属伏尔西人。① 这些平民和非罗马望族做了高官之后成为罗马高官阶级，与旧的父族贵族结合起来成为罗马共和国的新贵族，或称豪门。他们虽然和旧父族贵族根基不同，但作为统治阶层是一样的。成为高官的新豪门贵族成员卸任后照例进入元老院。公元前 218 年的《克劳狄法》表明，进入元老院的元老都是从事农业的农民贵族。

众所周知，经济是政治的基础，政治是经济的反映和表现。从罗马早期的政治制度中，我们能够看出罗马社会的农业性质和工商业不甚发达的时代特征。

债务问题一直是罗马早期最严重的社会和经济问题，是罗马社会经济落后的重要标志。从严格意义上讲，债务是一种法律关系。债，拉丁文为 obligatio，原是指保障履行义务的法律约束，后来人们也用它表示负债人的义务。法学家保罗指出："债的本质不在于我们取得某物的所有权或者获得役权，而在于其他人必须给我们某物或者履行某事。"②查士丁尼《法学总论》指出："债是一种迫使我们必须根据我们国家的法律制度履行某种给付义务的法律约束。"③罗马的债一直保留着涉及人身依

---

① G. H. Stevenson, *Roman Provincial Administration till the Age of Antonines*, Oxford, Blackwell, 1939, p. 9.
② 查士丁尼：《学说汇编》，44，7。
③ 查士丁尼：《法学总论》，3，13。

9

从关系的原始特点，这一特点明显地体现在相关拉丁术语之中，如 ob-ligare(束缚，约束)、nexum(捆缚)、vinculum(捆绑，束缚)、adstrin-gene(缠绑，束紧)，以及原义词 liberare(解放，释放)、solvere(解开，松开)等。

从共和国一开始，债务问题就显得相当突出。公元前 494 年，平民第一次撤至圣山的原因是债务。公元前 450—前 449 年罗马颁布的第一个成文法——《十二铜表法》，也极为残酷地规定了债务奴役制。恩格斯对此曾有过深刻的评论，他指出："后世的立法，没有一个像古雅典和古罗马的立法那样残酷无情地、无可挽救地把债务人投在高利贷债权人的脚下，——这两种立法都是作为习惯法而自发地产生的，都只有经济上的强制。"①公元前 376 年，导致李锡尼、赛克斯都改革的也是严重的债务压迫。公元前 326 年，波特利乌斯法规定："除了犯有罪行等待交付罚款者外，不得拘留任何人或施以镣铐枷锁；债务人应以物品而不以人的身体(Corpus)作为借债之抵押品。"②李维把这一年视作是"罗马平民自由的开端，因为他们不再因债务而遭受奴役了"③。从此以后，人身为债的履行受到责任约束的时代宣告结束，债务关系的刑罚特色也告消失。债已被人们正式看作单纯的财产关系。

过去，我们一直都认为，公元前 326 年以前，罗马公民内部一直存在着一种因负债而沦为奴隶的债务奴隶制，《波特利乌斯法》是罗马废除债务奴隶制的开始。实际上，这是一种非常错误的观点，在罗马早期根本不存在债务族内奴隶制。这是因为：

第一，罗马人没有使其他罗马人沦为自己奴隶的习惯。罗马人虽然也有把罗马公民卖为奴隶的事例。但一般都是把人卖到第伯河那边，即非罗马人居住的地区。④

第二，罗马人一般把因负债而受奴役的人称作"nexus"。瓦罗在《论

---

① 《马克思恩格斯选集》第四卷，167 页，北京，人民出版社，1995。
② 李维：《罗马史》，8，28。
③ 同上。
④ 《十二铜表法》，第三表、第四表。

拉丁语》一书中曾对"nexus"一词做过解释。他说："一个在能够还清自己所负债务之前，像奴隶那样干活的自由民叫'Nexus'，也叫'Obaera-tus'。"[①]"Nexus"与奴隶不同，他们虽然是"处于受役状态的人（Caput in mancipio）"，但他们仍有"自由人（liberum caput）"的身份。只要他们一还清债务，就能立即行使自由人的全部权利。

第三，债权人的最大特权是对债务人躯体的执行权。这种躯体执行权包括：其一，拘捕债务人。《十二铜表法》第三表明确指出，原告人可以拘捕债务人；债务人在拘禁期间，他有权与原告人谋求和解，若双方不能和解，则这些债务人应被继续拘禁 60 天。其二，处以死刑或售至国外。《十二铜表法》规定，在债务人被拘禁的 60 天内，他们须在市集日连续三次被带到行政长官前。至第三个市集日，他们则被处以死刑，或售之于第伯河之外。《十二铜表法》第三表的第六条又说，至第三个市集日，债务人得被砍切成块。奥鲁斯·格里乌斯也说："如法庭将债务人交给几个债权人，则十人团准许他们随意将他们的债务人砍切成块。"[②]其三，摧残债务人的躯体。例如，据《十二铜表法》第三表第三条记载："若债务人仍未［自动］执行法庭判决，且在受讯时无人代他解脱责任，则［原告人］得把他带到私宅，给他们戴上足枷或手铐，其重量不得轻于 15 磅，而且假如愿意，还可以加重。……债主可以将债务人投入地牢，使其受尽被鞭子笞打之苦，让其求生不得，求死不能。"[③]所以史书上经常把 nexus 说成是 servitus，即像奴隶那样的人。

第四，共和早期，罗马反债务奴役运动的导火线一般都是债权人对债务人身体的残酷摧残。例如，李维记载，公元前 494 年撤离运动发生的原因主要是由于那些债务人情况危难，已经深陷绝境，其导火线是人们受一位老人的触目惊心的灾难的刺激。这位老人原来曾当过百人队长（Centurion），在对外战争中为罗马立过汗马功劳。但后来因为种种

①　瓦罗：《论拉丁语》，7，5。
②　奥鲁斯·格里乌斯：《阿提卡之夜》，20，1，48。
③　李维：《罗马史》，2，23。

不幸沦为 Nexus，被债权人送入地牢。受尽折磨的他，衣衫满是污垢，他的外表因为呈现着死尸般的苍白和憔悴，显得分外狰狞可怕。他蓬松的胡须和头发也使他看上去像个野人。在他的背上到处都是被鞭子抽打后留下的伤痕。人们在目睹这一惨景后就举起了反对贵族斗争的旗帜。[①] 又如公元前 326 年的《波特利乌斯法》的出台，实际上也是放高利贷者帕庇利乌斯的兽欲和凶残行为的结果。事情是这样的，盖乌斯·普布里乌斯因父债而以自身向债权人担保。债务人的年轻英俊招致了帕庇利乌斯的邪念与侮辱。他将这位少年的秀美容貌视为欠债的附加利息，起初用下流的语言诱惑他，后见少年对此充耳不闻，就试以威胁恐吓，并经常提醒他想想自己所处的地位。最后，他见孩子对个人的荣誉、出身看得比目前的处境还重时，就命令将他剥衣拷打。孩子被打得皮开肉绽，逃至街上大声控诉放高利贷者的兽行与残暴。[②] 人们见状义愤填膺，终于迫使元老院通过了《波特利乌斯法》。

正因为没有债务奴隶制，所以在拉丁文中也不存在债务奴隶这个词，也根本不存在废除债务奴隶的法律。因此，把债务奴役理解为债务奴隶制显然是不符合历史事实的。

大量事实表明，罗马在公元前 3 世纪以前是一个以农业为主的社会。农民既是当时罗马国家的主要生产者，同时又是当时罗马国家的主要保卫者。

---

① 李维：《罗马史》，2，23。

② 李维：《罗马史》，8，28。参见哈里卡纳苏斯的狄奥尼修斯：《罗马古事纪》，16，5；瓦莱利乌斯·马克西姆斯：《值得纪念的言行》，6，1，9。

# 第二章　公元前 3 到 2 世纪的 罗马农业

公元前 4 世纪初至前 2 世纪中叶，是罗马迅速崛起的时代。罗马经过一系列征服战争，首先征服了意大利，然后又染指地中海西部和东部地区，消灭迦太基，吞并马其顿占有的巴尔干地区，打败安提奥库斯三世，终于成为雄踞地中海地区的霸主。随着罗马成功的对外战争，罗马的经济，尤其是农业经济发生了明显的变化。

## 一、公元前 3 到前 2 世纪的罗马农业

第二次布匿战争以及随后对山南高卢的征服，几乎使罗马的公有土地面积扩大了一倍。据 P. A. 布朗特统计，公元前 200 年，罗马的国有土地面积为 13 000 000 犹格①，到公元前 150 年，增至 21 000 000 犹格。T. 弗兰克认为，罗马在第二次布匿战争中，获得的南部意大利土地达 10 000 平方千米。对于这些新增加的土地，罗马人常常采取卜述方式加以处理：首先是设立殖民地或移民地，然后将殖民或移民土地分成 30 犹格或 50 犹格一份的土地，分别分给罗马公民或同盟移民。其次是将部分土地出卖给私人。再次是将部分公地用微不足道的租金出租给罗马人或意大利人。至于那些在战争中荒芜的土地，罗马人则采取鼓励的政策，让人们自由开垦种植。新份地的大量分配使罗马农民在汉尼拔战争

_____

① 1 犹格约等于 4.1 亩。

中遭到的浩劫得到了部分的补偿。

在公元前 2 世纪，罗马农业的最大变化是出现了 100 犹格至 500 犹格的中型地产，它们以经营葡萄、橄榄等经济作物为主。这种庄园的产生是罗马对外征服的结果。在大征服战争中获得大量战利品的罗马将军和贵族，肆无忌惮地搜刮行省居民财富的总督以及投机取巧、中饱私囊的包税人，承包公共工程的承包人和因经商而致富的商人等都抓住一切机会购进或强占国有或私有地产。首先，这是最安全的投资。西塞罗说："在一切收入有所保障的职业中，没有一种职业比从事农业更美好、更有利可图、更令人愉悦、更适合于人，没有一种职业比农业对自由民更合适。"①其次，罗马人一向都认为土地是最正当的财产形式。经商、包税致富的人通过扩大自己的地产可以获取社会的尊敬和上层社会的青睐。西塞罗对此讲得很清楚，他说："至于商业……如果是做批发生意并且大规模经营，从世界各地引进大量商品并把它们正当地分售给许多人，那就不会受到民众的蔑视。如果从事此类活动的人对商业感到厌腻，或者应该说满足于他们已获取的财产，由港口回到乡间的土地上，就像他们经常从海上回到港口一样，那他甚至可能受到极大的敬重。"②再次，罗马存在着众多租金便宜且管理较差的公共土地。缺乏训练有素的行政和国有土地的管理人员一直是罗马国家面临的严重问题。而这种问题的严重性在公元前 2 世纪以后表现得更加明显。元老院尽管操纵着国有土地的最高管理权，但它并不能对全部国有土地的出租或出卖状况保持总的监督，不能对高级官吏的账目进行检查，监察官和财务官也是如此。国有土地管理领域的这些缺陷，加速了罗马国有土地的私有化进程。那些手中握有钱财的人都想方设法租借大片未分配的公有地，或从监察官手中以微小的租金租得荒地，然后投资开垦。不过，从形式上看，这些占有者都应受《李锡尼-赛克斯都法》的约束：一人占有公共土地的最高数额不得超过 500 犹格。但事实上，这条法律从未被认真执行

---

① 西塞罗：《论职责》，1，42，151。
② 同上。

过。即使实行也约束不住取巧的人，因为人们可以通过伪造姓名，把土地分散在意大利的不同地区。据普林尼记载，这一法律的制定者之一李锡尼本身就违反了自己的法律，他"因为试图利用他的儿子冒名顶替多占公有地而被绳之以法"①。对此，科鲁美拉也有同样的报道，他说："盖乌斯·李锡尼做平民保民官时，曾立法限制占有公有地的数额，但后来他违背自己的法律，占有的土地超过法律规定的限额，因而受到处罚。"②李维说得更具体，他说："就在同一年，李锡尼因其自己制定的法律被莱纳斯处以 1 万阿司的罚款，因为他同自己的儿子占据了 1 000 犹格的土地……"③大约从公元前 2 世纪开始，罗马出现了占有几个甚至几十个地产和庄园的富人。据统计，迦图在公元前 2 世纪中叶就拥有多处地产，它们大致分布在列阿特地区④、罗马城郊⑤、坎佩尼亚地区⑥、维纳弗努姆(Venafrum)地区⑦、卡西努姆(Casinum)地区⑧。一般说来，经营以种植橄榄、葡萄为主的中型庄园需要更多的投资以及更强的承担风险的能力。因为橄榄的收获须经过 15 年左右的栽培，葡萄也需 5 年的时间，而且橄榄和葡萄又有害怕寒冷等毛病，受气候的影响很大。

　　随着中型庄园的兴起，在罗马也出现了专门研究如何经营和管理庄园的著作。迦图的《农业志》就是在这种情况下产生的。迦图(公元前 234—前 149)是罗马著名的政治家、军事家，同时也是古代罗马第一位著名的农学家，"是最早用拉丁文著书论述农业的人"⑨。迦图的《农业志》共分 162 章，书中一开篇就赞美农民，赞美务农是最高尚的事业。然后论述了庄园的选择标准、庄园的建筑方法、人员的配置比例、管理方法等。此外，迦图还对庄园内各季的农事做了具体的安排。春夏有

---

①　普林尼：《自然史》，18。
②　科鲁美拉：《论农业》，1，1。
③　李维：《罗马史》，7，16，9。
④　这里的地产系继承自父亲的遗产。
⑤　参见迦图：《农业志》，8。
⑥　同上书，3～6。这一地产大约购买于公元前 205 年或公元前 204 年。
⑦　同上书，10，11。
⑧　同上。
⑨　科鲁美拉：《论农业》，序言。

序，秋冬有别。如，春、夏季，嫁接果树、葡萄，修整橄榄，栽培橄榄树苗；秋季，收获葡萄、橄榄，酿酒，积肥，秋播；冬季，运肥，谷地锄耘、除草等。迦图的《农业志》是罗马历史上第一部系统论述农业的著作，至今保存完好。它比起我国现存最早的农业巨著——北魏贾思勰的《齐民要术》，还要早将近 700 年。

公元前 2 世纪中期兴起的中型庄园，尤其是迦图式庄园，有以下明显的特点：面积适中；奴隶是庄园的主要生产者，但人数不多；主人常常是不在地主。庄园由管家（Villicus）管理，平时由庄园的日常生产者奴隶耕作，农忙时则雇佣附近的自由民帮忙。[①] 这种庄园制度的优点主要在于既克服了因大量劳动力过剩对庄园带来的经济损失，又部分地解决了完全使用奴隶劳动所带来的各种弊端。庄园主随时都可以依据庄园的需要来雇佣劳动者，调整劳动力的需要，所以这种庄园具有很强的生命力。

罗马中型地产的所有者和承租人不仅指望自己承租的地产能够保住利润，而且还希望能增加他们的利益。为了达到赚钱的目的，地产主们开始注意用科学的方法来耕种土地。他们按照希腊人关于农田地力的理论采用轮种制，用豆科植物恢复地力以代替两年一休耕的轮作法。同时，他们还通过深耕、选择优良种子等方法来提高农作物的产量。此外，他们还从迦太基人那里学到了用木板打谷脱粒等方法，从而提高了罗马农民的收割进程。不过，在意大利种植橄榄的地区一直只限于坎佩尼亚和阿普利亚，葡萄园则直到很晚才扩大到意大利北部。只有到公元前 2 世纪末，意大利的橄榄油才销到巴尔干和地中海东部地区。意大利出产的葡萄酒也只有在罗马城才享有较高的声誉。

意大利中南部的埃特鲁里亚、路加尼亚等丘陵和峡谷地带是牧场较多的地区。在这里仍然保存着按四季迁移牧场的习惯。在换季时，牧人们往往把数以千计的牛、羊群驱赶数百里。这样大批迁移的畜牧方法，不仅不用储存冬季饲草，而且也无须运输。畜牧费用因此大减。此外，

---

① 迦图：《农业志》，1，4～5。

羊皮、羊毛、羊肉都能给牧场主带来丰厚的收入。因此，地产主也往往愿意花巨资投资牧场，使牧场规模越来越大，有的甚至超过 1 000 犹格。①共和晚期，牧场经营已经成为当时最有利可图的行业之一。

大地产，即面积超过 500 犹格以上且连成一片的拉蒂芬丁（Latifundus）②，在公元前 2 世纪还没有出现。这个词在公元前 1 世纪以前留下的任何拉丁原文中都无法被找到。不过，由几个不同类型的庄园联合组成的混合型庄园倒是存在。一个大地产主可能在不同的地区拥有若干个较小的地产，单个地产显然算不上拉蒂芬丁，但综合起来就算得上大地产了。在公元前 2 世纪，罗马的大地产主还很少，当时比较流行的还是中型地产。

自从 19 世纪末叶以来，国内外的史学界一般都认为，公元前 2 世纪意大利的小农已大量破产。从表面上看，这一观点似乎很有道理，但只要我们仔细研究，就会发现它并没有足够的证据。

众所周知，反映公元前 2 世纪意大利小农生活的材料并不多，而对之加以总括性论述的则更少。我们现在能见到的只有阿庇安《内战史》的前几部分。在这里，阿庇安笼统地论述了意大利小农破产的原因。他指出："富有者占领大部分未分配的土地，时间过久之后，他们的胆子越来越大，相信其土地永远不会被剥夺。他们吞并邻近的土地和他们贫穷邻居的份地，一部分是通过说服购买的，一部分是以暴力霸占的。因此，他们开始耕种广大的土地，而不是零散的地产。"③不仅如此，主人们还常常用奴隶来耕作这些地产，"这样，某些有势力的人变为极富，奴隶人数在全国增长起来了，而意大利人民的人数和势力，因受经济、捐税和兵役的重压而趋于衰落。"④在以下数段中，阿庇安还多次提到了意大利人口的减少以及他们对公共土地的要求，并把将公共土地分配给

---

① 罗马骑士加比里乌斯就在罗马郊区占有 1 000 犹格的土地。参见瓦罗：《论农业》，2，3。

② Latifundus 一词来源于拉丁文"latus(大的)"和"fundus(地产)"。

③ 阿庇安：《内战史》，1，7。参见[古罗马]阿庇安：《罗马史》下卷，6～8 页，北京，商务印书馆，1985。

④ 同上。

意大利人看作促进意大利人口增长的重要因素。① 后人常常不加辨别地引用阿庇安的这些史料，并用它来证明公元前 2 世纪意大利小农的大量破产。实际上，只要仔细分析，就会发现这一证据本身就存在着许多问题。

第一，从上下文的内容上看，很明显，阿庇安陈述意大利小农破产的原因，目的是为了导出《李锡尼-赛克斯都法》和格拉古兄弟的土地法的颁布。众所周知，《李锡尼-赛克斯都法》颁布于公元前 367 年，正值罗马不断向外扩张之时，小农势力相当稳定，当时的意大利根本不存在小农大量破产的问题。我们只要看一下这一法律的具体内容便能知道。该法律规定，任何人占有的国有土地不得超过 500 犹格，在牧场上放牧的，不得超过 100 头牛或 500 头羊。② 在这里，该法律既没有反映农民对土地的要求，也没有做出把土地分配给农民的决定。很显然，它的通过，并不是小农大量破产的结果，而仅仅是为了对富有者加以限制，不让他们过分地发展，从而维护公民整体的统一性而已。至于格拉古兄弟改革的原因，也并非小农的大量破产，而主要是罗马不断对外扩张，并由此造成的公民兵相对减少的缘故。这说明阿庇安的上述分析本身就存在着一定的缺陷，与事实之间存在着较大的差距，而用这样水分较多的材料来证明意大利小农的大量破产，未免有失实和牵强附会之嫌。

第二，混淆了意大利人和罗马公民之间的界线，这我们从阿庇安对格拉古兄弟改革的描写中看得很清楚。根据阿庇安的记载，格拉古兄弟的改革措施实质上涉及许多意大利人，而且他们也得到了这部分意大利人的支持。如果阿庇安的分析与事实相符，那么，人们确实能够得出：格拉古兄弟土地改革的出现，完全是意大利小农大量破产的结果。

然而，问题就在于阿庇安所提供的史料并不正确。因为格拉古改革的受益者和支持者并不是意大利人，而是罗马平民。为了说明这一问题，我们不妨先引用古典作家西塞罗在这方面的记载。西塞罗在《论土

---

① 阿庇安：《内战史》，1，7，28。
② 李维：《罗马史》，6，34~41；普鲁塔克：《提比略·格拉古传》，8。

地法》一文中曾两次提到格拉古兄弟改革。他这样写道:"公民们,坦率地说,我绝不是不同意所有的土地法,我时常记起最著名而又最有才华的两位公民——提比略·格拉古和盖约·格拉古,他们是罗马人民最忠诚的朋友。他们收回了私人占有的公有土地,并把它们分配给平民(Plebem in agris publicis constituisse, qui agri a privatis antea possidebantur)。"①在另一处,当执政官路鲁斯欲把坎佩尼亚公有土地分配给平民时,西塞罗这样反驳道:"我们的祖先不但不让经获得的坎佩尼亚土地减少,而且还通过购买的方式,取得了被人占有而又不能被剥夺的土地。对此,无论是热心保护平民利益的格拉古兄弟(Gracchi de plebis Romanae commodis plurimum cogitaverunt),还是对于自己的亲信毫不吝啬、慷慨赏赐的路契乌斯·苏拉,都不敢染指。"②在这里,西塞罗很明确地告诉我们:格拉古兄弟土地改革完全是为了罗马平民的利益,符合罗马平民③的要求。而且就改革所涉及的范围而言,它也始终没有超出罗马公民这个圈子。有关这方面,另一古典作家普鲁塔克讲得非常清楚。普鲁塔克在《提比略·格拉古传》中明确指出,分配公有土地是罗马人而并非意大利人的事情。此外,普鲁塔克还一再把格拉古改革的支持者说成是"德摩斯(ὁ δῆμος)",认为提比略·格拉古的力量和雄心主要应该说是由"德摩斯"激发起来的,因为他们在柱廊中、在房屋的墙上、在纪念建筑物上,到处贴满标语,呼吁他出来替贫民收回公有地(τὴν δὲ πλεῖσ τὴν αὐτὸς ὁ δῆμος ὁρμὴν καὶ φιλοτιμιαν ἐξῆφε, προκαλούμενος διὰ γραμματων αυτον ἐν στοαῖς καὶ τοίχοις καὶ μνήμασι καταγραφομένων ἀνάλαβειν τοῖς πένησι τὴν δημοσίαν χώραν)。④ 这里的"德摩斯",当然只能属于罗马平民。

就材料来源而言,西塞罗(公元前 106—前 43)等所提供的这些材

---

① 西塞罗:《论土地法》,2,5,10。
② 西塞罗:《论土地法》,2,29,81。
③ 罗马法明确规定,平民是指贵族和元老以外的其他公民。参见查士丁尼:《法学总论》,1,4。
④ 普鲁塔克:《提比略·格拉古传》,8,7。

料，无疑是最可靠的。因为它是流传下来的提及格拉古兄弟改革支持者的最早史料，比阿庇安的记录足足早两个多世纪，而且距格拉古兄弟改革事件的时间又只有30多年。此外，西塞罗又是共和末期最著名且最具影响力的政治人物之一，曾担任过执政官等高级官职，很容易获得有关格拉古兄弟改革的最可靠的资料。

那么，阿庇安所提供的资料为什么会出现这么多错误呢？要回答这一问题，我认为，有必要简单地论述一下阿庇安所处的时代以及意大利人和罗马人民之间的关系。

阿庇安是早期罗马帝国时期的历史学家，大约生于公元95年，卒于公元165年。这正是安敦尼王朝时期，是罗马帝国历史上最繁荣、强盛的时代，即所谓的"黄金时代"。到这时，罗马原先的公有土地已基本上被私人占有，而且这些情况已经得到了罗马法律的承认。公民之间的不平等现象已相当明显。元首们以及帝国官吏都纷纷利用自己的权力和财产，广置地产，大地产一时遍及整个意大利和帝国各地。小农破产的情况相当严重。我们可从伪昆体良留下的下述一段话中得到佐证。这段话主要通过一位已贫困化的农民之口把大地产发展的情形叙述得非常精彩，那个农民这样说道：

> 我并非总是与富人为邻。有一段时间，在我农场的四周居住的都是独立的农民。他们是同样富有的人，他们非常欢快地耕种着自己不算太大的土地。现在则大不相同了！曾经养活所有公民的土地当今皆变成了一个巨大的种植园，专属于一位富人。他的庄园已经扩展至四面八方。被他吞并的农民家宅已遭拆毁，他们的祖先神像也遭毁坏。从前的田主不得不告别他们祖先的神灵，带着妻儿远走他乡。单调乏味笼罩着广阔的平原。无论在什么地方，财富都好像是围着我似的一堵墙。这里有富人的花园，那里有富人的田地；这里有他的葡萄园，那里有他的树林或草地。我原本也是要离开这里的，但我找不到一块旁边没有富人的土地。因为哪里还有没有富人私有财产的地方？他们好像似国家扩张疆域一样，不扩展到天然分

界线——河流和山脉是不会满足的。即使是最辽远的山顶荒地和树林，他们也要占领。除非这位富人遇到了另一位富人的土地，否则，这种扩张始终不会停止。这些富人对我们穷人还有一种蔑视，即他们在侵犯我们利益时，甚至连自己都不加否认。①

另外，我们从辛尼加对贪婪的抨击中也能看到当时土地兼并的严重性。辛尼加说："贪婪可以尽力去弥补自己的损失，可以通过全部购买或暴力抢夺邻居地产的方法使自己得到一块块地产，可以把乡间财产扩大到整个外部省份，可以在能够漂洋过海游上一圈也不用走出自己的领地时，只说自己是'有点儿财产'。"②在这里，辛尼加虽然没有具体点出土地兼并者的姓名，但在他的字里行间我们还是能够看出当时土地兼并的情况。生活在公元 1 世纪和 2 世纪之交的阿庇安正是受了这种影响，把公元 2 世纪的内容注入公元前 2 世纪的社会里面，犯了古史当代化的错误。

至于罗马人民与意大利人之间的关系，在公元前 88 年以前，则完全属于主人和臣民之间的关系。罗马人民享有各种权利，如公民权、选举权等，更重要的是罗马人民享有分配公有地的权利。而意大利人则不然，他们虽然在内部事务上保持自主，自设官吏，自行其法律，但在对外事务上，则必须绝对服从罗马，不能违背罗马人民的意旨。他们与罗马军队一起作战、流血，但是他们不能分得罗马的公地，不能参与罗马的政权，自从意大利战争结束以后，罗马政府才开始把罗马公民权授予意大利人。可以说，从这时（也只有从这时）开始，罗马人民和意大利人民之间的区别才慢慢消失，两者在权利和义务上才开始等同起来。而到公元 1—2 世纪时，两者之间的差别几乎微乎其微。罗马人民和意大利人基本上已经变成了同语反复。这时罗马在对外事务上的主要矛盾已经不是罗马人民与包括意大利人在内的被征服者之间的矛盾，而主要是以首都罗马为中心的意大利人与行省之间的矛盾。这种状况就很容易给后人造成一种错觉，似乎罗马人民和意大利人之间本来就没有什么区别，

① 参见《伪昆体良文集》中穷人对富人的抱怨。
② 参见辛尼加：《论哲学的使命》。

从而把各个不同时期的意大利人和罗马人民混同起来。阿庇安正是犯了这方面的错误。

阿庇安的上述错误，很明显又给 19 世纪以后的学者们研究这段历史带来了一定的混乱，以讹传讹，从而导致了以有关罗马公民内部的材料来论证公元前 2 世纪意大利小农大量破产的错误，而这本身又是上述传统观点流行的重要原因之一。

传统观点所经常使用的另一条史料便是普鲁塔克引自提比略·格拉古的弟弟盖约·格拉古的一段话。盖约·格拉古在其一本《政治小册子》中曾这样写道，当提比略·格拉古去努曼提亚时，途经托斯坎尼（埃特鲁里亚），看到那里居民稀少，耕地或放牧的人都是输入的蛮族奴隶，于是他便第一次想到了这个后来给两兄弟带来无限灾祸的公共政策（指格拉古兄弟改革）。[①]

那么，这条材料到底能不能证明公元前 2 世纪意大利小农的大量破产呢？我认为，不能。因为：

首先，从字面意思上看，提比略·格拉古所见到的仅仅是意大利的埃特鲁里亚地区的状况。所以，不可能以其来论证整个意大利的小农状况。

其次，从提比略·格拉古所选择的道路和近年来在埃特鲁里亚地区所进行的考古发掘来看，这条史料所指的地区则更加狭小。

根据罗马当时的情况，路经埃特鲁里亚前往西班牙的道路并不多，主要有以下三条，一条是弗拉米尼亚大道（Viae Flaminia），另一条是加西亚大道（Viae Cassia），再一条便是奥勒利亚大道（Viae Aurelia）。如果提比略·格拉古选择了弗拉米尼亚大道和加西亚大道，那么，他必须经过维爱（Veii）、加佩纳（Capena）、法莱利伊（Falerii）、苏特列（Sutri）和布莱拉（Blera）等地。而这些地区刚好是不列颠罗马研究所和瑞士研究所已经进行过详细考察的地方。他们的考古材料表明，从共和国到帝国的前两个世纪，这些地区一直处于人口稠密、经济繁荣的状态，小农

---

① 普鲁塔克：《提比略·格拉古传》，8，6～7。

经济在这里始终占据主导地位。只有到公元 3 世纪以后，才出现了小农被大农场所吞并的现象。① 这一情况充分说明，至少在公元前 2 世纪，埃特鲁里亚的这部分地区还根本不存在土地荒芜以及小农衰落的状况。有关这方面，我们还可从这些地区所发掘出来的墓碑数中得到辅证。根据国外学者统计，在当地的所有墓碑中，大约有 52% 是为土著所立的，26% 为其他自由人所立，20% 还有待进一步考证。而为奴隶所立的碑文只有 2%。② 凡此种种，都表明，在上述两条大路附近根本没有出现像提比略·格拉古所见到的"居民稀少，耕地或放牧的人都是输入的蛮族奴隶"这样的状况。正因如此，我们可以断定，提比略·格拉古在前往西班牙时，不可能走的是弗拉米尼亚和加西亚大道。

很显然，提比略·格拉古所走的是靠近第勒尼安海的奥勒利亚大道。这除了上面提到的原因外，还因为这条路正好是他的指挥官马契努斯前往西班牙上任的时候所走的道路。据记载，马契努斯去西班牙时，就是通过奥勒利亚大道，然后再在科撒（Cosa）附近的赫尔库利斯港（Portus Herculis）乘船来到西班牙的。③ 当时提比略·格拉古是马契努斯的财务官，所以，提比略·格拉古很可能就是与他的指挥官一起来到西班牙的。而更重要的是，国外最近的考古已经表明，在奥勒利亚大道附近确实出现了人口下降、土地荒芜的现象，这恰恰与盖约·格拉古所记录的情况相吻合。然而，唯一和人们解释不同的是，这并不是奴隶竞争所致，而主要是疟疾的不断蔓延从而造成自由民不断向外迁徙的缘故。

上述证据足以说明，提比略·格拉古所看到的仅仅是埃特鲁里亚部分地区的情况，而且就是对这部分地区，他也没有进行过详细的调查，正因为如此，所以普鲁塔克给我们提供的上述材料，也不能证明意大利小农的大量破产，它最多也只能是对埃特鲁里亚部分地区的反映而已。

---

① D. Brendan Nagle, "The Etruscan Journey of Tiberius Gracchus Author(s)," *Historia: Zeitschrift für Alte Geschichte*, 4th Qtr., 1976, Bd. 25, H. 4 (4th Qtr., 1976), pp. 487-489.

② *Ibid.*

③ 瓦莱利乌斯·马克西姆斯：《值得纪念的言行》，1，6，7。

# 二、公元前 1 世纪的罗马农业

保民官提比略·格拉古之后的那个时代是罗马历史上矛盾凸显、政局动荡的时代。意大利同盟战争、苏拉与马略间的内战、斯巴达克起义以及恺撒与庞培、屋大维与安敦尼之间的战争都发生在这一时期。然而，就经济形势而言，它又是一个发展迅速、变革明显的时代。

和公元前 2 世纪一样，农业始终是罗马经济部门中最重要的部门。农业上的任何变化都会给罗马经济的发展带来很大的影响。但与公元前 2 世纪相比，公元前 1 世纪的农业还是有了明显的变化。这些变化主要表现在：第一，公有土地私有化进程加速，私有意识加强，公民、公民兵与公有地三位一体的局面被打破。第二，土地集中、土地兼并的现象明显增多，大地产开始在意大利兴起。第三，庄园主更加关心庄园管理，更加关心庄园的经济效益。第四，新的剥削制度在意大利出现，奴隶制逐步走出了它的不成熟期，土地所有者和劳动者之间的矛盾有所改变。第五，各类经济作物发展迅速，在城郊附近有许多农户改变传统的耕作方法，大量种植蔬菜、水果等作物，以满足日益扩大的城市市场的需要。第六，农业技术有了很大的发展，农业产量明显提高。意大利农业到处出现一派繁荣的景象。

## (一)公有土地私有化进程加速

提比略·格拉古和盖约·格拉古改革以后不久，罗马就于公元前 111 年通过了一项法律。因为这一法律具有划时代的意义，所以在这里有必要将其重要处加以引用。

有关普布利乌斯·缪契乌斯(Publius Mucius)和努契乌斯·加尔普尼乌斯(Lucius Calpurnius)任执政官时①意大利境内的罗马人

---

① 公元前 133 年，也即提比略·格拉古当选为保民官的那一年。

民公有地，不包括法律或平民保民官盖约·塞姆普罗尼乌斯·格拉古平民决议案特别法规规定不准分配的土地①……每一原先按照法律或平民决议案被获取并占有或占用的土地，只要其数额不超过法律准许占有或占用的限额；有关普布利乌斯·缪契乌斯和努契乌斯·加尔普尼乌斯任执政官时意大利境内罗马人民的公有地，不包括法律或平民保民官盖约·塞姆普罗尼乌斯·格拉古的平民决议案特别法规规定不准分配的土地，三人委员会②按照法律或平民决议案已经给予或分配给进入殖民地的罗马公民的所有土地，只要它不是上面说过的且在……以外的土地；有关普布利乌斯·缪契乌斯和努契乌斯·加尔普尼乌斯任执政官时意大利境内罗马人民的公有地，不包括法律或平民保民官盖约·塞姆普罗尼乌斯·格拉古的平民决议案特别法规规定不准分配的土地，由土地委员会以私有地向公有地交换的形式分给、换给或核实给个人的土地；有关普布利乌斯·缪契乌斯和努契乌斯·加尔普尼乌斯任执政官时意大利境内罗马人民的公有地，不包括法律或平民保民官盖约·塞姆普罗尼乌斯·格拉古的平民决议案特别法规规定不准分配的土地，土地委员会已经给予或分配的公共土地，这些土地或在意大利境内，或在罗马城外，或在一个城市、市镇，或在乡村，以及这一措施一变成法律，个人就应享有或占有的土地；有关普布利乌斯·缪契乌斯和努契乌斯·加尔普尼乌斯任执政官时意大利境内罗马人民的公有地，不包括法律或平民保民官盖约·塞姆普罗尼乌斯·格拉古的平民决议案特别法规规定不准分配的土地，土地委员会已经给予或分配或留给个人的任何一部分土地或意大利境内的建筑，或者是已经被土地委员会编入或正在编入土地目录或规划的土地；凡是上面提到的土地、地面或建筑，除了上面已经特别排除的土地或地面外，都将变成私有土地。这些土地、地面或建筑也和其他私有土地一样可以

---

① 例如，非常肥沃的坎佩尼亚土地，每年能给国家带来很多收入。
② 提比略·格拉古建立的三人委员会，目的是执行提比略·格拉古的土地法。

自由买卖；负责此事的监察官应该以对待其他土地、地面或建筑物同样的方式对待因这一法律而变成私有的土地、地面或建筑物，并对之进行财产普查。……对于上面提到的土地、地面或建筑物，他应像他已经让其他的土地、地面或建筑物所有者发表声明那样，命令这些所有者发表声明。任何人不能采取措施阻止根据法律或公民决议案有权占有或应当占有上述土地、地面或建筑物的人使用、享受、占有或拥有这些土地、地面或建筑物。任何人不准在元老院内提出这方面的建议……任何人不能借助行政长官或命令去表达或提出任何建议，剥夺那些有权占有或应当占有这些土地、地面或建筑物的人对这些土地、地面或建筑物的使用权、占有权或拥有权；或在没有得到他本人或后继者同意的情况下夺走这些占有物。

（下面两个条款，这里被省略，内容是一些土地不能被给予个人。这些土地可能位于公共道路两旁，它们由佃农们耕种，这些佃农主要负责道路的养护工作，不交田租。）

有关普布利乌斯·缪契乌斯和努契乌斯·加尔普尼乌斯任执政官时意大利境内罗马人民的公有地，不包括法律或平民保民官盖约·塞姆普罗尼乌斯·格拉古的平民决议案特别法规规定不准分配的土地以及原先占有者按照法律或平民决议案占有或保留的土地。当然，其数量不得超过法律准许其占有或保留的范围。任何个人已经以耕种为目的而利用并占有的土地，只要其数额不超过 30 犹格，都将成为私有土地。①

以下的五个条文主要包括：允许在公共牧场放牧；原先的一些公有地，因这一法律而变成私有地，因此，原先占有者向国家缴纳的租金和畜牧费也将被取消。②

这一法律对于罗马公民而言相当重要，它标志着罗马公民理应从国

---

① 公元前 133 年以后非法占有的公共土地被承认私有，但其数额不得超过 30 犹格。

② N. Lewis and M. Reinhold，*Roman Civilization*：*Selected Reading*，Vol. 1，New York，Columbia University Press，1951，pp. 257-261.

有土地中分取一份的观念已经过时,公民与公民兵、公有地三者密不可分的历史开始消失。

随着公有土地私有化进程的加速,要求保护私有土地权益的呼声也就越来越高。西塞罗就是保护私人利益的主要代表。他多次指出:"行政官员必须首先关注的问题是所有的人应是其财产的主人,公民的私有财产权不应由于国家的行动而招致侵犯。"[①]要知道建立国家和自治市政府的主要目的是"使财产私有得到保障"[②]。"那些负责保护国家利益的官员应当制止掠夺一个人而使另一个人致富的施舍形式。最重要的是他们应竭尽全力,通过法律与法庭的公正措施,使每个人都在占有其个人财产方面得到保护;使较贫苦的人不会因其无依无靠而遭受凌辱。他们应尽其所能,使嫉妒不能阻挡富人的道路,阻碍他们保持或恢复那些合法的属于他们的财产。"[③]

### (二)土地占有权转移迅速

在意大利,随着公有土地的大量私有化,土地占有权的转移速度日益加快。推动这一转移的主要力量是将军和士兵。据估计,在苏拉时期,有 5 万~12 万老兵在意大利获得土地,他们都是在牺牲原居民的利益的基础上实现的。苏拉虽然借此安置了大批老兵,但也带来了意大利众多的社会问题。在恺撒时期,有 5 万~8 万公民(其中包括老兵和贫民)得到了土地。而在奥古斯都时期,获得土地的人则已经超过 12 万,达到 12 万~17 万人。[④] 很显然,在这短短的数十年间,有这么多人重新在意大利得到土地,这在罗马史上还是第一次。它有力地促进了意大利各地的罗马化和拉丁化进程。以庞培伊城为例,到公元前 1 世纪,原先在这里一直流行的奥斯其语几乎完全消失了,代之而起的是清一色的拉丁语。同时,这些产业的重新分配又部分地缓解了罗马公民对

---

① 西塞罗:《论职责》,2,21,73。
② 同上书,2,21,74。
③ 同上书,2,24,85。
④ M. Cary & H. H. Scullard, *A History of Rome*:*Down to the Reign of Constantine*, New York, St. Martin's Pr., 1975, p.299.

土地的渴求，促进了意大利中小地产的复兴。但是，从严格的经济观点来看，我们似乎还不能夸大这种所有权改变的重要性。这是因为：第一，在意大利的许多地区，国有土地已不多，要解决部分公民的土地问题，常用的办法是减少或剥夺另一部分公民的土地。我们掌握的有关材料表明，意大利的许多殖民地是在驱逐甚至牺牲其他小土地所有者的利益的基础上建立起来的。因此，从本质上讲，这样的土地分配无非就是所有者间的相互转换而已，不可能造就出比原先更多的小农。第二，从政府手中获取殖民资格的大部分是老兵，他们因为长期从事战争而疏于农事，因此，即使在退役分到土地后，也不愿从事农业劳动。他们或者把这些土地租给原先的所有者，坐收租金；或者干脆把这些土地出卖给渴望获得土地的富裕商人。所以，不管共和国末年土地分配多么频繁，但它始终不可能改变当时的经济潮流，始终不可能改变使田庄归那些从来不住在田庄上的人们所占有的历史趋势。总之，我们可以肯定地说，随着内战的进行，即使土地被不时地分给退役军人，经济潮流也并不是越来越趋向于新农民开创产业，而是越来越趋向于城市居民增置产业。给予退役军人的产业面积的不断增加正可以反映出这一点。因此，就大多数情况而言，在意大利，退役军人的增加不是增加了农民的人数，而是增加了城市居民的人数；不是增加了劳动阶级的人数，而是增加了寄生阶级的人数。就小农自身而言，公元前1世纪的经济条件已经较以前有了明显的改进，他们既免除了向国家缴纳税收的任务，又减去了被强迫征召服兵役的负担，生活水平普遍较好。破产被排挤的情况并不像想象的那样多。公元前1世纪60年代卡提林在乡村征兵失败正好证明了这一事实。

至于意大利的大土地所有制，虽然其发展速度远不如我们原先想象的那样快，但毕竟有了很大的发展。大约在公元前2世纪末到前1世纪初，P. 克拉苏·莫西阿努斯（P. Crassus Mucianus）就占有10万犹格土地。① Q. 罗斯西乌斯（Q. Roscius）在第伯河河谷占有13处地产，价值

---

① 克拉苏的财产超过一千万狄纳里乌斯。西塞罗：《论共和国》，3，17。

达 600 万塞斯退斯。[①] 罗马著名的大贵族昆图斯·麦铁路斯·庇护斯在与塞尔托里乌斯(Sertorius)作战时宣称:"杀死塞尔托里乌斯者,可从他(麦铁路斯)手中得到 100 他连特银子和 20 000 犹格的土地。"[②]这些土地很显然是从他的领地中拿出来的。前三头之一的克拉苏的地产价值多达 2 亿塞斯退斯,堪称罗马首富。他常说,一个无力用自己的财产维持一个军团的人算不上是一个富人。[③] 庞培的财产比克拉苏还要多,其收入大约与国家的年收入相同。[④] 西塞罗是一位罗马政坛的"新人(Homo Novus)",也是当时的大土地占有者,他在阿尔平占有一些土地,在图斯库尔、弗尔米伊、庞培伊、阿纳吉尼亚、阿斯图拉、库姆、普节奥尔、西努阿萨附近拥有许多田庄,并在图斯库尔附近占有一块他称之为 Saltus 的森林地区。西塞罗曾一度将它们叫作王国(regnum)。多米契乌斯是共和末期庞培派的重要成员,在埃特鲁里亚有大片土地。据说,在公元前 49 年,他把他的奴隶、被释奴隶和科洛尼装在 7 条船上以支援马塞莱斯反对恺撒。后来他被恺撒的军队包围,他应允那些效忠于他的士兵(约 15 000 人)每人可从他的财产中得到 4 犹格土地,百人队长和志愿兵则按比例增加。[⑤] 这一材料表明,在当时,多米契乌斯至少拥有 60 000 犹格的土地。恺撒也是一位大土地所有者。在出征阿非利加之前,他向士兵们许诺:"当所有的战争结束之时,我一定分配土地给全体士兵们,不是和苏拉一样,从现有的土地占有者手中夺来土地分给士兵们……而是把公有土地和我自己的土地分给士兵们。同时,我也一定要(给你们)购买必需的工具。"[⑥]据说,他曾以插枪拍卖的方式,把自

---

①　J. A. Crook, Andrew Lintott and Elizabeth Rawson, *The Cambridge Ancient History*, *Second Edition*, *Volume IX*, Cambridge, Cambridge University Press, 1992. p. 617.

②　普鲁塔克:《塞尔托里乌斯》,22。

③　西塞罗:《论职责》,1,8,25;普鲁塔克:《克拉苏传》,2。据计算,维持 1 个军团 1 年的开支约需 4 000 000 塞斯退斯。

④　普林尼:《自然史》,33,134。正因为个人财富骤增,才会出现军事贵族挑战共和国的现象。

⑤　恺撒:《内战记》,1,17;1,34,56~58。

⑥　阿庇安:《内战史》,6,94。

己的上等地产以最低的价格卖给了他最喜欢的布鲁图斯的母亲。[①] 据阿庇安记载，公元前 39 年，屋大维与塞克斯都·庞培签订了一份协约，其中塞克斯都·庞培提出的一个重要条件是归还其父亲即前三头之一的庞培的财产。[②] 这笔财产的价值为 7 000 塞斯退斯[③]，当然，这里包括的仅仅是不动产的价值，也就是说，只包括庞培城市房屋和农村田庄的价值[④]。此外，共和末期的其他将领，如苏拉、鲁古路斯、瓦罗等都占有大量的地产。

其实，共和末期的作家瓦罗和西塞罗都提到在罗马城附近有 1 000 犹格的私人地产。[⑤] 西西里的狄奥多鲁斯虽然没有直接提到大地产，但从他的报道中我们确实可以知道大地产的存在。如他在《历史集成》一书中曾记录有一位名叫维提乌斯（T. Vettius）的罗马骑士，他在坎佩尼亚有一块地产，在地产上从事日常劳动的是他的 400 名奴隶。[⑥] 如果按科鲁美拉用 1 人耕种 7 犹格葡萄园的比率计算，维提乌斯就占有 2 800 犹格土地；如果按迦图用 1 人耕种 22 犹格橄榄园的比率计算，他就占有 8 800 犹格土地。我们虽然不知道维提乌斯在他的地产上主要经营哪一种作物，但可以断定，他是一位大地产主。

在公元前 1 世纪，各行省土地占有权的变化应该说比意大利更为复杂。虽然在罗马各行省中，除了住在那里的罗马公民之外，没有人积极参加过内战。但是真正遭受灾难的还是众多的行省居民。他们除了承担这些战争的巨额费用之外，还必须给老兵提供大量的土地，供其移居。据记载，马略就曾在阿非利加和那尔旁·高卢等地安置过 1 万多名自己的老兵。[⑦] 恺撒在高卢和西班牙行省安插的人数则更多，大约为

---

① 苏埃托尼乌斯：《恺撒传》，50；83；西塞罗：《致阿提库斯书》，9，18，3；《家信集》，9，6，1 等。它们都提到了恺撒的地产。

② 阿庇安：《内战史》，5，71～72。

③ 狄奥·卡西乌斯：《罗马史》，48，36。

④ 阿庇安：《内战史》，5，71～72。

⑤ 西塞罗：《致阿提库斯书》，13，31；瓦罗：《论农业》，2，3，10。

⑥ 西西里的狄奥多鲁斯：《历史集成》，36，2。

⑦ T. Frank, *An Economic Survey of Ancient Rome* (ESAR), Baltimore, The Johns Hopkins Press, 1933, Vol. 1, p. 221.

8 万人。① 公元前 13 年，L. 普拉古斯(L. Plancus)在元老院的准许下，还在卢图努姆(Lugdunum，现在的里昂)建立了一个殖民地。② 亚克兴之战后，屋大维再次把一大批退役的士兵安置在那尔旁·高卢地区。据统计，从公元前 15 到公元 8 年这近 30 年间，罗马在海外的殖民地就达 100 个。诚然，殖民地中的殖民者并不完全来自意大利，但其核心还是意大利人，而且成员中的绝大多数也都来自意大利，成年男性数量之大不下 25 万，几乎占全部意大利成年男性的 1/5。③ 那么，在公元前 1 世纪为什么会出现大规模的向外殖民呢？这在很大程度上是与当时意大利的经济状况分不开的。根据马略的建军原则，老兵在退役后，政府必须为他们提供一个可选择的供养办法。而传统的解决方法就是在意大利给老兵分配一份土地。这个政策在土地剩余额相当富裕的情况下尚可实行，但在意大利公有土地私有化加速发展、耕地面积日渐减少的公元前 1 世纪，就显得相当困难了。在这种情况下，即使要部分地实行这一政策，也得在政治上和财政上付出极高的代价。以下述事件为例，便可看得十分清楚。公元前 41 年，后三头为了在土地已经严重缺乏的意大利安置老兵，被迫对意大利原来的土地所有者实行了剥夺加掠夺的政策，结果使整个意大利政局动荡，怨声载道。公元前 30 年，屋大维吸取了公元前 41 年的教训，采取了以国家出钱给老兵买地的方法。但是仅实行了两年，国家就花掉了 6 亿塞斯退斯，其数量相当于维持帝国军队两年的开支。④ 由此可见，公元前 1 世纪对行省的大量移民乃是意大利国有土地匮乏与老兵土地需要量增加这一矛盾发展的必然结果。而行省土地价格的低廉以及这些土地原则上属于罗马公民所有的性质又进一步促进了在行省建立殖民地政策的实行。

---

① T. Frank, *An Economic Survey of Ancient Rome*(*ESAR*)，Baltimore，The Johns Hopkins Press，1933，Vol. 1，p316.

② M. Cary & H. H. Scullard, *A History of Rome*：*Down to the Reign of Constantine*，New York，St. Martin's Pr.，1975，p. 299.

③ K. Hopkins, *Conquerors and Slaves*：*Sociological Studies in Roman History*，Cambridge & New York，Cambridge University Press，1978. p. 67.

④ 李雅书选译：《罗马帝国时期》上册，8 页，北京，商务印书馆，1985。

移居行省的居民，除了由国家组织的殖民者以外，还有许多重要的意大利团体和个人。他们中有的是为了逃避内战的战火，有的是为了赚钱。他们以移民者、商人、放债者、包税公司代办等身份与居住在高卢、西班牙、阿非利加、努米底亚等地的本地人密切交往。阿非利加和努米底亚许多城镇的历史都反映了这一情况。我们举阿非利加的土加镇和努米底亚的首府塞尔塔城为例。这两个移民区原先都不是老兵殖民地（塞尔塔只有到公元前44年才安置了一些老兵），但是，在这两个城市的居民中，罗马公民在社会经济的各个方面都起着主导作用。毫无疑问，在西班牙南部和高卢地区也有类似的情况。总之，到共和末年，在行省落户的意大利人已经很多，以致麦铁路斯·西庇阿竟能在阿非利加，塞克斯都·庞培竟能在西班牙和西西里大量征集军队与后三头进行抗争。老庞培和安敦尼也曾在东方征集大批意大利居民以补充他们的力量，这在罗马历史上还是没有先例的。

与公元前2世纪相比，公元前1世纪的罗马移民在移民方向和数量上均有所变化。在公元前2世纪，罗马公民的移民方向大多是向东方行省。但从米特里达梯在小亚进行大屠杀①以来，东方行省的形势一直处于混乱状态，不是外战，就是内争。这种状况对意大利移居者的安全造成了一定的威胁。因此，从这时起，罗马的移居者在继续经营东方的同时，也向西部行省发展。如果说高卢、西班牙、阿非利加以及努米底亚在这时多少开始了罗马化，那么这种情况的出现则完全是由于内战期间罗马公民加紧向这些地区移民的结果。

随着意大利人向外省移民，新的技术、新的生活方式以及大量的资金也都从意大利传到或被带到了帝国各行省。我们虽然不知道这些新迁去的人中间究竟有多少人是到行省里去当手工业者和农民的，但可以肯定，迁往行省的大多数人并不都是普通的农民、佃户和工匠，而是住在

① 公元前90年，本都国王米特里达梯下达密令，指使小亚各城市屠杀罗马人和意大利人。据古典作家记载，在小亚，一天之内就有8万多罗马人和意大利人被杀。阿庇安：《米特里达梯战争》，22；瓦莱利乌斯·马克西姆斯：《值得纪念的言行》，9，2，4。

城市里的地主、大商人和一般做买卖的商人。

罗马的移民活动与公元前 8—前 6 世纪希腊的殖民有所不同。罗马人进入帝国各殖民地以后还保持着罗马公民的地位，与意大利的关系非常密切，他们是帝国政治的一部分。而希腊的殖民地一般都与母邦脱离了政治关系，成为独立的国家，行使其独立的权利。

### (三)庄园的经营目的和方法变革明显

反映公元前 1 世纪庄园变化的最重要著作是当时瓦罗留下来的《论农业》(De Re Rustica)。此书写成于公元前 37 年，是瓦罗在 80 岁高龄时为其妻芬达尼娅而作。

瓦罗被誉为罗马人中最有知识的学者，奥古斯丁在《上帝之城》的第四卷第二部分中这样说道："虽说他的语言文字并不华美，可是他博学多闻，文章里处处留有智慧的箴言，以至在我们称之为世俗的，而异教徒称之为自由的整个知识领域中，在求实的学者眼里，他被认为是知识渊博者，就像西塞罗在文体爱好者眼里显得韵味无穷一样。"帝国晚期诗人奥索尼乌斯认为瓦罗留下的著作达 600 卷之多。《论农业》则是其系统阐述自身农耕思想的作品，此书用对话体写成，共分三卷：第一卷论述农业本身，包括引论、农业的目的和范围、宅院建筑、土地耕作、护理、收藏和加工等；第二卷论述畜牧业的起源以及牛、马、骡、猪、羊、狗等家畜的选购、饲养、繁殖和疾病的防治；第三卷论述家禽、鸟类、兽类和鱼类的养殖。这部著作比较真实地记录了公元前 1 世纪意大利的经济生活状况，是我们研究当时意大利生产实践、田耕农作以及家畜饲养等方面不可多得的一部好书。在这部书里，瓦罗明确指出，意大利居民在农业方面最重视的有两点，一是他们付出的劳动和费用能不能得到相应的回报；二是土地的地点是否有益于健康。[①] 在另一处，他又直截了当地说，经营庄园的目的主要有二，一是获利(utilitatum)，二是寻求乐趣(voluptatum)，在获利和乐趣之间，获利又处于更重要的地

---

① 瓦罗：《论农业》，1，2。

位。<sup>①</sup> 这种把获取利益放在首位的思想在迦图的《农业志》里是不多见的。为了达到这一目的，一部分有远见的土地所有者就开始对庄园内部的经营和剥削方法进行了适当的调整。他们有的从完善奴隶制入手，改善奴隶的生活条件，禁止让奴隶戴着脚镣参加劳动，允许部分奴隶嫁娶成家，以增加奴隶的劳动兴趣。例如，瓦罗在《论农业》中曾明确说过，不仅管家要与女奴同居，就是一般奴隶也都得与女奴同居，因为这样做"可以使他们在干活时比较踏实，也更留恋农庄"<sup>②</sup>。与此同时，瓦罗还提出，要适当地重用管家和能干的奴隶，平时多给一些恩惠，如改善一下他们的衣食，偶尔给他们放放假或者允许奴隶在庄园上放牧他们自己的牲畜。"这样，任何一个干重活或受过严厉惩罚的人就可以因此得到宽慰，而他们对主人的善意和好感也就可以恢复过来。"<sup>③</sup>瓦罗还特别告诫管家："不能容许一个监督人用鞭子而不是用言语来行使自己的命令，如果用言语同样可以很好地达到目的的话。"<sup>④</sup>这一措施的实行部分地改变了奴隶的地位，激发了他们劳动的积极性，在某种程度上解决了庄园所面临的劳动力危机。另一些庄园主则干脆改变原先的经营方法，允许一部分自由农民作为佃农，在缴纳一定租金的基础上租种土地。于是，一种新的佃农制，或称"科洛尼"（Coloni）制就开始在意大利发展起来。据记载，公元前83年集结在庞培周围的许多平民就是他的佃农。卡提林的特殊卫队就是由他的佃户和被释奴隶组成的。贺拉斯在萨宾的地产中除了有8个奴隶从事日常事务外，还有五块小地产被分租给佃农。恺撒和庞培进行决战的关键时刻，多米契乌斯·爱纳鲍巴尔布斯（Domitius Abenobobarbus）还从他的被释奴隶、佃农和奴隶中为庞培征集了数千名士兵。<sup>⑤</sup> 在西塞罗时期，个别自治市也采用了这种方法，开始把大片土地租给佃农，然后再向其收租以维持城市之需。在瓦罗的著作中，

---

① 瓦罗：《论农业》，1，4。
② 同上书，1，17；2，1。
③ 同上书，1，17。
④ 同上。
⑤ 恺撒：《内战记》，1，34；1，77。

不但多次提到科洛尼制，而且还花了一定的篇幅对这种制度进行了详细的论述。凡此种种都表明，到了公元前 1 世纪，尤其是公元前 1 世纪末叶，科洛尼制在意大利已有了很大的发展。[①]

当然，共和末年流行的科洛尼制和公元 2 世纪后期出现的科洛尼制在本质上有着明显的不同。这种不同主要表现在前者所指的科洛尼一般是由两种人组成，一种是指拥有雄厚资金和部分奴隶以经营农业获利的人，另一种是指依靠自己劳动而谋生的人。但不管哪一种，他们都是在经济方面和法律方面具有独立人格的农民，他们的身份是自由的。他们与土地所有者的关系仅仅是租佃关系。而且这一社会阶层的出现在很大程度上还与古代土地所有制瓦解、城市的兴盛、商品货币经济的发展有关。关于这一点，我们则可以从科洛尼的按约租佃、以现金支付地租的事实中看得很清楚。然而，公元 2 世纪后期的科洛尼则不同。它产生于城市衰落、商品货币关系萎缩之时，以金钱支付地租的现象越来越少，而以实物为租的现象却日益增多，科洛尼越来越被固定在土地之上，受到各种各样的限制。他们已经不是根据租约租种土地的自由农民，而是在公民权方面受到严重束缚的人了。从公元 4 世纪起，这种限制和束缚越来越大。把隶农与土地、税收结合起来是后期帝国的一大特征。据记载，君士坦丁曾于 332 年 10 月颁布敕令，从法律上将隶农束缚于土地之上。如果有人故意将他人的佃农收留在自己家里，他首先应该将这一佃农交还原主，其次是为原主偿付收留这一佃农期间应付的所有税收。同时，他又颁布"户籍法"[②]、"出生法"[③]，以法律的形式控制并剥夺隶农的迁移自由。357 年 5 月，君士坦丁再次颁布法令，规定土地出卖者在出卖土地时，应将依附于土地之上的隶农和土地一起出卖。这一法令非常明确地把土地与土地上的隶农联系起来。365 年 1 月，罗马奥古斯都瓦伦蒂尼阿努斯一世（Valentinianus Ⅰ）和瓦伦斯（Valens）在写给亚细

---

[①]　R. Clausing, *The Roman Colonate*, New York, AMS PR., 1969, p.259.

[②]　户籍法规定，隶农必须将户口登记在他所在庄园的土地所有者名下，并由后者监督他向政府纳税。

[③]　出生法规定隶农不得离开其出生地，把隶农看成是土地本身的奴隶。

亚主教克列阿尔库的信中，禁止隶农在没有得到土地所有者允许的情况下转让财产(主要指土地)。371 年的法令责成土地所有者向他的隶农收税。395 年，狄奥多西一世去世，罗马帝国分治，但在对待隶农方面，东、西罗马帝国统治者态度高度一致。这我们可从 396 年由阿卡狄乌斯(Arcadius)和霍诺里乌斯(Honorius)颁布的敕令中看得很清楚。此敕令禁止隶农上法庭控告自己的主人，规定隶农的财产全部属于主人。409 年的法令规定，没有得到主人的允许，隶农不能在基督教教会里任职。422 年的法令剥夺了隶农的三大权利，即人身、财产和法律方面的权利，从而使隶农的地位日益与奴隶接近。之所以如此，是因为帝国政府的支出越来越大，而为了保证国家不断增加的官僚机构及军队的正常运行，国家就必须有固定的交税人和稳定的税源。把隶农固定在土地上是稳定税源的重要措施。因此，从严格意义上说，把共和末年的科洛尼与公元 2 世纪以后的科洛尼两者都翻译成隶农是不恰当的。共和末年的科洛尼最多只能算作佃农，他们的身份是自由的，而不能像公元 2 世纪以后的科洛尼一样译作隶农。

由于共和末年的科洛尼大多是以金钱支付地租，所以，他们必须与市场发生联系，采用集约的经营方法和先进的农业技术，既要在土地管理、农业经营上出效果，又要在市场交往中图发展，这在公元前 1 世纪意大利商品货币经济相对发达的情况下，具有很大的积极意义。这种制度比较成功地克服了劳动力不足所带来的困难，为意大利土地资源的利用创造了有利的条件。

**(四)园艺业有了快速发展**

园艺业的显著发展是公元前 1 世纪意大利农业繁荣的重要表现。一部分大土地所有者在继续对橄榄、葡萄等园艺作物进行投资的同时，还不断改进这些品种的质量，提高园艺作物的产量。研究表明，到公元前 1 世纪末叶，坎佩尼亚已经能够生产出当时最好的葡萄，用它生产的葡萄酒的质量几乎与最上等的希腊酒不相上下。[①] 在北部意大利，也培养

---

① 瓦罗：《论农业》，1，41。

出了许多优质葡萄，这里生产的烈性葡萄酒已经远销到高卢和多瑙河地区。同时，随着东方战争的胜利，许多东方出产的水果和植物也被移植到意大利。罗马将军鲁古路斯（Lucullus）曾声称，他在东方的最大胜利就是从阿美尼亚（Armenia）引进了食用樱桃和杏。① 屋大维之友马提乌斯还从国外引进了苹果树。② 总之，到共和末年，花园和果园种植业已经变成了人们竞相经营的行业。因为经营这样的行业具有赢利可观、发展前途大等特点。当然，这些营利性较强的行业大多局限于土地肥沃的地区或城市近郊。远郊地区一般都保持着传统的耕作方法，小农经济在这里始终占据统治地位。园艺业的快速发展是罗马地域帝国形成的结果，它随着帝国实力的增加而越来越发挥作用。老普林尼曾列举了29种不同的意大利无花果树③；科鲁美拉则认为，由于他们的农人的兴趣，"意大利已经学会了全世界所有水果的种植方法"④。这虽然有些夸大，但它确实反映了罗马帝国在园艺业方面所取得的成绩。

**（五）农作物的产量有了明显的提高**

与公元前2世纪相比，公元前1世纪的农作物产量有了很大的提高，例如小麦的产量。在迦图时代，据统计每犹格土地需种子5～6摩底，产量约60摩底，产量为种子的10倍左右。⑤ 在瓦罗时代，种子数量基本不变（小麦为每犹格5摩底，大麦为每犹格6摩底），但产量在埃特鲁里亚一带为种子的15倍，而在意大利南部的锡巴里斯附近的村庄，甚至高达100倍。⑥ 又如葡萄酒产量，按迦图记载，当时意大利北部山南高卢地区为每犹格10库莱乌斯⑦，而在瓦罗时代，1犹格土地则可生

---

① 瓦罗：《论农业》，1，41。

② 普林尼：《自然史》，12，13。

③ 同上书，15，68～83。

④ 科鲁美拉：《论农业》，3，8。

⑤ T. Frank, *An Economic Survey of Ancient Rome*（ESAR），Baltimore，The Johns Hopkins Press，1933，Vol. 1，ch. 3，sect. 6.

⑥ 瓦罗：《论农业》，1，44。

⑦ 迦图：《农业志》，1，2。参见科鲁美拉：《论农业》，3，3。库莱乌斯（culleus）为容量单位，1库莱乌斯等于20安波罗斯（amphoros）。

产 15 库莱乌斯[1]，产量几乎增长了 50%。科鲁美拉认为，这在那个时代是常见的产量，并非为某一地区所特有。在波河流域的发凡其亚和现在并入庇塞浓的高卢农区都是如此。[2]

**(六)畜牧业的规模化生产有明显发展**

自从第二次布匿战争以来，意大利南部的勃罗提乌姆、阿普利亚及中部的萨姆尼乌姆一直都以畜牧业兴盛著称。意大利半岛南部沿海地区的冬季牧场和萨姆尼乌姆的夏季牧场是交替牧放大批畜群的地方。到公元前 1 世纪，意大利本地的牲畜品种得到了明显的改进，外地的良种纷纷被引进。阿卡狄亚的驴、爱琴海地区的山羊、伊庇鲁斯的牛、马其顿地区的马都被引入意大利。[3] 当时的牧主们不惜以重金购买良种，列阿特的马被卖到 4 000 塞斯退斯。[4] 而驴价竟高达 6 000 塞斯退斯。畜群的规模越来越大，罗马骑士加比里乌斯的羊群就多达 1 000 多头。[5] 农学家瓦罗的羊群也有 700 多头。[6]

罗马称霸地中海以后，罗马城的奢侈之风日甚一日，宗教节日、凯旋庆典、竞技赛会等连续不断。每当盛会便大摆宴席款待公民。据普鲁塔克记载，克拉苏在担任公元前 70 年的执政官期间，曾摆了 100 桌酒席，大宴公民，并给予他们 3 个月的粮食作为补贴。[7] 恺撒则更进一步，在庆祝公元前 46 年的凯旋时，设宴 22 000 桌，宴请全体男性公民。[8] 为给宴席增添美味，恺撒曾向希尔路斯借了 6 000 尾八目鳗。[9] 又据普林尼记载，大约生于公元前 114 年的演说家霍腾西乌斯在其就任占卜官的宴会上第一次"为了食用而宰杀孔雀"，他留给继承人的遗产，仅

---

① 瓦罗：《论农业》，1，22。
② 科鲁美拉：《论农业》，3，3。
③ 瓦罗：《论农业》，2，5。
④ 同上书，2，8。
⑤ 同上书，2，3；2，10。
⑥ 同上书，2，10。
⑦ 普鲁塔克：《克拉苏传》，12。
⑧ 普鲁塔克：《恺撒传》，55。
⑨ 普林尼：《自然史》，9，55。

葡萄酒一项就有 10 000 桶（每桶约 26 升）。[①] 随着罗马奢侈之风的兴起，于是便出现了一个新兴行业——养殖业。据瓦罗记载，有一位名叫塞伊乌斯的庄园主在庄园内饲养了一大群鹅、鸡、鸽、鹤、孔雀、睡鼠、鱼、野猪和其他猎物，由一个被释奴经管，年赢利达 5 000 塞斯退斯。"他仅从一座庄园的宅院所赚到的钱就比那些从专门经营农业的一整块地产上所赚的钱还要多得多。"[②] 瓦罗在《论农业》中还举了他姨母费塞利娅的例子。费塞利娅在萨宾乡间有座庄园，其中光是鸟房就出产鸫鸟 5 000 只，每只价值 12 塞斯退斯，只此一项年赢利就达 6 000 塞斯退斯。其利润相当于 200 犹格土地的两倍。[③] 饲养珍禽获利甚厚，一只孔雀售价 200 塞斯退斯，用于孵化的蛋每只可卖 20 塞斯退斯。在 100 只孔雀群中，仅小孔雀繁殖一项一年的收入就可达 60 000 塞斯退斯。[④] 饲兽场和鱼池的规模和利润也大得惊人。雷必努斯在奎塔尼附近就有 40 犹格的饲兽场，而庞培乌斯在山北高卢的饲兽场则占地 5 000 多犹格。[⑤] 鲁古路斯在"拿波里斯附近凿山洞，引海水，造鱼池，耗费大于修造庄园"，他死后，池中之鱼竟卖得 40 000 塞斯退斯。[⑥] 由此可见养殖业之发达。

# 三、使用于地产上的奴隶劳动

意大利在共和国最后两个世纪开始在农业上大量使用奴隶。如前所述，公元前 2 世纪意大利农业的发展和中等种植园的增长提出了劳动力问题。战争使农村凋敝，农民或战死或出征在外，无暇事农。公元前 3 到前 2 世纪，随着战争的发展，自由农民的队伍日益缩小，而进到罗马

---

① 普林尼：《自然史》，10，20。
② 瓦罗：《论农业》，3，2。
③ 同上。
④ 同上书，3，6。
⑤ 同上书，3，12。
⑥ 普林尼：《自然史》，9，170。

和意大利来的奴隶数量却日益增多。新获得土地的大地产主们很快就不再利用自由农民而改用奴隶在自己的地产上劳动。由于意大利农业改为使用奴隶劳动力，他们从而刺激了地中海地区原有的奴隶贸易，使之达到前所未有的程度。为了获得更多的廉价劳动力，罗马的地产主们甚至不惜与海盗合作，购买他们劫来的奴隶。

对于那些以经营大农牧场获取利润为目的的地产主来说，使用奴隶比使用挣工钱的自由农民有一定的优越性：第一，奴隶不会被征召去当兵；第二，只需提供极粗糙简陋的生活必需条件，如饮食、衣着、住所等；第三，对奴隶可以尽情役使，随意调派，而且也无须关照他们的家庭，因为这种奴隶一般是不允许组织家庭的。大量材料表明，在这个时期，奴隶主购买的农业奴隶常常是单身男子，因为供给一个单身男子的花费要比供给一个家庭少得多。例如，科鲁美拉介绍说一块 200 犹格的耕地只要 8 个成年男奴来经营。这与公元前 2 世纪早期在 12 个殖民地内分配给普通罗马殖民者的土地形成了鲜明的对照。当时，罗马人分给殖民者的土地是每家 10 犹格。若按每家 4 人计算，200 犹格的土地得养活 80 人。奴隶主正是从这个差额中获得利益。

罗马人使用奴隶时有一套组织方法，力求获得最大效益。每一劳动力都依其体力、智力和才能被有区别地分类和使用。奴隶主把他们认为只宜做简单体力劳动的劳力(多来自西部各省的部落)组织成队，由管家带领在地里干农活。选灵巧的奴隶做技术性活，如修剪枝条、栽培幼苗、酿造油酒等。奴隶中也不乏有文化和技术的人，除派他们做其他工作外，也从中选一些有才能的当各级工头。管理整个大地产的总管家也往往是从奴隶中挑选的。能当管家的奴隶都能过家庭生活，有女奴隶做他的妻子，他们的子女后代就成为主人的家生奴隶。

在农业中大批使用奴隶劳动的缺点，在意大利不久就表现出来了。罗马奴隶主常常把奴隶当作会说话的工具，经常用执仗体罚、鞭打或上枷锁来强迫他们劳动。奴隶的食物极其粗糙，衣服几乎难以蔽体，住处也很简陋，常常是地窖之类。他们的劳动极其单调、辛苦，而且永无休止。除管家外，其他奴隶皆没有家庭生活。这种无望的悲惨处境迫使奴隶无时不想逃跑或暴动。公元前 2 世纪意大利虽然没有发生过大的奴隶起义，但也曾有过多次局部地区奴隶的反抗活动。奴隶一般抗议的办法是消极的，如粗暴地使用工具、破坏财物、虐待牲畜、管家不在场就怠工、逃跑等。奴隶有时与管家合作把产量降到最低水平，使奴隶主亏损却又无可奈何。奴隶主要保证效益，获取利益，就必须经常自己巡查，但他们多不愿找这种麻烦。因此奴隶劳动只有在购买奴隶的价钱很低时才有利可图。从公元前 3 世纪末到前 2 世纪是罗马统治阶级不断对外战争的时期，也是经常有战俘充斥奴隶市场的时代。奴隶价廉易得，来源丰富。意大利使用奴隶劳动的大中农场也特别兴旺。

意大利的这种新的种植园和农牧大地产，多从事葡萄、橄榄的栽培和各种牲畜的牧养。农学家迦图和瓦罗在自身经验的基础上撰写了论农业的相关著作。另外，为了学习迦太基人用奴隶劳动经营农庄的经验，元老院还命令把迦太基人马戈所著的二十八卷《论农业》译为拉丁文。这都说明当时盛行利用奴隶劳动经营农业。罗马农场主很关心农业经济改革，研究耕作和经营方法；讲求用科学方法管理农场。他们向罗马意大利和国际市场提供较为充足的油、酒、水果和蔬菜以及肉类、乳类、羊毛、羊皮等。意大利的气候和地理条件很适合这种混合的多种经营的大农牧场。

不过，在意大利农村，奴隶劳动从来没有也不可能排挤掉自由农业劳动者。在古代意大利的经济生活中，农业始终是最主要的部门，是财富的主要来源。据贝劳赫估计，在共和后期和奥古斯都时代，成年男性公民的数量是 150 万，其中 4/5 居住在乡村。[①] 公元前 1 世纪 40 年代，罗马谷物施舍的接受者是 30 万。[②] 公元前 5 年有同样多的人接受了奥古斯都的施舍品。[③] 没有资料表明，居住在罗马城的贫穷公民被排斥在接

---

①　Julius Beloch, *Die Bevölkerung der griechisch-römischen Welt*, Leipzig, Verlag Von Duncker and Humblot, 1886, p. 370.

②　苏埃托尼乌斯：《圣朱理乌斯传》，41，3；普鲁塔克：《恺撒传》，55，3；狄奥·卡西乌斯：《罗马史》，43，21，4。

③　《奥古斯都自传》，15，2。

受施舍者行列之外，但我们可以断定大约有 120 万或更多的公民居住在首都以外。

确实有一些乡村农民流入了罗马。按照萨鲁斯提乌斯的报道，在公元前 63 年，那些在放荡的生活中把祖业挥霍掉的人，那些因不光彩的事情或罪行而不得不离家出走的人，都汇集到罗马这个大污水坑里。还有许多因苏拉的胜利而受鼓舞的人，当他们看到普通士兵上升到元老或发了大财而整天吃喝玩乐过着国王一样的生活时，他们也希望自己一旦参加战斗也能得到类似的胜利果实。此外，还有在乡下靠手工劳动以维持悲惨生活的年轻人，他们也在公家和私人施舍的引诱下跑到城里过闲散而无所事事的生活。① 萨鲁斯提乌斯写作的时间是公元前 1 世纪 30 年代，也许他把发生在公元前 58 年克劳狄法案之后的事提前到公元前 1 世纪 60 年代。在盖约·格拉古首先固定粮食分配价格到克劳狄法产生之间，这样的分配被搁置，或只限于少数人，直到公元前 58 年，谷物才被免费发放。有关人口流入罗马的所有其他证据显然都晚于公元前 58 年。这些证据有的来自与萨鲁斯提乌斯措辞相似的瓦罗。瓦罗在《论农业》第二卷引言中曾这样写道："现在的家长们都不沾镰刀和犁铧，而是住在城市里，宁愿生活于剧场和竞技场之中，也不愿去照管谷物和葡萄园。"② 阿庇安和奥古斯都也有类似记载。阿庇安在《内战史》第二卷中说："分配谷物给贫民是仅实施于罗马的，因此，全意大利的懒汉、乞丐、流氓都被吸引到罗马。"③ 奥古斯都写道："我曾极想废除粮食分配，因为依赖粮食分配使农业遭到了忽视。"④ 这种说法可能有些夸大，人们不可能只靠面包生活，即使在最勉强的情况下也是如此。一般来说，到城市谋生的农民主要靠下述方法维持生活，一种是受雇于人，如在建筑业工作，一种是依靠别人施舍或贿赂；至于日工移居罗马，与其说是对

① 萨鲁斯提乌斯：《卡提林阴谋》，37，4～7。
② 瓦罗：《论农业》，2，序言。
③ 阿庇安：《内战史》，2，120。
④ 苏埃托尼乌斯：《奥古斯都传》，42。

农业劳动的厌倦，倒不如说是农业部门无法容纳这么多人。① 当然，商业和工业也无法提供这么多的机会，因为罗马并不是一个大的工业中心。铭文表明：从事贸易和手工业的人主要是奴隶以及那些来自东方的有着专门技艺和才能的被释奴隶。有大量的材料表明，共和末年帝国早期的城市平民主要来源于奴隶。② 谷物施舍增加了被释奴隶的数量，因为这样做，奴隶主可以把维持工人的大部分费用转嫁给国家，同时又能让他们承担从前作为奴隶时的大部分义务。③ 甚至在公元前 2 世纪下半叶，西庇阿·埃米利乌斯就大声斥责过闹事的城市平民，他说："我把你们带到这里来的时候，你们都是戴着枷锁的。你们现在不要威胁我，虽然你们的枷锁被去掉了。"④因此，就罗马城而言，自由人远远少于被释奴隶，被释奴隶在意大利的土壤上没有种族之根，更没有政治之根，对土地改革毫无兴趣，他们也很少被征集服兵役。在西塞罗时期，罗马城虽然出现了许多骚乱，但影响极其有限，政府有足够的能力加以镇压。

罗马城以外的城市手工业者，大多来自被释奴隶，他们和靠近海边的水兵、渔夫无疑构成了自由居民的一部分，这部分人中的大多数都与农业打交道。共和末叶，意大利有 300 多座城市，靠经营农业的元老等级的人数以及某些富裕的被释奴隶加起来不会超过 5 万人，其他的主要是小自耕农、佃户和日工。正是后者构成了公民的主体，而对他们的情况我们却知之甚少。他们或许是太贫穷，或许是因为不识字，所以很少留下碑文。当时的作家们对他们也不感兴趣。甚至农学家迦图、瓦罗和这一时期以后的科鲁美拉，他们写书的目的也不是描述意大利的农村经济，而是指导富人们以最好的方式经营他们的地产。他们都认为，使用部分奴隶劳动能给主人带来高额利润。瓦罗认为除了在有害健康的土地

---

① 萨鲁斯提乌斯：《卡提林阴谋》，37，7。

② Lily Ross Taylor, "Freedmen and Freeborn in the Epitaphs of Imperial Rome," *The American Journal of Philology*, Vol. 82, No. 2, 1961, pp. 113-132.

③ 哈里卡纳苏斯的狄奥尼修斯：《罗马古事纪》，4，24。

④ 维莱伊乌斯·帕特古努斯：《罗马史》，2，2；瓦莱利乌斯·马克西姆斯：《值得纪念的言行》，6，3。

上雇佣工人，奴隶应使用于所有农业部门。土地所有者如果完全相信这些箴言显然是不明智的，因为专家们的建议和多数农民的实践显然有一定的距离。我们不怀疑奴隶劳动在罗马庄园中的作用，然而确实没有农业作家关心中小土地所有者的问题。

我们从共和末年和奥古斯都时代留下来的一些证据中也确实能证明大地产主经常把一部分土地出租给佃农。

甚至在地产主使用奴隶作为日常劳动力时，许多季节性劳动，如收割大麦、小麦等粮食作物，采摘和挤压橄榄，收集和出卖葡萄等都得依靠自由人。迦图在他的《农业志》中也暗示了这一点，他说这样的工作应按契约租出。瓦罗也提到了这些被雇佣的自由劳动者。某些残存的资料也提到了属于这类人的"messores（收割者）"或"vindemiatores（葡萄采摘者）"。从恺撒要求牧主雇佣自由人达到总劳动力数量的1/3这一点，我们可以看到，在当时自由劳动力是可以获得的。

实际上，只要我们认真地分析一下公元前2世纪末叶的几次土地改革，就会发现，支持这些改革的主力并不来自"失地破产从而涌入城市的流氓无产者"，而是乡村平民，也就是那些田产无法被再分的自耕农的年轻儿子、希望自己拥有而不是租种别人土地的佃农、在田间劳作而又无法维持生存的日工。这些要求土地改革的平民大多生活在农村，在农闲时参加一些城里的公民大会，但一到农忙季节，就又回到农村耕耘、收割，他们与土地并没有完全分离。[①]

共和末年，意大利的农民不但没有被奴隶排挤掉，而且还是罗马军队的主要来源。维莱伊乌斯·帕特古努斯（Velleius Paterculus）说，在公元前90年以前大约有2/3的罗马军队来自意大利同盟者。[②] 这可能言过其实。但是没有人怀疑他们提供了一半以上的新兵。可以确切地说，在意大利人获得公民权后，他们还将提供同样多的兵源。在马略改革以

---

① 西西里的狄奥多鲁斯：《历史集成》，34～35，6，1；普鲁塔克：《提比略·格拉古传》和《盖约·格拉古传》。
② 维莱伊乌斯·帕特古努斯：《罗马史》，2，15，2。

前，公民的财产资格已经降得很低，因此军团成员并非一定要来自独立的中产阶级。马略打破财产资格的限制，但即使在当时，罗马军团的新兵也很少来自城市无产者（urban proletariate）。我们知道罗马曾于公元前 87 年、前 84—前 82 年、前 52 年、前 43 年和前 41 年在整个意大利（尤其是埃特鲁里亚、庇塞浓、翁布里亚、萨宾、坎佩尼亚、撒姆尼乌姆、路加尼亚、阿普里亚、马尔喜等）征兵①，负责征兵的主要是当地的自治市（municipia）和殖民地（coloniae）。在共和国末期，退伍的士兵，和在奥古斯都时期一样，一般都返回家乡。比较而言，有关在罗马城征集新兵的资料很少。在罗马城，占多数的居民是被释奴隶，他们是根本没有资格在罗马军团中服役的，只有在紧急的情况下，他们才被组成特殊的团体，如在公元前 217 年②、前 90 年③以及公元 6 年和公元 9 年④。不过，由这些人组成的军团在战场上并未起到十分重要的作用。公元前 89 年，路西乌斯·迦图率领的一支由这种人组成的军队，不但纪律松散，而且战斗力极差。⑤ 公元前 49 年和前 43 年，罗马政府曾在罗马城及其附近征过两次兵，但都是在危难时期。

　　从上我们可以看到，罗马共和末期的军队，就像帝国时期在意大利征集的军团和近卫军一样，并非来自罗马城，而主要来自意大利的中部和北部地区。马略的老兵大多是从农村来支持萨图尼乌斯的。⑥ 西塞罗在提到恺撒的老兵时，曾怀着敬意地把他们说成是"乡村人，但是是最勇敢的人和最优秀的公民（homines rusticos, sed fortissimos viros civisque optimos）"⑦。在恺撒越过卢比孔河后的 20 年，大约有 20 万意大利人经常在罗马军队中服役。他们绝大多数来自农村。所以，把奴隶

---

① 参见本书附录。

② 李维：《罗马史》，22，28。

③ 阿庇安：《内战史》，1，49，212。

④ 普林尼：《自然史》，7，149；苏埃托尼乌斯：《奥古斯都传》，25，2；狄奥·卡西乌斯：《罗马史》，56，23，3。

⑤ 狄奥·卡西乌斯：《罗马史》，断片，100。

⑥ 阿庇安：《内战史》，1，29，132；1，30，134；1，31，139～140。

⑦ 西塞罗：《家信集》，11，7，2。

的竞争力和势力估计过高，而将小农经济的生命力估计过低，都是与事实不相符合的，是不正确的。

# 四、公元1到2世纪的罗马农业

公元1到2世纪，随着罗马和平的到来，罗马的农业发展迅速。首先是罗马人对农业的看法有了明显的变化，轻视农业、视农业为贱业的思想日趋成风。其次是土地兼并、集中的趋势更加严重，大地产由奴隶经营的弊端日益暴露，大地产内土地荒芜的现象相当严重。最后是意大利农业已呈下降和衰落趋势，而行省的农业发展迅速，耕地面积增加很快。

首先就土地所有制而言，虽然共和末年为了安置老兵而在意大利和行省进行的没收土地运动阻碍了大地产的形成和发展，但这只是暂时的现象。随着帝国的建立，私有地产的发展越来越快，地产集中的趋势越来越明显。

公元1—2世纪，意大利土地集中化的特点是速度快，其侵害的对象不仅有小农，而且也包括中等庄园的所有者。据老普林尼记载，在奥古斯都时代，仅共和派麦铁鲁斯的被释奴隶盖乌斯·凯西利乌斯·伊西多鲁斯一人到去世时就占有4 116名奴隶、3 600对耕牛、257 000头其他牲口和6 000万塞斯退斯的钱财。[①] 如果我们按迦图的16名奴隶耕种100犹格葡萄园计算，伊西多鲁斯的4 116名奴隶就能耕种25 725犹格土地，其所占土地的规模之大、数额之巨由此可见。特里马尔奇奥的地产更大，据彼特罗尼乌斯报道，他的地产之大连鸟都飞不出去，连野兽都跑不出去。他有如此多的奴隶，以致差不多有1/10的人都不认识自己的主人。[②] 当然，特里马尔奇奥是一个被人嘲笑的对象，但像他那样

---

① 普林尼：《自然史》，33，47，2。
② 彼特罗尼乌斯：《撒提里康》。

占有大量土地的人确实很多。"有些极富有的人把整个乡区的土地都变成私有，他们甚至无暇巡视自己的土地一遍。"①我们所见到的这一时期的文学作品大多都离不开小地主被贪婪的大土地所有者逼迫而离开自己祖传的份地这一主题。②

在当时，除了有把土地集中于某一地区的大地产主，也有把土地分散于若干地区的大土地所有者。例如，据小普林尼记载，他的岳母庞培娅·契莱里纳（Pompeia Celerina）在奥克里库努姆（Ocriculum）、纳尔尼亚（Narnia）、卡尔苏莱（Carsulae）、佩鲁西亚（Perusia）和阿西乌姆（Alsium）等地拥有土地。③ 他妻子的祖父卡尔普尼乌斯·法巴图斯（L. Calpurnius Fabatus）家住科努姆城，却在阿美里亚和坎佩尼亚都有地产。④ 小普林尼的竞争对手阿奎里乌斯·列古路斯（M. Aquillius Regulus）也在意大利的翁布里亚和埃特鲁里亚占有地产。⑤ 小普林尼在意大利占有的地产则更多，较大的两处分别在波河流域的科努姆和翁布里亚的提弗努姆。⑥ 其他的则在图斯库鲁斯、提布尔、普列纳斯特和托斯坎尼。⑦ 小普林尼认为，把地产分散在不同地点而不放在同一气候之下，可以少冒遭遇同样灾难的危险，是防备变幻莫测的灾难的良好办法。此外，时常更换眼前的景色，从一个地产旅行到另一个地产，也是一种十分有趣的享受。⑧ 从小普林尼留下的大量书信中，我们可以看出，到帝国时期，地产主对土地的使用效率已相当重视。

土地集中和兼并在行省虽然比意大利稍晚，但它的发展速度却并不比意大利逊色。例如，在阿非利加，尼禄时代的6名奴隶主就占据了这一行省的一半土地。老普林尼的这一说法已被一些农场的铭文所证实。

---

① 科鲁美拉：《论农业》，序言。
② 辛尼加：《书信集》，89，20；90，39。参见塔西陀：《编年史》，3，53。
③ 小普林尼：《书信集》，1，4，1；6，10，1。
④ 同上书，5，11；8，20，3；6，30，2～4。
⑤ 同上书，2，20。
⑥ 同上书，7，11，5；5，8，5。
⑦ 同上书，2，17。
⑧ 同上书，3，19。

这些铭文发现于早年属于布兰迪阿努斯的地产、乌顿西斯的地产以及阿米阿努斯和多米奇阿斯的地产上。这些地产的名字实际上就是根据它们最初的所有者的名字来命名的。到涅尔瓦时期,阿非利加的私人地产几乎达到了与城市领土同样大小的面积。① 在埃及,到奥古斯都时代,就出现了许多大的地产,而到克劳狄和尼禄时代,由于元首对其所宠幸的妇女和男子的大量赏赐,使大地产有了快速的发展。例如,帕拉斯曾在埃及的阿西诺依特州占有 8 个村庄,在赫尔摩保里特和奥克西西纳希特两州还占有很多土地。元首尼禄的被释奴隶多里弗努斯曾在阿西诺依特州占有 30 多个村庄。② 尼禄的老师辛尼加也一样,在表面上,他鼓吹轻欲,鄙视财富,但实际上,他却积聚了大量的财产,其总价值不低于3 亿塞斯退斯。恩格斯指出:"塞涅加(辛尼加——著者注)先生表明,如果他们(指当时的哲学家们——著者注)处境顺利,他们会变成什么样子。……他让尼禄赏赐金钱、田庄、花园、宫室。当他宣扬福音中贫困的拉撒路时,他实际上正是这个寓言里的富人。"③此外,元首的顾问、宠臣、爱将以及元首的家庭成员,如李维娅、阿西阿提库斯、日耳曼尼库斯、马尔西苏斯、狄奇乌斯、瓦列里乌斯、麦萨里纳等都在埃及占有大量的土地。④ 李维娅曾占有巴勒斯坦的 4 个城市。

帝国境内,最大的土地占有者和土地兼并者是元首。元首的地产数量大遍及帝国各省。它们大多来自掠夺。到尼禄时代,元首与元老贵族之间的激烈斗争基本结束,其结果是最富有和最悠久的元老家族几乎被斩尽杀绝,残留下来的只有极少一部分家族,而且是那些势力最小的家族。当然,许多家族的灭绝也由于贵族们不喜欢成家和生儿育女。由于这两种因素,大量地产或通过抄没,或通过承继而落入元首们的手中。还有一部分来自罪犯的私产,凡是被判为大逆不道罪的人的土地被

① 普林尼:《自然史》,18。
② 辛尼加:《论老年》。
③ 《马克思恩格斯全集》第十九卷,332～333 页,北京,人民出版社,1963。
④ John Wacher Ed., *The Roman World*, Vol. 2, London, Routledge and Kegan Paul, 1986. pp. 556-557.

没收后，虽然按法律上说是归国家所有的，但实际上却归了元首，成了元首地产的一部分。例如，有一位优卑亚富人，在优卑亚岛"拥有许多马群、牛群和羊，还有许多好的田地"，图密善将其处死后，其财产被没收。[①] 此外，还有一部分则来自社会富豪和元首宗族的遗赠。例如，公元前12年，大将军阿格里巴死前就决定将价值1亿塞斯退斯的全部私产赠给元首。据说奥古斯都对元老贵族的遗赠非常敏感，如果遗赠的金额不大，他会毫不掩饰自己的不快。仅他当政的后20年，就接受14亿塞斯退斯遗赠。[②] 在当时，元首的领地叫作"元首家室财产（res famil-iaris）"，它既包括大片森林、矿地，也包括众多的麦田、农场、橄榄园和葡萄园等。这些元首领地一般由元首督察使（Procurator）管理，其中一部分由元首家室奴隶耕种，另一部分则租给别人经营。元首领地的收入非常可观。据统计，在奥古斯都时期，每年就可得到400万～500万塞斯退斯。[③]

　　帝国初期，大庄园发展的主要原因是：帝国的和平，政局的稳定，经济的发展以及帝国境内土地私有制原则的确立，大奴隶主对土地的大规模投资。当然，部分自由民鄙视劳动和不愿务农的倾向以及元首的无理掠夺也促进了大地产的发展。

　　帝国初期的庄园与共和末期的维拉相比，除了规模大、结构和管理复杂外，还有一些特点：

　　第一，这些庄园分布于帝国各地，庄园的所有者都是不在地主，他们都住在城市里，或属于以元首本人为首的帝国权贵阶级的最高一层，他们本身并不熟悉农业，只把土地当作一种投资的方式。第二，在这些庄园里所使用的奴隶大部分来自家生奴隶，而不是战俘奴隶。第三，在这些庄园里从事劳动的日常生产者，随地区不同而有所不同。在埃及，从事生产的，一般是村庄农民；在阿非利加，一般以科洛尼为主；在意

---

① 狄奥·克里索斯托木：《演说集》（即《优卑亚演说》），1，7。

② 狄奥·卡西乌斯：《罗马史》，54，29；苏埃托尼乌斯：《奥古斯都传》，67。

③ T. Frank, *An Economic Survey of Ancient Rome*（*ESAR*），Baltimore, The Johns Hopkins Press, 1938, Vol. 4, p. 648；1940, Vol. 5, pp. 17-26.

大利，一般以奴隶为主或奴隶、科洛尼同时使用。第四，大庄园在经营方面比维拉更粗放。第五，大庄园内生产的东西除满足自身的需要外，大部分销往分布于帝国各地的自治市。

然而，最新的研究表明：无论大地产在帝国经济中所起的作用如何，中型地产和小地产仍然是这一时期非常流行的土地所有形态，那些认为小农经济已不存在的观点，显然是受古史近代化思潮影响的结果，缺乏确凿的史料根据。

与公元前2世纪和公元前1世纪相比，帝国早期，意大利本土的农业开始趋向衰落。对此，科鲁美拉和老普林尼都有详细的报道。科鲁美拉曾在《论农业》的序言部分这样写道：

> 我曾一再听到我们国家的领导人抱怨说现在土地变得贫瘠了，说近年来气候也变得恶劣了，对农业有害了。我还听到有人对这种说法表示赞同，认为很有道理：他们说由于早先的过度生产，地力已经消耗殆尽，再也不能像往昔那样给人类提供丰富的果实了，我认为这种说法很不符合事实。……一个有良好判断力的人是不会相信下述结论的，即大地会像有生有死的人类一样变得衰老。而且我不相信我们所遭到的各种不幸是上天愤怒造成的，应该说是由于我们自己的过错。因为我们的祖先向来是把农业交给最优秀的人手给以最精心的照料和经营；而我们却把农业像交给执刑者去惩罚一样，交给我们的奴隶中最糟的那部分人去掌握。[①]

在公元1至2世纪，意大利农地荒芜严重，农业产量下降明显。意大利的大部分地区粮食产量仅是其种子的4倍[②]，这与瓦罗时代的15倍相差甚远。应该说，造成意大利农田荒芜和粮食产量下降的原因很多。但总括起来主要有两点：第一，在自由人看来，经营农业对他们来说有伤体面，有失尊严。在当时，人们普遍认为，农业是一种卑微低下的行

---

① 科鲁美拉：《论农业》，序言。译文见李雅书《罗马帝国时期》。
② 科鲁美拉：《论农业》，3，3。

业，是一种无须专门学习和用心研究的事业，所以都不愿意亲自参加农业劳动。[1] 当然，罗马政府采用的粮食分配政策，也对意大利的农业产生了严重的影响。奥古斯都对此也抱怨不已。他曾这样写道："我极想废除粮食分配，因为依赖粮食分配使农业遭到了忽视；但我没把这个想法付诸实行，因为我确信粮食分配即使废除了，由于众愿所趋，有朝一日还会重新恢复。"[2]第二，富人们在农场上大量使用奴隶。"而奴隶们却可以起很大的损害作用，他们会把牛租出去给旁人干活，对它们和其他牲畜都不尽心喂养。他们不精耕细作，谎报的种子用量比实际用量大得多，对于种到地里的种子也不精心培养使之正常生长，把收获物运到场院时，每天打场时都使用诡计或粗心大意而使收获量减少。因为他们不仅自己偷，也不认真看守以防止别人偷。甚至在入仓之后，他们也不在账上诚实地记上数字。结果是管理人和劳动者都犯罪，而且这样的农庄往往名誉也很坏。"[3]正因如此，所以老普林尼认为是"大地产毁灭了意大利"[4]。面对意大利农业的不断衰落，罗马元首曾采取各种措施来解决这一问题，如图拉真元首（公元 98—117 年在位）就决定在罗马的元老应把自己产业的 1/3 投资于意大利土地，国家还设立了对农业的补助金。但这些办法根本无法挽救意大利衰落的农业。

　　和意大利一样，希腊的土地也出现了大量的荒芜和劳动力的匮乏的现象。帝国初期的希腊作家狄奥·克里索斯托木（Dio Chrysostom，大约生活于公元 40 至 120 年）对此曾有过报道。虽然克里索斯托木记录的是优卑亚（Euboea）岛一个城镇上的情况，但从侧面我们也能看到整个希腊的情况。狄奥·克里索斯托木在他的《优卑亚演说》中曾借一位公民之口这样写道：

　　　　"目前，我们的土地差不多有 2/3 是荒芜的，因为无人照管和

---

　　① 科鲁美拉：《论农业》，序言。

　　② 苏埃托尼乌斯：《圣奥古斯都传》，42。

　　③ 科鲁美拉：《论农业》，1，7。参见李雅书选译：《罗马帝国时期》上册，88 页，北京，商务印书馆，1985。

　　④ 普林尼：《自然史》，18，35。

缺少人口。我自己也拥有许多土地，我知道很多人都拥有土地，不仅在山上，也在平原上。如果我可以找到愿意耕种它们的人，那么我不仅愿让他不付任何报酬去做，而且还乐于付给他一些钱。……"那位公民接着说："现在在城门之前的土地也变得荒芜了，土地绝对赋闲并且露出一种忧愁的神色，大有处在沙漠中间而不是正在城门前之势。……运动场已变为草地，因而使赫尔库勒斯（Hercules）和别的神像、英雄遗像在夏天便为野草花所掩藏，正在我之前说话的那个人天天早上都把他的牛群赶到市政大会堂和市政厅之前吃草。当外地人第一次到我们城市时，他们都无一不讪笑我们，为我们叹息。"①

除了意大利和希腊的农业有所衰落外，罗马其他行省（尤其是原先较为落后的行省）的农业却发展迅速。这种发展的主要标志是行省居民从森林、沼泽地和沙漠中，得到了许多新的土地，从而使农垦面积有了很大的增长。例如，在昔勒尼加，公元1世纪初，除沿海地带以外，其余的大部分都是游牧区。帝国初年的地理学家波帕尼乌斯·麦拉（Pomponius Mela）曾在其《地理图志》一书中谈到过这些地区。他在列举了从赫尔库勒斯双柱到西利内伊卡的地中海沿岸城市后，这样说道："沿海岸居住的人民采用了我们的一切风俗习惯和生活方式，只有少数人还保存了他们的原始语言和他们祖先的偶像及仪式。住在他们里侧的内地人，没有城市；他们的住宅叫作'马帕利里'；他们的生活是艰苦和粗野的。……再往内地去，则人民更为野蛮，他们随着他们的兽群到处走动，他们携带着他们的帐幕从一个牧场到另一个牧场，当日落时，他们碰巧在什么地方就在那里过夜。"②

100年后，麦拉所描写的游牧民族居住的这些区域，到处都是肥沃的耕地和繁盛的城市。各地都按照土地的性质、气候和水分的不同，栽

---

① 狄奥·克里索斯托木：《演说集》，1，7。参见李雅书选译：《罗马帝国时期》上册，120～121页，北京，商务印书馆，1985。

② 彼帕尼乌斯·麦拉：《地理图志》，1，7。

种不同的作物。在许多城市的周围，农业生活已经代替了畜牧生活。原先的荒原不见了，留下的是一望无际的橄榄树林。无怪乎中世纪的阿拉伯历史专家曾这样告诉我们，当最初穆斯林征服者到达北非的时候，他们可以在树荫下，经过连续不断的村庄，从的黎波里一直走到丁基斯。①

又如，高卢地区过去一直都是森林稠密、人烟稀少的地区，而到这时却发生了新的变化，大量的森林被毁，"新的别墅和建筑都靠近树林的边界，甚至在林中空地的泉水旁边建筑起来"。朱理安认为："这种建筑物的出现是使其周围的森林衰落的原因，因为它的家居室、花园、草地、果木园、蔬菜园常常在扩大。"②森林的大量砍伐和荒地的开垦，使原先不以出产粮食和葡萄酒出名的高卢，一下子成了地中海世界粮食和葡萄的著名产地。

帝国的其他行省也一样，原先尚未开垦的多瑙河诸行省，尤其是潘诺尼亚和美西亚都成了罗马的新粮仓。西班牙东部和南部地区以及不列颠等地都栽种了许多葡萄。高卢、昔勒尼加等原先比较落后的地区之所以能在这一时期得到大量开垦，其中主要原因有三：一是这些地区劳动人民的辛勤劳动。二是共和末年和帝国初期意大利居民的大量外移。这些迁移的意大利农民或士兵，不但给行省带去了先进的罗马文明，而且也带去了先进的农业村社。大片的行省土地在移民们的努力下得到了开垦，各种新兴的城镇在移民地或军屯旁悄然崛起。三是帝国政府的鼓励。从奥古斯都以来，政府就颁布过各种政策，鼓励帝国居民开垦荒地。而从弗拉维王朝建立以来，政府则采取了更优惠的政策，鼓励居民大力开垦和利用荒地。据记载，在弗拉维王朝时期，有一个名叫曼契亚③的人曾颁布了一个章程，后来叫作《曼契亚法》。根据该章程的规定，凡是自愿在元首田庄和公有田庄的处女地上播种或种植者皆可自由

---

① ［美］汤普逊：《中世纪经济社会史》上册，10页，北京，商务印书馆，1984。
② 朱理安：《高卢史》，5，179。
③ 此人大概是弗拉维王朝某位元首的老臣。

行事，只要占有者仍耕种土地，他们就一直是这块土地的持有者，他们按法律规定的条件享有宅地权（Jus Colendi），而不需要有专门的契约；如果他们在这种土地上种植了果树或橄榄树，他们甚至有权抵押它。到哈德良时代，他不但使《曼契亚法》的主要条款继续有效，而且还制定了更有利于开垦者的政策。他除了允许占有者在处女地播种、耕种外，还允许他们耕种承租 80 年不曾耕种的土地。并且他允许他们在荒地上种植橄榄树和果树。此外，他赐给占有者以准土地所有者的权利。他们现在不但得到了宅地权，而且还得到了可耕地和果园的专有权以及把它留传给继承人的权利。毫无疑问，元首们在帝国行省推行这种政策的目的是为了获取更多的纳税人，使可靠的永久性佃户在经济利益上与土地及土地的收获物发生紧密的联系，从而把他们固定在土地上，而这些措施又多半获得了成功。橄榄种植迅速推广到阿非利加、昔勒尼加行省以及高卢、西班牙两个行省，显然是与帝国政府的这些政策分不开的。

随着行省土地的大量开垦，罗马的经济也有了明显的发展。即使是基督教作家，如爱里尼乌斯、特尔图良等对此都不加否认。特尔图良曾这样写道："的确，只要放眼看一看世界，就可知道土地耕种日多，人丁日益兴旺。现在一切地方都可畅通，为人们所熟悉，便于商业的经营。现在使人愉快的田野已把一切荒凉痕迹抹去了，丛林已被铲除而代之以春耕夏耘的陇亩，牲畜成群奔逐而野兽匿迹。沙地已经被播种了；山峪碎石已经被扫除了；沼地已经被排干了；过去贫困的农舍所在地，现在已被大城市占据了。……到处可看到屋宇、人群、安定和文明。稠密的居民到处出现在我们的眼前。"①

帝国早期，由于各地生产经验的交流以及某些科学技术的发明和应用，生产工具有了一定的改进。此时，在意大利和行省都出现了种类繁多、对农业生产很有帮助的犁。有普通犁，犁尖呈钓钩状弯曲；有刃口弯曲的曲刃犁，这种犁可以耕很坚硬的土地，主要用于开挖浅槽以便弯刃犁在此基础上挖掘垄沟。列提亚人还发明了一种新的方法，即设法为

---

① ［美］汤普逊：《中世纪经济社会史》上册，4～5 页，北京，商务印书馆，1985。

耕犁装了一对小轮子。这种犁可用于播种，但必须预先将土地翻耕好，当即播下种子，并且用多齿耙将土耙平。普林尼认为："用这种方法播下的种子不需要再壅土。"①此外，还有松土犁。这种犁的铧头不是套在整个犁掌上，而是只有一个小尖，有利于切割土地。还有一种犁可以使耕地和除草同时进行。这种犁的铧头比较宽，也比较锋利，形似剑头，可以在穿过土地的同时用两侧锋利的刃口切断草根。在高卢，出现了谷物收割机。在这一时期，农业种植方面的变化也比较明显。在意大利，谷物生产减少，葡萄栽培有所改进。罗马城越来越依靠外省的粮食供应。提比略元首的一次讲话正好说明了这一点。他说："罗马城是靠着海外的粮食来维持的。罗马人每天都要看着暴风和海浪的眼色过日子。如果行省的粮食无法前来支援罗马的主人和奴隶，那么，我们的田地，我们就得被迫用我们的田地，用我们自己的森林和庄园养活我们自己。元老们，这正是元首要操心的事情。"②不过，原来盛产谷物的西西里到帝国时期已发生了很大的变化，很多产粮地已被牧场代替。帝国粮食生产的重点已转到了多瑙河地区、阿非利加和埃及。据说，在奥古斯都时代，埃及每年要向罗马提供 2 000 万摩底小麦。③北非每年的正常粮食出口是埃及的两倍，可以满足罗马人一年中八个月的粮食需要。④南部高卢和西班牙除了盛产谷物外，也开始大面积地种植葡萄和橄榄等经济作物。

帝国早期的畜牧业仍沿袭冬夏迁移牧场的放牧方式，不过已注意改良牧草品种，开始种植紫花苜蓿等优良牧草。随着帝国境内城市的不断兴起和罗马政治的稳定，养猪业、养羊业及家禽饲养业等都有了较快的发展。

---

① 普林尼：《自然史》，19。
② 塔西佗：《编年史》，3，54；《历史》，3，48。
③ 《恺撒概述》，1，6。
④ 尤西弗斯·弗拉维：《犹太战争》，2，383，386。

# 第三章　公元前 3 到 2 世纪的罗马工商业

罗马工商业是罗马社会经济的主要组成部分。从事者多为社会下层，社会地位不高，其建设与成就也鲜为世人关注。他们是罗马无名的建设者，也是罗马声名的直接传播者。罗马因他们永恒，靠他们正名。当时的人们从他们的建设质量中验证罗马，从他们的越洋交往中认知帝国。不过，他们的劳动并没有得到罗马社会应有的尊重。

## 一、公元前 3 到前 2 世纪的罗马工商业

与农业相比，公元前 3 至前 2 世纪罗马的手工业就显得变化较小、进步不快。财富的大量涌入并未刺激手工业的发展，城市的扩大也没有增加更多的手工业者。城市中的手工制造业并没有革命性的进展。这很大程度上是由于陆路运费太贵，牛车太慢，马和驴不能运送大件或较重的机械。另外，国内市场有限、技术不能与国外竞争也是重要原因。

罗马城是当时重要的手工业中心，杜斯科斯街则是当时工商业者主要的居住区。普劳图斯（公元前 254—前 184）在其喜剧中曾记录了许多手工业行业的名称，如首饰、木器、皮革、绳索、铁、金银、毛织、呢绒、染色、武器、陶器、刺绣、成衣、靴鞋、犁、压榨机、筐、桶、车具、醃具等。每一行业内又有更细的分工。罗马的紧身衣、托裂、犁铧

等产品颇受欢迎。① 迦图在其《农业志》中多次提到买主应到罗马去买服装、犁、大车、醅具、箩筐及其他农具。

埃特鲁里亚的制造业比较发达。公元前 205 年,西庇阿开赴西西里准备在北非与迦太基决战。临行前,埃特鲁里亚各主要城市都向他提供了装备和物品,其中著名的有波普罗尼亚(Populonia)人提供的铁,塔尔奎尼人(Tarquinii)提供的船帆布,伏拉特尔莱人(Volaterrae)提供的木材,阿莱提乌姆人(Arretium)提供的 3 000 只盾、3 000 顶头盔、50 000 支加利克长矛以及斧头、长钩等日常用品。此外,凯莱、佩鲁西亚、克鲁西乌姆和鲁塞莱等城市也提供了各自不同的日用品和装备。② 从这些物品征集之快,我们可以看出当地制造业的发展状况。

意大利南部的他林敦本来是斯巴达的殖民地,后发展为希腊式手工业中心、意大利通向地中海东部的重要港口。不过,因为他林敦在第二次布匿战争期间背叛罗马、投靠汉尼拔,因而遭到罗马人的严惩。罗马军队不但劫掠了这一城市,而且还将俘获的 3 万他林敦人卖为奴隶。他林敦的大部分土地也遭没收。③ 此后,他林敦再也没有恢复其先前在商业和制造业中的地位。

坎佩尼亚是继埃特鲁里亚之后意大利又一有名的手工业中心。位于坎佩尼亚的卡普亚,其政治地位虽然下降了,但作为一个手工业中心还保持着相当的繁荣,旧的有制陶和铜器制造业,新的则有家具制造和香料业。库麦是坎佩尼亚的制铁中心,庞培伊城的纺织品则行销国内。迦图认为,铁铲、刀、锹、锄、斧等应到坎佩尼亚的加里镇去买;各种铜制器皿、皮带、绳索则应到卡普亚去买;至于碾磨机最好还是到庞培伊城去买(见表 3-1)。

---

① 迦图:《农业志》,135。
② 李维:《罗马史》,28,45。
③ 同上书,25,8;27,15。

表 3-1　迦图《农业志》中记录的购买手工业品的地点和主要产品

| 手工业品购买的地点 | 主要手工业品 |
|---|---|
| 罗　马 | 内衣（tunicas）、长袍（togas）、戎装（sagum）、被子（centones）、雕刻材料（sculponeas）、桶（dolium）、大盆（labra）、钉（claves）、插销（clostra） |
| 米图尔纳和加莱斯 | 斗篷（cucullus）、铁具（ferramenta）、小镰刀（falx）、铲（pala）、锹（ligones）、斧（secures）、装饰品（ornamenta）、细链（catellas） |
| 苏　撒 | 插钉架（tribulae）、筐（fiscinas）、压榨器（trapeti） |
| 阿尔巴 | 桶（dolium）、大盆（labra） |
| 加西努姆 | 大缸（fiscinas） |
| 凡纳弗努姆 | 铲（pala）、瓦（tegulae）、压榨机绳索（funis torculus） |
| 卡普亚和诺拉 | 汲水桶（hamae）、水壶（urcei aquarii）、制油水罐（urnae oleariae）、酒罐（urnae vinariae）、瓶（vasa）、拉闸（funes subductarios）、蒲绳（spartum） |
| 庞培伊 | 压榨器（trapeti）、轮子（orbis） |
| 路卡尼亚 | 载运车（plostra）、插钉架（tribulae） |

［参见 Arnold J. Toynbee, *Hannibal's Legacy*, Vol. 2, London, Oxford University Press, 1965, p. 682］

意大利手工业的一大特色是小手工业占有重要地位。庞培伊城所发掘出的小手工业作坊便是最好的证明。从事手工业的人绝大多数是自由人和被释奴隶。祖籍为公民的手工业者较少。有关这方面的情况，在当时文献材料、碑刻铭文以及戏剧作品中多有记载和反映。

意大利手工业的另一特点是在出口方面十分落后，且非常有限。手工业品大部分用于内销。卡普亚的青铜和坎佩尼亚种植园的橄榄油可能是意大利仅有的出口物。

不过，罗马倒有大量的物品来自外省，如西西里的谷物和西班牙的矿产品。罗马城和大地产主还要从德洛斯岛（又译提洛岛）引进大批奴隶。大量的入超由地中海各被征服地区人民向罗马缴纳的税收来抵消。罗马的经济显然是一种靠剥削外省来发展自己的畸形经济。

罗马的传统是对商业既不重视，也无兴趣。早期与迦太基订立的条约曾把西地中海的贸易利益完全让给迦太基。[①] 罗马旧贵族从来没把商人看成高贵职业,即使想通过经商赚钱也都委托自己的被释奴隶代理。西塞罗详细地列举了被罗马人看作低贱的职业,"首先是那些作为不受欢迎且能引起人们憎恶的谋生方式,如收税和放高利贷,这些一般都遭人摒弃。其次与有身份者不相适应且低贱的谋生手段是被人雇佣(我们付钱给他们不是由于他们的技艺,而是因其体力劳动),因为雇工得到的报酬都是以他们受人奴役为代价。此外,那些从批发商那里买来商品又直接卖给零售商的人也是卑贱的。因为他们不编造一大堆骗人的谎话就不能赚到钱。毫无疑问,没有什么行为比撒谎更可耻了。再一类是从事低贱商业活动的各种工匠,因为在手工作坊里没有自由可言。在所有商业活动中,最不受人尊重的便是那些专供肉体感官享乐的行业,即如泰伦提乌斯所说的'鱼贩子、卖肉的、厨师、家禽贩子和渔夫'。如果你愿意的话,还可加上香料商、陪舞演员以及所有下流的歌舞伎。"[②]西塞罗的话已被当时的铭文所证实,例如,据沙西纳铭文记载,有一位名叫贺拉西·鲍利乌斯的人在向城市居民赠送墓地时明确指出,享有者中不能包括自杀者和从事卑鄙工作的雇工。大约在公元前 218 年,罗马通过了一条法律,规定:"元老或元老子辈的海船装载量不得超过 300 安波拉(1 安波拉等于 26 升)。立法者认为这样的装载量已足够把日用品从乡村运入城市。至于做买卖,元老们则认为这无疑是一件可耻的事情。"[③]元老院与被征服地区或建立同盟关系的国家订立的条约也都显示他们不重视商业。这些条约从不给罗马或意大利商人以任何贸易上的特权,更谈不上建立行业垄断。意大利出身的商人在行省没有任何法律上的特权[④],唯一的优越之处可能是他们比较容易接近省总督和一些幕僚

---

① 参见本书附录。

② 西塞罗:《论职责》,1,42,150。

③ 李维:《罗马史》,21,63。当然,罗马于公元前 218 年颁布这个法律也有防止元老阶层滥用职权这一倾向。

④ 唯一一个例外是罗马人与希腊城 Ambracia(公元前 187)签订的条约。条文规定意大利贸易者免除关税。参见李维:《罗马史》,38,44,4。

官员。不过，因利益所驱，也有相当一部分元老贵族公开或秘密地从事各种商业活动。例如，据普鲁塔克记载，迦图就将资金投入稳妥可靠的商业，从他处购进池塘、温泉、漂白土矿、沥青工厂、带有天然牧场和森林的土地，这一切使他得到巨大的利润。他还经常派自己的被释奴隶昆图斯代表自己参与海外经商活动，并从中获取厚利。[①]

第一次布匿战争以后，元老院还曾为保护口岸和商人利益而出兵清剿海盗。然而，在第二次布匿战争以后，罗马人则放弃了反海盗的职责。因此，地中海的商业也主要握在了希腊和腓尼基人之手，罗德斯岛则是地中海贸易的中心。公元前2世纪中叶，第三次马其顿战争爆发，罗德斯岛的居民主动建议交战的双方于公元前169年停战议和。这种把自己的利益凌驾于罗马之上的做法，立即引起了罗马元老院的反对。这次战争结束后，元老院就决定剥夺原先给予罗德斯岛的位于小亚的领土，并宣布德洛斯岛为自由港。[②] 这样，德洛斯岛和亚历山大里亚就成为新的贸易中心。意大利商人尤其是坎佩尼亚人也到这些城市做生意。奴隶贸易是大宗买卖，也有意大利人出售葡萄酒。西班牙的卡迪兹城代替迦太基成为西部地中海的一个重要商业城市。有些意大利商人也随卡迪兹人过海峡到大西洋沿岸去贩运锡矿石，但为数非常有限。

罗马人在商业上行动慢且少，但在金钱业交易上却超过希腊人和东方人。大举征服的结果，使整个地中海的金银几乎都集中在罗马人手里。罗马的银钱庄和包税商掌握着大量现金资本，有时能垄断投资交易。罗马的包税商比希腊商人更会分散风险，他们组织公司合作经营，并且善于说服在征服战争中或多或少发了点小财的罗马各阶层人把手中现金投到他们的企业中来。这就组成类似现代股份公司的企业，资本由许多小股东集合而成。无论投标、包税、承办公共工程、承办或承运军需品等，都是这样的做法。具体做法是：由罗马的投标负责人与监察官签订合同，由一些合股人副签。在包税地区收税一般由罗马包税人派遣

---

① 普鲁塔克：《马尔库斯·迦图传》，21。

② 李维：《罗马史》，45，24~25。

代理人带领其被释奴隶或奴隶进行。

　　罗马的包税公司一般都拥有一个情报网络，目的是为了准确地估算所包地区税额的大小，有了这些资料才能确定投标数值以防亏损。一般情况下当然不会亏损，但是遇到善于精打细算的监察官，如迦图这样的人，包税商也得费一番心计。

　　包税商被称为"Publicani"，他们与一般罗马商人不同，享有一些特殊待遇。包税公司成为有信用的法人合法存在，个别经营人死亡，公司法人地位不变，股份和债务都继续有效。在当时，行省行政简单，没有足够的民事和公共事务机构，包税商及其助手成为帮助国家收税、包办公共工程和设施、开采矿山和管理许多事务的半官方机构。

　　显然包税商用收来的税款经营高利贷业务，从而使罗马的高利贷业格外发达。

　　高利贷业并非出现于共和末年，它几乎和人类社会同时进入文明时代。亚里士多德认为："最为可恶的是高利贷，人们这样讨厌它是极有道理的，它是用金钱本身来谋取暴利，而不是通过金钱的自然目的来获利。因为金钱本来是用来交换的，而不是用来增加利息。"[1]用高利贷致富是最违背自然的事。

　　在罗马人看来，放高利贷也是一种极不光彩和极不道德的行为，它甚至比一般盗贼所犯的罪还大。迦图指出，他们的祖先曾持这样的观点并将其载入法典，即判处盗贼以两倍的惩罚，而对于高利贷者则为四倍。故可以断定，在他们看来，放高利贷者是比盗贼还坏的公民[2]，其罪恶几乎和杀人犯不相上下[3]。公元前 4 世纪，罗马还颁布过禁止放高利贷的法律。例如，公元前 357 年，两位保民官确定贷款利率最高为8.33%。公元前 347 年，这一利率被减半。公元前 342 年，盖努西乌斯立法禁止放债取息。公元前 352 年，国家设立五人委员会对困难户发放

---

①　苗力田主编：《亚里士多德全集》第九卷，23 页，北京，中国人民大学出版社，1994。

②　迦图：《农业志》，序言。

③　西塞罗：《论职责》，2，25。

贷款，收取一定抵押品。但因放高利贷是获取巨利的捷径，所以对罗马贵族具有极大的吸引力。他们虽然在表面上蔑视并憎恶它，但在暗地里却鼓励自己的奴隶和被释奴隶积极参与这项活动。据说，许多像西塞罗这样的元老都是间接的放高利贷者。

一般来说，公元前 1 世纪以前的高利贷业具有以下两方面的特点：第一，高利贷的经营者大多是拥有土地的贵族，而借贷者则大部分来自独立的小生产者——平民。所以，罗马早期长达数个世纪的平民反对贵族的斗争并不仅仅是为了夺取政权，也不仅仅是为了解决平民的土地问题，而在很大程度上则是为了解决平民的债务问题。第二，高利贷的利息一般比较低，规模也不大。《十二铜表法》规定，私人借贷利息最高不得超过 1%，一般的借款利息大多都在 4%～6% 之间。[①] 高利贷对社会有危害，但其危害还不是很大、很明显。

然而到公元前 1 世纪以后，高利贷业却作为一种新的经济现象异军突起。马克思指出："高利贷资本的发展，和商人资本的发展，并且特别和货币经营资本的发展，是联系在一起的。在古代罗马，从共和国末期开始，虽然手工制造业还远远低于古代的平均发展水平，但商人资本、货币经营资本和高利贷资本，都已经——在古代形式范围内——发展到了最高点。"[②]当然，高利贷资本在罗马的快速增长并不符合意大利一般的经济发展水平，它在很大程度上是人为促成的，是无数的赔款、战利品以及行省的大宗税收不断进入罗马的必然结果。

因为当时货币经济比较发达，每一笔在一定期限到期的交款，如地租、贡赋、赋税等，都必须用货币支付，因此，从公元前 1 世纪开始，放高利贷的人大多都是包税者、大包税人、收税人。他们利用手头的雄厚资金，不时向贫困地区、国家等贷出资金，并从中获取暴利。虽然高利贷者在各地所得的利润不尽相同，但他们所采取的方法基本上还是一

---

① T. Frank, *An Economic History of Rome*, Baltimore, The Johns Hopkins Press, 1927, p. 294.

② 《马克思恩格斯全集》第二十五卷，671 页，北京，人民出版社，1974。

致的。大致上说，可以分为以下两类。

首先是放款取利。放款是意大利放高利贷者最有利也是最常见的获利手段之一。当时按借款对象划分主要有三种：

第一种是对那些自己拥有劳动条件的小生产者放的高利贷。这种小生产者包括小手工业者和小商人，但主要是农民。"因为总的说来，在资本主义以前的状态中，只要这种状态允许独立的单个小生产者存在，农民阶级必然是这种小生产者的大多数。"[①]所以，马克思在1855年3月8日致恩格斯的信中就这样写道："（奥古斯都以前的）国内史可以明显地归结为小土地所有制同大土地所有制的斗争，当然这种斗争具有为奴隶制所决定的特殊形式。从罗马历史最初几页起就有着重要作用的债务关系，只不过是小土地所有制的自然的结果。"[②]监察官迦图就是热衷于放这种高利贷的罗马人。据记载，他甚至放贷给奴隶，使其经营繁殖奴隶、买卖人口的生意，自己则坐享其利。

第二种是政治借贷，即对有野心的青年贵族，如恺撒、安敦尼等所放的高利贷。借贷者实际上是以此用作自身政治发展的资金，属于明显的政治投资。他们为了跻身政坛，不惜向放高利贷者大肆借债。成功者有，失败者也不少。据记载，恺撒在出任远西班牙总督以前，就向高利贷者借巨额钱款，其数量相当于2 500万塞斯退斯。如果不是克拉苏为其担保，放高利贷者根本就不能让恺撒到远西班牙上任。[③]马尔库斯·安敦尼在24岁时，借款就达600万塞斯退斯，14年后则增至4 000万塞斯退斯。库里奥和米罗的债款更多，分别达6 000万和7 000万塞斯退斯。共和末叶，在罗马竟然出现了数个执政官候选人为了当选执政官，竞相借贷，使罗马的月利率翻了一倍，即从原先的四分一跃跳至八分。

第三种是向东方某些城市和某些君主放的高利贷。这些借贷者因各种原因趋于贫困，只有马上获得大宗贷款，才能免于危亡，摆脱困境。

---

① 《马克思恩格斯全集》第二十五卷，672页，北京，人民出版社，1974。
② 《马克思恩格斯全集》第二十八卷，438页，北京，人民出版社，1973。
③ 普鲁塔克：《克拉苏传》，7；阿庇安：《内战史》，2，8。

例如，苏拉在击败了本都国王米特里达梯领导的军队后，就对其课以20 000他连特的巨额战争赔款。为了筹集这笔赔款，投靠本都国王的亚细亚行省各城市不得不向放债人借钱。数年以后，他们的债务就上升到12万他连特，其数是赔款额的6倍。

罗马的高利贷者不仅把自己的大部分资本用于这项高利贷业，而且还经常把私人（例如庞培和布鲁图斯）信托给他们的资本也用在这里边。公元前54年，浦泰俄利港的克鲁维乌斯（Cluvius）就曾借贷给小亚细亚的迈拉莎（Mylasa）、阿拉班达（Alabanda）、赫拉克利亚（Heraclia）、巴尔基利亚（Bargylia）和考诺斯（Caunos）5个城市大宗货币，成为这5个城市的债主。① 在同一时期，俾提尼亚的尼西亚城也落入意大利的高利贷者手中。据记载，仅由意大利银行家皮尼乌斯（Pinnius）借给这一城市的款项就达到800万塞斯退斯。② 当庞培来到东方时，亚细亚的所有城市几乎都负了债，其总额大致为8亿塞斯退斯，相当于罗马什一税的两倍还多。③ 这类放款利率一般都很高，大多超过这一地区法定的最高利率，即12％。例如，那个有名的共和派贵族布鲁图斯就曾以48％的利率把货币借给卡帕多基亚（Cappadocia）的国王阿里阿巴哲纳斯三世（Ariobazanes Ⅲ）和萨拉米斯城，以解决他们当时的资金危机。④ 如果这些借款的风险性很大，那么其所得的利率则很高。例如，骑士出身的盖乌斯·波斯图姆斯·拉比列乌斯（Gaius Postumus Rabirius）就曾以100％的利率把大宗货币借给流亡于罗马（约公元前58—前55年在罗马）的埃及国王托勒密十二（Ptolemy Auletes）。遗憾的是，拉比列乌斯的这宗投资事业并未获得成功，因为当托勒密十二重新恢复王位后，不但没有偿还债款，而且还把这个自命为整个埃及国家债主的人投入监

---

① 西塞罗:《家信集》，13，56。

② 同上书，13，61。

③ T. Frank, *An Economic History of Rome*, Baltimore, The Johns Hopkins Press, 1927，p.296.

④ 西塞罗:《致阿提库斯书》，6，1～3。

狱。① 不过，他最后还是逃出埃及，并且在内战期间做了恺撒的代理人，而这无疑又为他提供了恢复财产的机会。

高利贷对于行省人民的剥削和压榨更甚。公元前 104 年，当罗马人与朱古达和条顿、森布里亚人作战时，元老院因兵力不足，准许马略向行省和同盟国招募军队，但此举遭到了俾提尼亚国王的反对，理由是小亚许多行省和同盟国的自由民都因债务关系沦为了奴隶。公元前 88 年，亚细亚行省居民起义，杀死了 8 万名居住在那里的罗马人，其中不少人是罗马的包税人、高利贷者及其家属。蒙森认为："到瓦罗时代，伊利里乌姆、亚细亚和埃及的小地主们实际上就已大部分成了罗马或非罗马的债主们的债奴。"债主们仗势凌人，可以让行省长官把自己的手下委任为地方官；为了讨索私人的债款，债主们可以要国家的骑兵包围地方元老院，让 5 位塞浦路斯的元老饿死在包围圈中。

放高利贷者所采取的另一类方法是订约获利。这种方法主要是针对罗马国家的。罗马自进入公元前 1 世纪以来，兵燹战乱连续不断，长期的战争给人民带来了无穷的灾难，然而却给高利贷者提供了向国家放债获取利益的大好时机。他们利用战时国家战争用品的需要，纷纷与国家订立各种借款合约，并从中获取暴利。上文提到的拉比列乌斯在逃回罗马后，就是通过这一办法而再度致富的。当然，有关这方面的事务大多都由公司承担。罗马的公司机构庞大，人员复杂，一般以承包国家税收、工程为主，在战时或国家陷于财政困难之时，也经常向国家提供借款。例如，财力雄厚的亚细安尼公司就曾把 2 万他连特的资金借给罗马政府，20 年后，它又把这笔借款增至 12 万他连特。这样，它就从国家手中牟取了高于本金数倍的利润。

对于高利贷业，罗马人早有认知，他们皆认为它是一种灾难，是叛乱与不和的经常性源泉，但就是无法根除。放高利贷者在获取暴利后，并不像近代资本家那样，把所得的利润用来创立新的和较高级的生产方式，而主要是把它用于个人消费和购置地产。所以，这种高利贷业发展

---

① Cicero, *Rab. Post.* 4；Suetonius, *Caes.* 54, 1；Dio Cassius, *Roman History*, 39, 12, 1.

的结果只能是社会财富的大量浪费以及行省经济的萎缩，而这又反过来对罗马经济的发展起到了严重的阻碍作用。正如马克思在《资本论》第三卷中所指出的，"高利贷资本……不改变生产方式，……不是发展生产力，而是使生产力萎缩，同时使这种悲惨的状态永久化，在这种悲惨的状态中，劳动的社会生产率不能象在资本主义生产中那样靠牺牲劳动本身而发展"①。

古代工业上没有多少费钱的机械，无须大笔投资，用不了多少贷款。但海上经商的船主和商人通常必须用大笔款项预购货物、交保证金、准备航行的资金等，这种费用的投资者以希腊人和东方人居多，罗马人也参加。据普鲁塔克记载，迦图就积极参与这种活动。"他的做法是：让他的借贷者找到许多合伙人，当人数和船数各达到 50 这一安全系数时，他就派一位名叫昆图斯的被释奴隶代表自己参加这一公司的投资和分红。这人将同借贷人一起出海经商。这样，他就不会担全部风险，只需担很小一点风险，但他的收益却很大。"②

在这一时期，罗马人还从希腊人那里学到了用会计簿记账的技术，以清算有关账目，使付款人(尤其是大商人)免除了付现款之苦。共和晚期的罗马富人常在钱庄保有一个账户，用相当于现在的银行支票或信用卡支付款项。

自大征服以来，罗马人从战争中掠夺来的资财以及随后赢利所取得的财富，数额巨大。据西方学者 T. 弗兰克统计，在公元前200—前157年，罗马仅接收战争赔款、掠夺财物、外省税收就达 3.9 亿狄纳里乌斯，占国家总收入的 2/3 左右。③ 至于将军们掠夺归己的财物则更多。这些财富使罗马城物资繁荣水平大大超过了地中海的其他地区，即使普通士兵也能得到厚赏，城市无产者则得到更多的机会去吃喝玩乐。

在公元前 2 世纪，随着罗马地域帝国的形成，罗马的经济结构和阶

---

① 《马克思恩格斯全集》第二十五卷，674 页，北京，人民出版社，1974。
② 普鲁塔克：《马尔库斯·迦图传》，21。
③ T. Frank, *An Economic Survey of Ancient Rome* (ESAR), Baltimore, The Johns Hopkins Press, 1933, Vol. 1, p. 141.

级结构发生了明显的变化。新兴骑士阶层的迅速崛起就是这一时期的最大特点。"骑士"一词起初被用来称呼军队中的骑士,后来延伸到一切能有足够钱财供养私马充当骑士的人,再后来大约到公元前2世纪时人们就用这个称谓称呼财产多于40万塞斯退斯而又在占统治地位的豪门贵族以外的人。公元前2世纪,由于包税商和银钱业者大发其财,有这么多财产的人已足够形成一个社会阶层,于是也就出现了一个骑士阶层。

骑士阶层所从事的事业和对生活的看法,使他们与当时罗马的元老阶层有区别。他们的生活目标是发财而不大看重荣誉或不大关心国家和公共的福利,他们不追求做官,也不重门第,一心以赢利为目的。不过,后来骑士阶层也包括一些来自本应属元老阶层而没有当过官的人。这些人的富有程度和家族地位都足以在罗马竞争高官显位,但他们或宁愿在自己领地上过较宁静的乡绅生活,而不喜欢罗马冠盖云集、紧张喧闹、党争不断、倾轧不绝的政治生活;或由于其他原因,总之没有走升官晋级的路,所以算不上元老阶层。还有一些人本来从事政治活动,后来转而经营财富,这些人的地位、经历和建立起来的关系网往往使他们能发更大的财。他们更多地充当包税人。其中并非出身于地主阶层者也很快用所赚得的钱补足了这方面的缺陷,使自己不但家资万贯,而且也田连阡陌,有了家业根基。敢于向元老院挑战,与元老阶层发生冲突的骑士阶层,往往是这些包税人。

最后骑士阶层也包括人数日益增多的私营钱庄经营者。其中有本钱雄厚的银行业者,也有做小本买卖的放高利贷者。后来骑士名称被用得更为广泛。帝国时元老阶层的年轻子弟也往往先取得骑士身份,然后再上升到元老阶层。

骑士阶层的活动以包税①、包工程、放高利贷和做买卖、运输为主,其经营的目的都是赚钱。他们的活动对罗马社会经济和生活风气都

---

① 包税对于罗马政府来说是非常有利的。首先,一旦税约成交,政府就能得到大量的现金。其次,政府通过出卖税收权,实际上也就将风险转移到了包税商和他们的担保人身上。最后,包税还可以弥补管理上的人手不足和管理手段的落后。

有很大影响。

第二次布匿战争时，有两个包税人提供军用物资并负责运输，在合同上写明一切海上风险归国家负担。他们把船装满石头之类无价值的东西，到海上后故意把船弄沉，回来向国家要求赔偿。案件被提到元老院，元老院组织了审理团。但这是两个出身元老贵族阶层的有名的承包人，审理团怕揭穿他们会得罪骑士阶层，竟然让这件尽人皆知的丑事大事化小，小事化了。但两个平民保民官把案子提到特里布斯大会，建议处罚罪犯 20 万阿司。承包人竟公然组织人员以暴力阻碍投票进行。保民官不让步，再次上告，最后判处主要当事人、贵族出身的鲍斯图米乌斯（Postumius）流放了事。①

迦图任监察官时，为国家利益计，总是设法在包税和包工合同上取得最高税收和最低工程费用。包税人很不喜欢这个极端认真的监察官，他们联合一些反对迦图的元老，设法废掉与迦图订立的合同。有些受他们收买的保民官甚至要求迦图到特里布斯大会去作证。②

还有一个例子，公元前 169 年的两位监察官 C. 克劳狄乌斯·普尔舍和 T. 塞姆普罗尼乌斯·格拉古斯在招标时，不许在前任监察官时已包过税的包税人再投标，因为他们已赚了大钱。这些被排除在外者竟然大怒，买通一个保民官在特里布斯大会上控告这两位监察官，使他们差点受到审查。③ 其实监察官的做法是完全有道理的。

骑士阶层之所以如此猖狂，主要是因为他们经济实力雄厚，可以用高价贿买他们所需要的东西，这对罗马政治和社会的影响甚巨。

从罗马城里这种金钱和势力的角逐后面，我们还可以看到这种殷实和繁荣所赖以存在的另一些现象的发展：罗马城里寄生无产者越来越多，社会道德风气日益败坏；意大利奴隶劳动者队伍日益增长；在行省和海外依附国中各国人民所受的剥削日益加深。

---

① 李维：《罗马史》，23，48～49；25，3，9～11；4，4。
② 李维：《罗马史》，39，44，7；普鲁塔克：《马尔库斯·迦图传》，19。
③ 李维：《罗马史》，44，16，8。

罗马统治阶级对其臣民的强取豪夺以及由此造成的痛苦，在公元前
2 世纪的整个地中海地区处处都能感受得到。公元前 2 世纪后半叶相继
出现的大规模奴隶起义、同盟战争、激进的改革以至内战，在某种程度
上可以说，都是这种贫富悬殊的现象引起的反应和结果。

## 二、共和末叶至帝国初期的罗马手工业

共和末年，罗马的手工业有了很大的变化，位于罗马帝国中心的意
大利逐渐摆脱了落后的状态，在手工业方面有了长足的发展，然而罗马
行省的手工业却开始处于萧条状态，即使是手工业一向比较发达的东方
诸行省也是如此。这主要是由于行省经常成为内战的战场，行省居民长
期遭受罗马行政人员和包税商无情的掠夺、勒索，因而造成行省无法很
好地组织手工业生产。

共和末年，意大利最重要的手工业部门是建筑业，罗马从行省掠夺
来的很大一部分战利品都被用于公共建筑。罗马的公共建筑一般都由承
包商承建。[1] 监察官每年都要把大批建筑工程承包给建筑公司。[2] 对此，
波利比乌斯曾有过非常详细的报道。他认为，在公共建筑业的管理和建
筑方面，全意大利有数不胜数的工程，有众多河流、港湾、果园、矿
坑、土地，简言之，一切在罗马人统治之下的东西都由监察官负责将其
承包出去，并由人民承包执行。[3] 据统计，公元前 196 至前 159 年的 37
年间，罗马共有 37 项重大建设工程（其中有 20 年无记载）。几乎每年就
有两项以上的重要工程，这些工程的费用一般都很高。据记载，在西塞
罗时期，为了修理卡斯托神庙，国家就花了 56 万塞斯退斯的承包费

---

[1]　Richard Duncan-Jones，*The Economy of the Roman Empire*：*Quantitative Studies*，
Cambridge，Cambridge University Press，1982，pp. 2-3.

[2]　监察官不在时，一般由执政官招标，但这种情况很少。

[3]　波利比乌斯：《通史》，6，17。

用。① 公元前 51 年，恺撒为了修建朱理亚广场，就足足花了 1 亿塞斯退斯。② 随着罗马资金的大量投入，罗马的公共建筑业发展迅速。到公元前 1 世纪末叶，罗马城内已经出现了许多高大雄伟的建筑群，其中著名的有建筑在广场周围的波尔契乌斯、埃米利乌斯、塞姆普罗尼乌斯、俄彼密乌斯四大会堂。据 T. 弗兰克计算，仅埃米利乌斯会堂的修建就需石料 6 000 块，以奴隶每天消费 12 阿司凿切 8 块计算，备料需 600 狄纳里乌斯，搬运需要 600 狄纳里乌斯，自由工人安置石料需要 1 200 狄纳里乌斯，天花板需要 7 200 狄纳里乌斯，柱廊需要 2 400 狄纳里乌斯，共计 12 000 狄纳里乌斯。③ 此外，还有由苏拉和卡路图斯修建在卡皮托里山上的第二神庙，由庞培花资兴建、可容纳 4 万观众的富丽堂皇的庞培剧场。屋大维修建的建筑则更多，其中主要的有元老院公堂和与之相连的卡尔齐迪大殿，帕拉丁山上的阿波罗神庙，圣朱理亚庙，卡庇托里山上的"打击者朱庇特神庙"和"雷轰者朱庇特神庙"，奎里努斯神庙，阿芬丁山上的米涅瓦、朱诺和解放者朱庇特神庙等建筑。此外，他花巨资重修了卡庇托里大庙和庞培剧场。仅公元前 28 年，他就在罗马城修复了 82 座神庙。与此同时，屋大维还于公元前 36 年左右为罗马公民建设了图书馆，修建了许多广场、水管和道路等。④ 其所花费用相当于前 4 个世纪罗马全部建筑费用的总和。⑤ 正因如此，所以屋大维称是自己将砖瓦的罗马城变成了大理石的罗马城。

随着罗马霸权地位的确立，外省财富的大量涌入，意大利的私人建筑业也有了明显的发展。从规模上说，意大利的私人建筑还比不上公共建筑，但它的发展速度却并不比公共建筑慢。一些富裕的公民为了显示自己的阔气，纷纷花钱在城里和乡村建房子。一时间，维拉成了罗马人

　　① 西塞罗：《反维列斯》，2，130 以下。

　　② T. Frank, *An Economic Survey of Ancient Rome* (ESAR), Baltimore, The Johns Hopkins Press, 1933, Vol. 1, p. 370.

　　③ *Ibid.*, p. 15.

　　④ 《奥古斯都自传》，19～21。

　　⑤ T. Frank, *An Economic Survey of Ancient Rome* (ESAR), Baltimore, The Johns Hopkins Press, 1933, Vol. 1, p. 370.

最喜欢的建筑样式。以西塞罗为例，他不但在罗马、庞培伊、浦泰俄利等城建有房子，而且也在托斯坎尼、阿尔庇努姆、阿斯图莱和福尔梅等地建有许多维拉。① 在共和末年，像西塞罗这样大造私房的例子比比皆是。据普林尼记载，罗马著名演说家路西乌斯·克拉苏和公元前101年的执政官昆图斯·卡图路斯在帕拉丁山建有非常漂亮的房子。② 公元前78年，雷必达又在罗马建筑了一座规模超过克拉苏和卡图路斯的庞大私宅。但是，不到35年，罗马就有100多人的私宅在规模上超过了雷必达，其建筑速度之快令人吃惊。③ 罗马的私宅一般也和公共建筑一样由建筑工人承包建设，如昆图斯、西塞罗在罗马的住处就是由尼契福尔（Nicephor）承包建筑的。④ 据记载，鲁古路斯、庞培等罗马大将都在罗马近郊及坎佩尼亚等地区有许多别墅，他们按季节变换居住的地区。

值得注意的是，有些人还利用建筑业来为自己获取暴利。据普鲁塔克记载，前三头之一的克拉苏就是用这种方法来敛钱致富的。据说，罗马城因房屋拥挤常常发生火灾和建筑物倒塌事件，当城内发生火灾时，克拉苏便立即委托自己的代理人收买着火的房屋和与之相邻的房屋，房主们自然很便宜地将自己毁坏的房子卖给克拉苏。这样一来，克拉苏就成了罗马城许多房屋的所有者。然后，他依靠自己的500多名建筑奴隶，修复烧毁的房子，并将其重新出租或出卖给别人，从而获取巨大的利润。⑤

除了罗马城建筑业有很大发展外，意大利其他城市的建设速度也相当惊人。以庞培伊为例，此城虽然在公元前89年遭到了苏拉军队的洗劫，后来又蒙受了老兵的殖民之苦，但没过几年，这里又恢复了往日的

---

① T. Frank, *An Economic Survey of Ancient Rome*（*ESAR*），Baltimore, The Johns Hopkins Press, 1933, Vol. 1, p. 371.

② 普林尼：《自然史》，17，1。

③ 同上书，36，109。

④ 西塞罗：《致昆图斯书》，5。

⑤ 普鲁塔克：《克拉苏传》，2。

繁荣，城市得到了扩建，公共工程如赛场、剧院、公共浴池等得到了重建，个人私宅建设也有了很大发展，新的建筑层出不穷，大部分旧的建筑也得到了重新修建或扩建。意大利的其他城市，如奥斯提亚、布隆度辛、帕莱纳斯丁纳斯、塞尼阿等，虽然没有留下很多的建筑资料，但想必其建筑业也不会比庞培伊城落后。[①]

共和末年，罗马的制陶业也有了很大发展，埃特鲁里亚人在模仿希腊刺绣陶器的基础上，创造出了有名的品牌——萨摩斯型陶，这种陶器在意大利和行省甚为流行，颇受人们喜爱。此外，罗马的制砖业也相当发达。到共和末年，虽然在公共建筑中已经出现了用石头和大理石代替砖瓦的现象，但是大部分公共建筑和私人住宅都还是用砖瓦建造。奥古斯都在他的遗嘱里自称自己是把泥砖的罗马变成大理石的罗马的功臣，假如我们相信他的话，那么便可知道，普通的砖瓦制造业，必然在共和末年的建筑业中起过重要的作用。罗马城周围有很多优良的陶土层，它是由阿尼奥河和第伯河的冲积土与拉丁姆的火山灰、亚平宁山坡上冲下来的石灰等各种成分混合的结果。陶土黏性强、吸水性弱，是一种难得的制砖材料。考古表明，罗马使用的砖瓦大部分都是由这里的砖窑烧制而成的。[②] 罗马陶工在制造砖瓦以外，还经常制造导管和水管，以供私人住宅之用。

共和末年，由于内战的不断扩大和农业的迅速发展，罗马对金属武器和农具的需求量也大为增加。这种状况无形中加速了罗马采矿业和金属加工业的发展。西班牙的金、银、铜、铅、铁、锡，高卢的金、铁，不列颠和撒丁尼亚的铅，埃特鲁里亚北部的铁等矿藏都得到了大量的开采。它们不但为罗马提供了大量的金属原料，而且还给罗马带来了巨大的财富资源。据斯特拉波记载，在公元前2世纪末到前1世纪，仅西班牙的银矿就能每天向国家上交25 000德拉克玛利润，其数量之大由此

---

① T. Frank, *An Economic Survey of Ancient Rome* (ESAR), Baltimore, The Johns Hopkins Press, 1933, Vol. 1, pp. 371-373.

② H. J. Loane, *Industry and Commerce of the City of Rome*, Philadelphia, Porcupine Press, 1979, p. 38.

可见。①

采矿业的发展，反过来又促进了金属加工业的繁荣。到共和末年，意大利已出现了许多以生产金属闻名的城市，如卡莱斯、卡普亚、浦泰俄利等。据记载，卡普亚是当时最有名的铜器制造业中心，这里生产的铜器不仅在意大利相当流行，而且在意大利以外也有一定的市场。浦泰俄利和诺列克则是意大利铁器制造业的主要基地，由这里制造的铁器不但质地坚硬，而且锋利无比，是意大利远近闻名的优质产品。② 而罗马本城则是著名的武器制造业中心，城内有许多武器作坊，制造刀剑、盾牌等各种武器。罗马军人在开赴前线之前，一般都得从这里获取他们所需要的武器。除了这些固定的工场外，每一军团都附有一定的工人，以帮助战士修理刀剑、盾牌、甲胄等武器装备。无疑这些工人对罗马地域性帝国的形成起了极其重要的作用。

在普通金属工业发展的同时，罗马的贵金属工业也有了快速的发展。到公元前 1 世纪，罗马出现了许多有名的金银匠和宝石匠，他们多半分布在神圣路两旁，以家庭为单位进行工作，其作坊既为店铺，又为住房。由于富人们流行戴刻有印章的戒指，所以金属凹雕业在当时特别发达。

总之，在公元前 1 世纪，意大利的手工业虽然还没有达到古代的最高水平，其产品也很少能够远销至行省。但是，与上一世纪相比，它确实有了很大进步。

帝国初期，由于元首及其高官们的大力扶持，帝国境内的制造业又有了新的发展。在这一时期，建筑业发展的主要特点是建筑规模大、建筑难度高、公共建筑建造速度快。著名的"万神殿"和"大圆形竞技场"就是这一时期的典型建筑。万神殿（Pantheon）原建于公元前 27 年，历经两次火灾。公元 126 年，哈德良下令按原型重新修筑。万神殿的主体部

---

① 斯特拉波：《地理学》，3，2，10。1 德拉克玛等于 1 狄纳里乌斯。

② H. J. Loane, *Industry and Commerce of the City of Rome*, Philadelphia, Porcupine Press, 1979, pp. 46-47.

分是一个高与直径均为 43 米的大穹隆顶，大穹隆顶无钢筋加固，技术难度极高。不过，由于设计合理，建筑材料过硬，四周受力均衡，设计者和建设者技术高超，这一建筑物至今仍巍然挺立于罗马城内。① 大圆形竞技场是韦斯帕芗和提图斯时期留下的最大的一座建筑物。当时人称之为"哥罗赛姆(Colosseum)"，即"庞然大物"之意，是当时的罗马人引以为傲的标志性建筑。整座建筑物呈椭圆形，长 188 米，宽 156 米，高 48.5 米，场内可容纳 8 万观众。圆形舞台长 85 米，宽 53 米，除表演角斗、兽斗以外，还可灌水表演海战。外部分为三层，环以列柱。罗马人民是这些公共建筑的主要建设者和受益者。波利比乌斯说："意大利各地有一大批承包商，其人数都不容易数清，都是监察官为了构筑或修缮公共建筑才指派的，此外还有许多东西，例如通航用的河道、港坞、花园、矿坑、土地，即事实上构成罗马领土的每一部分，都被承包出以征税。所有这些都是由人民从事承包的，几乎还可以说，每一个人都与这种契约及跟这种契约有关的工程，有着利害关系。因为某些人正是向监察官买进了这种承包权的实际承包人，其他的人是这些承包人的合伙者，更有一些人为他们担保，还有些别的人则为了这件事，把他们自己的财产都抵给国家，做了担保品。"② 波利比乌斯虽然是公元前 2 世纪的学者，但这一观点一直适用于罗马帝国早期。

除建筑业外，到公元 1 世纪，意大利卡普亚的制铜业和罗马的贵金属业又有了新的发展，制砖业、制陶业以及羊毛纺织业也有了能供应出口市场的生产规模。曾任执政官的多米提乌斯·阿弗尔就是个大制造主。西班牙在旧有的银、锡矿业之外，更多地发展了铅的开采和制造，因为地中海众多较大城市都仿照罗马，用铅制水管把清水引到住宅。高卢、多瑙河地区的诺里克和伊利里乌姆发展了冶铁业。高卢以制陶业和纺织业闻名帝国。

手工业发展较早的地中海东岸诸城是罗马奢侈品的生产中心、创新

---

① 美国国会山的主体建筑就是模仿万神殿建造的。

② 任炳湘选译：《罗马共和国时期》上册，52 页，北京，商务印书馆，1962。

中心。共和末年，西顿人发明了吹制玻璃器皿的手艺。到帝国初年，这种技术在帝国东部得到了快速的推广，腓尼基的西顿、推罗以及埃及的亚历山大里亚等城市都是有名的吹制玻璃的生产地。此后，这一技术又经坎佩尼亚商人传入意大利。此外，丝麻织品、纺织以及染色在东地中海和小亚细亚一些城市也有发展。科斯城就是当时最著名的纺织中心。

## 三、共和末叶至帝国初期的罗马商业

大量材料表明，到公元前 1 世纪，地中海流域的商业和贸易重心已经开始从东方转移到意大利，而罗马和浦泰俄利则是当时意大利最为发达的商业和贸易中心。

罗马城位于意大利中部的第伯河下游，是帝国境内最大的城市，也是西方最大的前工业城市。[①] 罗马城拥有近百万人口，交通便利，市场庞大，商业繁荣，贸易兴盛。这里不但有大量的行省粮食被运来销售，而且还有许多行省和外国的商品被运来交易。爱里乌斯·阿利斯提德(Aelius Aristides)曾这样说道："凡是想看尽天下万物者，必须走遍世界或者留在罗马。"由此可见，流入罗马城内的产品之丰盛。

罗马城内的市场主要设在阿芬丁地区，哈里卡纳苏斯的狄奥尼修斯曾到过这里，并在其著名的《罗马古事纪》一书中，对从前林莽丛生、无人居住的阿芬丁地区与他当年所见的情景做了对比，原先的老树林、月桂树丛林(Laurctum)、大空地都不见了，代之而起的是稠密的建筑以及繁荣的市场。

"山丘的地势依然没变，几百年来它都是罗马的商业中心，商人的企业随着从事商业的成功和获利而更为发展。汉尼拔时代(第二次布匿

---

① 伦敦只有到 1800 年才达到 100 万人口，那时它是欧洲最大的城市。1600 年巴黎的人口才超过 20 万。

战争之后——著者注)之后，阿芬丁区又发展并健全了它的日常生活机构，从而使这里的人民获得了更多的安乐和舒适。从前它靠商人们的努力，取得了罗马转口贸易的权利，现在又靠着他们的努力，摆脱了旧日低下的地位，逐渐掌握了城市的命运。"①

当罗马城的商业迅速发展之时，浦泰俄利港的商业也极其繁荣。这里不但有一个良好的港口，而且也有一个庞大的消费市场。东方的物品大多运往这里，然后从这里被转卖给附近的意大利人。最初，浦泰俄利港的贸易主要控制在科林斯商人手中。公元前146年，科林斯被罗马人毁灭后，它又落入了德洛斯商人之手，故有"小德洛斯"之称。只有在德洛斯衰落后②，浦泰俄利的商人才真正控制了这里的贸易，并直接与叙利亚和亚历山大里亚的商人进行贸易。据琉善记载，有一艘名叫"爱色斯(Isis)"号的埃及运粮船，长180英尺，宽45英尺，有三重甲板，可载重1 575吨粮食，据说，其运载的粮食足够满足阿提卡一年的口粮。它经常往返于亚历山大里亚与浦泰俄利港之间。只要粮船到达此港，消息便会马上传到罗马。③

奥斯提亚港在帝国早期虽已淤塞，但克劳狄元首重新修建了原来的港口，并在此基础上又建了一个新港，此港在图拉真时最终完成。奥斯提亚港和新港都充满着装卸工人、秤手、计度员、挑夫、搬运工、船匠、小贩、封印员、公证人，等等，还有各色各样的商人，并有一个船夫行会"科狄卡里"垄断着第伯河上的运输业。

意大利的贸易，总的来说具有入多出少的特点。根据文献记载，共和末年，意大利从外省输入的商品极为丰富，其中主要有从高卢和西班牙输入的金、银、铅等金属原料，从西西里、撒丁尼亚和阿非利加输入的粮食，从阿拉伯运来的香料、乳香和没药，从希腊各地运来的葡萄酒

---

① 参见哈利卡纳苏斯的狄奥尼修斯：《罗马古事纪》，3，43。
② 德洛斯岛贸易繁荣的时间不长。公元前87年的大屠杀以及公元前69年海盗的掠夺毁灭了它的繁荣，虽然以后略有恢复，但还是受到了意大利港口的商业竞争的影响。大约在公元前48年以后，德洛斯岛实际上停止了它的商业贸易。
③ 琉善：《轮船或希望》，4~6。

以及从非洲输入的野兽和象牙等。富裕的罗马人还热衷于购买小亚细亚、腓尼基、叙利亚各城市和埃及亚历山大里亚所制造的精细织物、地毯和玻璃器皿。有人甚至还特意派人到希腊购买艺术品。除此以外，当时的奴隶贸易也比较发达。主要的奴隶贸易市场是在东方，但在高卢和北方诸行省，也经常出卖这种可怜的人。奴隶的价格常常随着奴隶的年龄和技术水平的不同而有所不同。一般来说，一个普通的没有特殊技能的奴隶，在共和末年和帝国初年，其价格不低于 500 狄纳里乌斯（500 狄纳里乌斯合 2 000 塞斯退斯）。① 如果是优伶和有技能的奴隶，价格则要高得多。普林尼报道，当时优伶和有专门技能的奴隶售价高达几十万甚至上百万狄纳里乌斯。②

　　然而，意大利的出口货物却很少，只有几个地区生产的产品（如埃特鲁里亚的金属产品，坎佩尼亚的青铜器、铁器和陶器，波河流域的木材和羊毛）才在意大利以外的行省占有一定的市场。所以，来参加罗马交易活动的船只，常常只能满载而来，空空而去。这种输出品少于输入品的状况，虽然在一定时期内对意大利经济还未形成严重的威胁，因为罗马可以通过征服获取足够的金银来弥补这一贸易上的逆差，但当征服中止而对行省的政策又发生变化时，这种贸易上的逆差必然会给意大利的经济带来许多不良的影响。这种不良影响在公元前 1 世纪中叶以后就表现得非常明显。公元前 67 年，罗马政府颁布法令（即加比尼乌斯法）禁止各地方的人到罗马去赚取金钱。不久，西塞罗又命令浦泰俄利港的海关官员严格控制意大利金银的外流。③ 但因这种措施始终没有触及问题的根源，所以不可能从根本上解决国外贸易逆差给意大利造成的损害。

　　意大利商人不但分布于意大利各个地区，而且还活跃于东西行省的

---

　　① M. I. Finley, *Slavery in Classical Antiquity*: *Views and Controversies*, Cambridge, W. Heffer, 1960, pp. 9-10.

　　② 普林尼：《自然史》，7，28。

　　③ T. Frank, *An Economic History of Rome*, Baltimore, The Johns Hopkins Press, 1927, p. 252.

每个角落。在小亚，米特里达梯一天之内就杀了 8 万意大利人，其中仅在德洛斯岛杀的就达 2 万多人。这些数字从侧面反映了意大利商人在东方商业领域中的作用。在阿非利加，早在公元前 2 世纪，意大利商人的势力就相当雄厚。据文献记载，在朱古达战争期间，参加塞尔塔保卫战的许多成员都是在当地做生意的意大利人。[①] 到公元前 46 年，意大利的商业公司实际上已经控制了阿非利加北部的重镇——乌提卡城。即使规模不大的塔普苏斯城内也有 300 多意大利商人居住。[②] 西部的其他行省，如西西里、撒丁尼亚、西班牙和高卢等，也是如此。据恺撒记载，罗马公民在高卢做生意的很多。公元前 57 年左右，高卢卡尔努德斯人暴动，不但杀死了因贸易定居在钦那布姆的罗马公民，而且还抢劫了他们的财物。[③] 其他行省的商人也因商业利益而奔波于帝国境内的各个地区。

由于商人们的努力，到共和末年帝国初期，帝国内部省与省间的贸易特别兴盛。地中海出产的油和酒，随着军团走遍了欧洲大陆和非洲北部。埃特鲁里亚生产的陶器、坛子、陶灯等传到莱茵、不列颠、西班牙和摩洛哥，直达遥远的北非村庄；卡普亚制造的铜壶、铜锅在不列颠等地均有发现；地中海东岸和坎佩尼亚制造的玻璃器皿也到了里昂、莱茵和不列颠等地。

行省与行省间贸易的发展还可从西部地中海海域的海底考古发掘中得到证实。外国学者帕克(P. J. Parker)对已经发掘出的沉船遗迹做了整理，其中有 545 艘业已确定时间，余下少部分还不能确定时间。这些沉船遗迹大部分来自意大利、法国和西班牙海岸。K. 霍普金斯把它制成了图。[④]

---

① 萨鲁斯提乌斯：《朱古达战争》，21，26。

② M. Cary & H. H. Scullard, *A History of Rome：Down to the Reign of Constantine*, New York，St. Martin's Pr.，1975，p. 301.

③ 恺撒：《高卢战记》，7，3。

④ Keith. Hopkins, "Taxes and Trade in the Roman Empire (200 B. C. -A. D. 400)," *The Journal of Roman Studies*，Vol. 70，1980，p. 106.

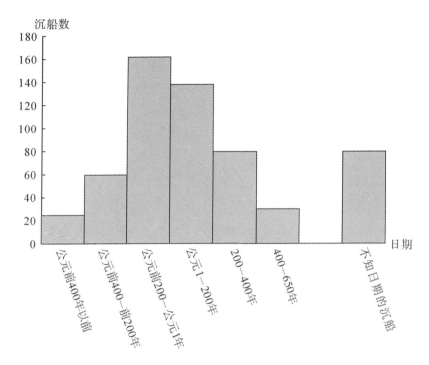

沉船数

**图 3-1　K. 霍普金斯提供的沉船道迹分析图**

从这张图中，我们可以看到，在公元前 200—公元 200 年，海底沉船的数量大大高于其他任何时期。这表明西部地中海海运贸易的繁荣。

在罗马各省间所进行的贸易活动中，官方贸易占有相当大的比重。这种贸易的主要目的是为了保证城市、军队的需要，保证元首家族的需要。以元首为首的国家政权是这种贸易的最大消费者，而由于为军队服务而成为商业富豪的人也比比皆是。

除了省间贸易以外，罗马人与周边国家和地区的贸易也相当发达。在北方，罗马商人重新开辟了远古时代就已通行但后来中断了的所谓"琥珀路"。这条路由罗马边境线上的卡尔农图向北沿奥德河谷或经北海通向波罗的海。到公元 1—2 世纪时，有一部分亚德里亚海沿岸的商人专门从事琥珀贸易。他们把这种物品大量地从波罗的海沿岸运到意大利。罗马人对琥珀的兴趣不仅在于它是装饰品的原料，而且还把它当作具有魔力和可用于医疗的物品，如用香火熏烤琥珀以"除病祛邪"等。帝国时，不仅有大量的琥珀经由琥珀之路进入罗马，油、酒、铜及其他金属器皿也沿这条路线被运到日耳曼尼亚腹地和斯堪的那维亚诸国。考古学家从琥珀的发掘地发现了大量的古罗马硬币和其他物品，这些地方在制陶、冶炼工艺及装饰风格上受罗马文化的影响也很明显。

地中海地区与东方的贸易路途遥远，历史悠久，早在罗马人之前已经开始。据马奇(D. Magie)报道："早在公元前 3 世纪之初，帕特洛克利斯曾奉安提奥库斯一世之命，往里海去探险。他回来报告说，那里有一条重要的商路，起自北印度(和中国)到达奥克塞斯河，在那里乘船沿该河下行，或者经过奥克塞斯河流入里海的航道直达里海，或者登岸走一段陆路到达里海。然后，把货物用船运载，横渡里海，并沿库尔河上溯，到达航路的尽头，再从这里把货物运送，经过梯弗利斯……以达里海……奥克塞斯河流域是一条贸易大道，它是通过里海和外高加索而进入西方世界的路线。"[①]这条历史上有名的古代东西方通商之路十分艰险，它从罗马帝国境内开始，先沿幼发拉底河到塞琉西亚，从这里往印度或中亚可分为两条路，一条走陆路向东经里海之南穿过帕提亚到咸海区的莫尔夫和巴克特里亚，从此向东可与丝绸之路相接；另一条则从塞琉西亚南行到波斯湾入海，沿阿拉伯海岸水路或陆路东行到印度河口，由此可沿印度河上行到旁遮普与中亚和东方相连接。前一条经里海之南的陆路，由于帕提亚对罗马不友好，常被阻断。实际上在奥古斯都之前这条路是否已被使用尚不明确。从东方运来的中国丝绸等物品也多在巴克特里亚中转，向东南经印度旁遮普再沿印度河经海岸陆路或水路到西方。这条行经印度的贸易通路，一直到奥古斯都时代为止一直控制在安息商人和印度商人之手。帝国建立后才有地中海商人参与这种冒险的贸易[②]。

大约在公元 48 年，有一位名叫西帕路斯(Hippalus)的希腊航海家，

---

① 转引自[美]汤普逊：《中世纪经济社会史》，上册，28 页，北京，商务印书馆，1984。

② 笔者在利用中西方古典文献的基础上，已经考证出在公元 100—101 年，曾有一支罗马商团经陆路到过中国。参见杨共乐：《中西交往史上的一件大事》，载《光明日报》，1996-05-14。

他在长期航海实践的基础上发现，夏季乘西南方吹来的海风东行可以平安地从亚丁航海到印度，而冬季乘反方向风（东北风）西行又可顺利地从印度返回阿拉伯半岛。西帕路斯于是借助这种著名的"贸易风"建立了一条直航印度的航线。以后另一些人按照他的办法又发现了几条通往中部和南部印度的航线。那时以后，从红海上的埃及港口出发，40 天便可以到达印度。在克劳狄和尼禄时代，曾有冒险家到过今天的斯里兰卡和孟加拉湾。罗马帝国与印度，并通过印度与东方其他国家（尤其是对中国）的往来，在公元 2 世纪时已经从探险活动变成经常性的、交往频繁的贸易活动。据《后汉书·西域传》记载："桓帝延熹九年（166），大秦王安敦遣使自日南徼外献象牙、犀角、玳瑁……"这是已知的第一批由海路到中国访问的罗马商人。

在奥古斯都和尼禄时代，每季从红海到印度的商人多达 100 余人。晚近考古学家在印度半岛东部帕都克地区发掘出许多意大利埃特鲁里亚生产的陶器。[①] 这说明，罗马与印度间的贸易已达相当规模。当时绕印度半岛南端科摩林海岬的航行还太危险，可能直到公元 1 世纪末才有人试探。与半岛东岸往来的商队，显然是在半岛西岸的中部或南部登陆，然后穿行半岛腹地，到达东岸。这一路都发现有罗马钱币。

罗马与印度的贸易量很大，罗马商人从地中海地区运到印度的商品主要有服装、金银器皿、红珊瑚、女奴以及用双耳罐装的大坛酒等。从印度输入的多为奢侈品，价钱昂贵，主要有香料、香精、麻布、珠宝、丝绸等。考古工作者于 20 世纪 80 年代在德国利珀河附近的一座古代罗马帝国军队的兵营里，发现了一些黑色胡椒粒，这表明从印度来的胡椒在罗马也相当普遍，罗马地中海商人与东方贸易均付金银币。印度和东方产品在罗马的价格比印度或产地高出 100 倍。近年在印度各地发现罗马古钱币之多可以说明，当时罗马的对外贸易逆差严重，大量金银外

---

① 帕都克意为"新城"，考古学家在这里又发现了一个罗马人建筑的港口，其中有罗马人建筑的房屋。这个港口大约从公元 1 世纪中叶开始建筑，历时 100 多年。这个建筑群还包括外商的住宅区、大仓库、船坞和手工业作坊。

流。根据老普林尼提供的证据，"按最低计算，我们国家每年流入印度、赛里斯(一般认为指中国)和阿拉伯半岛三地的金钱不少于 1 亿塞斯退斯"。罗马人仅从印度购买的商品的总价每年就在 5 000 万塞斯退斯以上。普林尼遗憾地认为是"流行的奢侈和妇女使我们付出了如此昂贵的代价"①。其实，这种情况早在帝国初期就已引起了某些上层统治者的关注。公元 16 年，元老院在一次会议中就决定"不许用黄金制造食具，男子也不许再穿东方的丝织品，因为这会使罗马人堕落下去"②。公元 22 年，元老院决定把如何对付奢侈浪费的问题提交给元首处理，元首提比略在给元老院的信中提到整顿浪费必须"从那些使我们的钱源源不断地流入外国或敌国之手的女人的奢侈品和珠宝开始"③。这些情况说明外贸逆差已经严重损害了帝国正常的经济生活，直接威胁到了帝国的最高利益。"贵金属的不断外流和矿藏的枯竭，最后引起硬币成色的降低"，导致了通货膨胀，货币供应不足，大量地方铸造的不合格货币充斥市场，货币的混乱给经济的进一步发展蒙上了一层阴影。公元 3 世纪以后，这种混乱局面更加明显，以致戴克里先被迫采取措施，对币制进行改革以稳定帝国当时的经济。

此外，这一时期也开发了沿非洲大陆东海岸航行的航路。据记载，这条航路最远可到达桑给巴尔。这条路线上最主要的贸易品是索马里乳香。

共和末叶和帝国初叶，罗马商业活动区域的发展，不但给罗马带来了巨大的财富，而且也为罗马文明的传播创造了有利的条件。

## 四、共和末叶至帝国初期罗马工商业发展的原因

到共和末年，尤其是帝国时代，罗马的手工业和商业一改原先的落

---

① 普林尼：《自然史》，12，84。
② 塔西佗：《编年史》，2，33。
③ 同上书，3，53。

后面貌，有了较大的发展。造成这种情况的原因很多，主要有以下几点。

**(一)罗马人对道路建设的重视**

据记载，公元前1世纪，罗马的道路几乎遍及整个意大利，并开始向其他行省延伸，形成了"条条道路通罗马"的壮景。其中在意大利境内修建的主要有：阿庇亚路，此路起自罗马，东南行，出卡普亚，经贝纳温图，到布隆度辛港，被后来的作家誉为"道路之皇后"，其美誉夺"所有道路之冠"；拉丁路，自罗马通过赫尔尼基人的土地和伏尔西山地，与阿庇亚路平行，到卡普亚；瓦莱利亚路，自罗马经过亚平宁山，止于亚德里亚海岸的阿特阿姆；弗拉米尼亚路，从罗马出发，穿越翁布里亚，与亚德里亚海岸的阿利米浓和埃米利亚路相接；埃米利亚路，通过波河南边的大平原，经过摩提那、帕尔马、普拉森提亚等殖民地；卡西亚路，从罗马向北直行，经过埃特鲁里亚；奥列利亚路，沿第勒尼安海岸西北行，经过庇萨阿城，入利比里亚境内。

在意大利境外，罗马修筑的道路，虽然还比不上意大利，但其规模也不小，其中著名的有：多密喜亚路，此路始于高卢南部，经阿尔卑斯山，到比利牛斯山止。此路最初以泥沙筑成，后改用坚硬的石块，最后使用了大理石；伊格纳天路，自亚德里亚海岸的提拉契乌姆和阿波罗尼亚开始，横贯希腊北部，经过伊帕拉斯和帖撒利亚，到达爱琴海岸的帖撒罗尼加。此外，在整个东方，在小亚细亚和叙利亚，自亚历山大时代以来的旧商路也得到了修建或扩建。公元前54年，恺撒从不列颠发出的信件仅用29天左右就到达了罗马；尼禄的死讯也只用了36小时就送到了西班牙的加尔巴。其速度之快，着实令后人惊讶不已。

当然，就地中海世界而言，除了陆路交通以外，水路交通对于商业同样起着相当重要的作用。经过几个世纪的努力，罗马人不但消灭了海上强国迦太基，吞并了东地中海所有沿海国家，而且还剿灭了猖獗一时的海盗，使地中海的海路畅通无阻。浦泰俄利、奥斯提亚、布隆度辛以及科苏加等重要港口运输繁忙，各港口之间经常有航船往来，从尼奥波利斯到亚历山大里亚港需12天，从科林斯到亚历山大里亚港需7天。

从南高卢的那巴到非洲的航程，如遇到顺风，仅需 5 天。从塞提斯到亚历山大里亚港则需 6 天。内陆大量利用河流航行，北意大利湖区和波河流域大小船只往来频繁，莱茵和塞纳河上出现了新的商品集散地，科伦、卢泰提亚(后来的巴黎)和卢格敦(后来的里昂)都已是重要河港。

水陆交通的改善和发展，不但便利了罗马国家对行省的控制，而且也大大促进了罗马世界，特别是意大利的商业的发展和繁荣。①

### (二)奴隶和被释奴隶对于手工业和商业所起的作用越来越大

共和末年和帝国初年，手工业作坊中的奴隶劳动已经占有非常显著的地位，富裕的罗马人常常开设由一个奴隶或一个被释奴隶负责经营的作坊。其生产的产品，有的供给主人家庭的需要，有的则拿到市场上去出售。后一种情况，主人在组织生产和日常生产支出方面所花的费用则要大一些。一般来说，被释奴隶在手工业生产中所占的地位则更重要一些，他们或者为有钱的罗马人管理作坊，或者用自己的奖金为自己开设手工作坊。至于手工作坊的规模，西方学者古美鲁斯(H. Gummerus)曾做过一些统计(见表 3-2)：

**表 3-2  罗马手工作坊规模情况表**

| 作坊主 | 奴隶数目 | 作坊主 | 奴隶数目 |
|---|---|---|---|
| P. 科尔涅里乌斯(P. Cornelius) | 58 | N. 内维乌斯·海拉鲁斯<br>(N. Naevius Hilarus〔Puteoli〕) | 13 |
| C. 安尼乌斯(C. Annius) | 33 | 〔A. 或 L.〕阿维里乌斯<br>(A. /L. Avillius) | 12 |
| 普布利乌斯(Publius?) | 23 | C. 特里乌斯(C. Tellius) | 11 |
| C. 斯特里果(Calidius Strigo) | 21 | L. 安尼乌斯(L. Annius) | 10 |
| L. 乌布利启乌斯·斯考鲁斯<br>(L. Umbricius Scaurus) | 20 | C. 启斯庇乌斯(C. Cispius) | 8 |
| L. 特蒂乌斯(L. Tettius) | 14 | A. 马那伊乌斯<br>(A. Manneius) | 7 |

———————

① 〔法〕杜丹：《古代世界经济生活》，237 页，北京，商务印书馆，1963。

| 作坊主 | 奴隶数目 | 作坊主 | 奴隶数目 |
|---|---|---|---|
| L. 诺尼乌斯(L. Nonius) | 7 | A. 塞斯提乌斯<br>(A. Sestius [Pila?]) | 12 |
| L. 拉西尼乌斯·庇撒努斯<br>(L. Rasinius Pisanus) | 44 | L. 瓦莱里乌斯<br>(L. Valerius) | 12 |
| L. 提图斯(L. Titus) | 26 | C. 伏鲁塞努斯<br>(C. Volusenus) | 11 |
| Unbekannte Werkstatt | 11 | C. 鲁里乌斯(C. Rullius) | 9 |
| C. 提蒂乌斯·尼波斯<br>(C. Titius Nepos) | 20 | A. 维比乌斯·斯克罗法<br>(A. Vibius Scrofa) | 7 |
| L. 沙菲乌斯·伽撒<br>(L. Saufeius Gausa) | 17 | L. 伊埃吉提乌斯<br>(L. Iegidius) | 7 |
| C. 梅米乌斯<br>(C. Memmius) | 13 | | |

[A. Pauly, G. Wissowa, and W. Kroll, *Real-encyclopadie d. Klassischen Altertum-swissenchaft*, *Stuttgart*, J. B. Metzlersche Buchhandlung, 1914, 9, pp. 1487-1488]

从上表中我们可以看到，虽然大规模使用奴隶劳动的手工业作坊很少，但奴隶在手工业生产中还占有非常重要的地位。

另外，我们从罗马帝国时若干生产部门中所使用的劳动者身份简表（见表 3-3）中，也能看出奴隶及被释奴隶在手工业和商业中所起的作用。

表 3-3 罗马帝国时期部分部门劳动者身份简表

| 时 间 | 地 点 | 职业类型 | 总人数 | 劳动者身份构成 | | |
|---|---|---|---|---|---|---|
| | | | | 国家奴隶、被释奴隶 | 元首的被释奴隶 | 一般奴隶、被释奴隶 |
| 公元 192 年 | 奥斯塔 | 驳船所有者 | 285 | 34 人，约占总数的 12% | 30 人，约占总数的 10.5% | 211 人，约占总数的 74% |
| 公元 2 世纪后期 | 奥斯塔 | 驳船所有者 | 352 | | 100 多人 | 200 多人 |
| 公元 198 年 | 奥斯塔 | 木 工 | 350 | | 70 人，占总数的 20% | |

续表

| 时　间 | 地　点 | 职业类型 | 总人数 | 劳动者身份构成 | | |
|---|---|---|---|---|---|---|
| | | | | 国家奴隶、被释奴隶 | 元首的被释奴隶 | 一般奴隶、被释奴隶 |
| 公元3世纪前期 | 奥斯塔 | 木材贩子 | 25 | | | 6 位富裕的被释奴隶 |
| 公元3世纪前期 | 奥斯塔 | 木材贩子 | 15 | | | 15 人 |
| 公元3世纪前期 | 奥斯塔 | 水上、街道、下水道工作者 | 81 | 81 人 | | |
| 公元3世纪前期 | 罗　马 | 元首宫廷珠宝、银器照料人 | 58 | | 58 人 | |
| | 行省意大利 | 珠宝、金匠、银匠 | 187 | | | |
| | 罗　马 | 珠宝匠和金匠 | | | | 35％ 为奴隶，58％ 为被释奴隶 |
| 公元1世纪 | 庞培伊城 | 葡萄种植者 | | | 占总数的22％ | 占总数的50％ |
| | 埃　及 | 纺织工 | 3 | | | 2 人为被释奴隶 |

关于被释奴隶控制帝国时代的商业，我们还可以列举另外一个典型的例子，这就是集征税人、经纪人、捐客等多职于一身的庞培伊城的卡西利乌斯·朱加图斯(Caecilius Jucandus)。他的商业金融活动在存留下来的蜡版上有详细的反映。他包揽出租的公共财产，如一个每年要给庞培伊城6 000塞斯退斯的农场，一个每年收益是2 675 塞斯退斯的公共牧场。他还办理私人的事务，他的收据单上记载着：334049 号是一个出售价格达5 300塞斯退斯的奴隶；100 号是拍卖亚麻布；37 号是出售价值达 35 270 塞斯退斯的庄园；154～155 号是一笔 1 450 塞斯退斯的借款；5 号是一根出售价值达1 985塞斯退斯的黄杨木；148～151 号是他通过和庞培伊城实业代理人商订的征收公元 58—62 年自治城市收入的

契约。① 由此可见，他的商业和金融业的业务范围是多么广泛。类似的例子还有很多。

在古典时代，出租手工奴隶为主人赚钱的例子屡见不鲜。例如，在雅典，"尼塞拉图斯的儿子尼西阿斯保有在银矿中使用的奴隶1 000人，出租给色雷斯地方的索西阿斯，条件是每人每日收取租费1奥波尔（不扣除一切费用）；而且尼西阿斯从不减少租赁奴隶的数目。希波尼库斯也以同样的收费出租奴隶600名，这使他每天能够得到1个麦纳的净收入；菲列摩尼出租300名奴隶，每天得到半麦纳的收入。"②在罗马也不例外，西塞罗为了维修庄园的输水管道，曾租用维拉尔地区希罗的奴隶及其学徒，不过，由于希罗的4个奴隶和学徒在维拉尔被水管管道压死而没有成功。③ 老迦图也曾谈到，为了安装橄榄压榨机，他曾租用了卖主手下的奴隶及其帮手，并每天付给其中的师傅8个塞斯退斯。④ 按照西塞罗的说法，主人出租一个技术不太熟悉的手工业奴隶，每天能收回12阿司的收入。若出租技术熟练的奴隶，其收入就能大大超过12阿司。

奴隶和被释奴隶在共和末年帝国初年能够在罗马工商业中占据重要地位，一个非常重要的原因就是，"古代人把农业当作最适于自由民的唯一职业，作为士兵的学校而一致加以尊敬。……凡是有奴隶制存在的地方，被释奴隶总想寻找这些后来往往可以积蓄巨额财富的职业来维持生活，所以在古代这些职业大都操在被释放的奴隶手中，因为它们被认为是不适于公民做的职业。"⑤即使像西塞罗和波西多尼奥斯（Poseidonios）这样的哲学家，也从不掩饰他们对于"最下级工人"的轻视。⑥

---

① T. Frank, *An Economic Survey of Ancient Rome*（*ESAR*），Baltimore，The Johns Hopkins Press，1940，Vol. 5. pp. 102-103.

② 色诺芬：《雅典的收入》，4。译文见[古希腊]色诺芬：《经济论——雅典的收入》，北京，商务印书馆，1961。

③ 西塞罗：《致昆图斯书》，3，1。

④ 迦图：《农业志》，21。

⑤ 复旦大学法律系国家与法的理论、历史教研组编：《马克思恩格斯论国家和法》，162~163页，北京，法律出版社，1958。

⑥ [法]杜丹：《古代世界经济生活》，229页，北京，商务印书馆，1963。西塞罗：《论职责》，1，42。

研究表明，在罗马和其他城市的奴隶阶层中，有一些奴隶来自迦太基。例如，西庇阿在征服迦太基时就对当地的手工业者公开宣布，如果手工业者诚心诚意、勤勤恳恳为罗马人工作，则在战争后赐予他们自由。征服迦太基后，他在公民大会上特意指出自己的战利品中还有会染紫红色毛衣的手工业奴隶。① 又如，后三头之一的安敦尼就曾把会制造金属器皿的迦太基奴隶从迦太基运到亚历山大里亚，而后又将他们转运到罗马。但大部分手工业奴隶则出生于地中海东岸各省，也就是黎巴嫩、腓尼基、犹太、以色列、小亚和叙利亚边区等地。这些总称为勒凡特的地区，自古以手工业和商业发达著名，罗马豪贵所用的奢侈品和装饰品历来由它们提供。来自地中海东岸的奴隶由于有技术、有经验，在罗马很容易上升为工头或经理人，有较多机会和足够的钱来赎买自由。帝国时代，各城市从事制造业和商业的人有许多出身于被释奴隶，甚至富商中也不乏奴隶出身者。

大批东方奴隶的涌入，首先为意大利带来了东方的先进技术和工具；其次，使先进技术得到了超乎寻常的传播和推广，从而为罗马手工业和商业的发展创造了条件。

当然，要说共和末年的手工业已经完全排除了自由劳动力，也未免言过其实。因为最近几年发掘出来的大量铭文表明，自由劳动不但没有因为奴隶制的存在而消失，而且还在意大利的许多地区起着十分重要的作用。

帝国的建立，更加促进了手工业和商业的发展。相对和平的政治气氛，促进了各地的交往。在全帝国境内各族居民可自由旅行，从幼发拉底河到泰晤士河无须任何保护，商人可以自由往来。这些都为罗马帝国的手工业和商业繁荣打下了坚实的基础。

① 波利比乌斯：《通史》，10，17；李维：《罗马史》，26，47。

# 第四章 共和末叶到帝国初期的 城市和社会生活

城市化和罗马化是罗马帝国内部建设工程的重要内容。城市化的起点是乡村；罗马化的关键是城市。乡村城市化是罗马巩固其统治的有效举措；城市罗马化则更是罗马加强其文化认同的奠基之作。如果说城市化侧重于经济发展，那么罗马化则更体现在政治和文化上的建设。它们是古代罗马的创造性成就，共同构成了罗马文明独特的管理模式，从而直接地影响罗马的社会生活。

## 一、城市与城市化运动

当代著名科学史家 J. D. 贝纳(J. D. Bernal)指出："城市是文明的后果，而非文明的原因……要建立城市，必先提高农业技术，使产生多余的农作物以维持城市中的非食物生产者。"①罗马共和国末叶和帝国初期社会经济发展的结果，集中地反映在城市的不断发展和繁荣之中。

罗马是帝国的首都、帝国的中心，也是地中海地区最壮丽的城市。在奥古斯都时代，罗马已经建成了许多壮观的建筑。新的元老院会厅、纪念恺撒的庙宇、纪念奥古斯都功勋的和平坛以及广场等，都先后兴建起来。为此，奥古斯都不无自豪地夸耀说，是他把一座由砖头砌成的罗马城变成了大理石的罗马城。继他之后的历代元首，都不断以新的建筑

---

① ［英］J. D. 贝纳：《历史上的科学》，56页，北京，科学出版社，1983。

来装饰首都，其中以弗拉维圆形剧场、图拉真公共浴池以及哈德良为纪念图拉真而建立的庙宇最为著名。据统计，帝国早期的罗马城大约有100万人口，其规模可想而知。

繁荣的情况不仅见于帝国的首都，而且也见于其他城市，如意大利的奥斯提亚、卡普亚、那不勒斯、浦泰俄利、他林敦、布隆度辛、库麦、普德提亚、那文纳，埃及的亚历山大里亚，叙利亚的安条克，巴尔干地区的雅典等。罗马鼓励大地主移入城市，成为城市元老院元老，巩固罗马对地方城市的统治。19世纪被发掘出来的庞培伊城，给我们留下了一个早期罗马帝国普通城市的模型。据文献记载，庞培伊城因公元79年的维苏威火山爆发而被埋。当时与它一起被埋的还有其他两座城市。但考古学家进行全面挖掘的只有庞培伊城。从发掘出来的情况看，此城的各种建筑都已达到很高水平。平坦的街道纵贯市区，公共建筑鳞次栉比，各种日用品精致美观，城市民房密集，街上店铺林立。这些足以说明当年的繁荣和富裕情况。

帝国时期，旧有城市不断发展，规模扩大迅速，新兴城市随着罗马军营文化的到来而大批涌现，如不列颠的伦丁尼亚(今伦敦)、高卢的鲁格敦(今里昂)、多瑙河上的文都波那(今维也纳)、新吉敦(今贝尔格莱德)。现今德国的科隆、波恩、美因兹、斯特拉斯堡以及匈牙利的布达佩斯等都兴起于帝国初年。当然，它们大多与罗马驻军有密切的关系，是罗马军营发展的结果。

据不完全统计，仅西班牙一地就"有好几百座城市，重要的城市有400座，次要的有293座"[1]。高卢有近1 200座城市，意大利约有1 197座[2]，阿非利加主教区有650多座城市[3]，在巴尔干地区则共有城市900座[4]，东部亚洲行省则共有5 000座人口众多的城市[5]。

① [美]汤普逊：《中世纪经济社会史》上册，13页，北京，商务印书馆，1984。
② [英]爱德华·吉本：《罗马帝国衰亡史》第1卷，48~49页，北京，商务印书馆，1997。
③ A. H. M. Jones, *The Decline of the Ancient World*, London, Longman, 1984, p. 237.
④ A. H. M. Jones, *The Decline of the Ancient World*, London, Longman, 1984, p. 239.
⑤ [英]爱德华·吉本：《罗马帝国衰亡史》第1卷，50~51页。

在共和末年和帝国初期，意大利和各省的城市都是首都罗马的主要模仿者。这些城市尽管在人口、面积、政治地位等方面有所不同，但在城市建筑上都以罗马城为楷模，建筑风格也与罗马一致。各城市都有宏大的供水管理系统、完善的排水系统，有铺砌整齐的广场和街道；有宽广的交易市场，设施齐全的公共浴池和游艺场所；此外，还有庄严的神庙和祭坛，以及会堂、市政厅等宏伟的建筑。后世在西欧、北欧、意大利和北非等地都发现有罗马时代的剧场遗址。在城市管理方面，它们也仿效罗马，设有人民大会、市元老院和市政府三个权力机构。市政府由两位最高行政长官负责，下辖若干市场、街道和供水官员，还有监察官和财政官等。

意大利和各省自治市市民的参政权似乎比罗马市民还要多一些。多数城市还举行市元老院元老和行政官员的选举，不过有时也受中央政权的干涉。意大利和行省各城市中的市政官员、市元老等没有薪金，而且还往往因担任公职而增加支出。其中很重要的一项支出就是为了逢迎平民而在自己的城市中修各种建筑、举办各种娱乐活动等。城市的富裕公民也常常为了公共目的，对城镇慷慨解囊。例如，在奥古斯都时代，曾任行政长官的哈尔维乌斯·巴西拉（Helvius Bacila）就曾捐钱给拉丁姆阿提那（Atina）城的公民，并以此来购买粮食分给那里的孩子。在图拉真时代，塔拉西那（Tarracina）城的一个富人凯里亚·马克里娜（Caelia Macrina），在其儿子死后，设立 100 万塞斯退斯的基金，并以其利息供养 100 名男女孤儿。小普林尼在年轻时曾抱怨自己不是富人，后来致富后，他陆续赠送给他的家乡科努姆（Comum）30 万塞斯退斯以装修澡堂，20 万塞斯退斯以维修澡堂，1 866 666 塞斯退斯以供给他自己的 100 名被释奴隶，这笔钱的利息还被用以救济该城的穷人[①]。另外，他还捐资 100 万塞斯退斯建造图书馆，另出 10 万塞斯退斯用于这一图书馆的

---

① R. P. Duncan-Jones, "Human Numbers in Towns and Town-Organisations of the Roman Empire: The Evidenceof Gifts," *Historia: Zeitschrift für Alte Geschichte*, Apr., 1964, Bd. 13, H. 2 (Apr., 1964), pp. 206-208.

维修。① 公元 145 年，庇塞浓的一个都市的男女儿童，为了感谢库柏拉蒙达诺(Cupramontano)的捐献，特为他建立了一个感恩碑铭。翁布里亚塞斯提努姆(Sestinum)城的儿童在公元 166 年也有同样的举动。意大利的城市如此，意大利以外的外省的情况也是如此。奥地利的一些勘探者在吕西亚的一个小城市里发现了一块墓碑，墓主名叫霍普拉莫阿斯，是马狄亚波里斯人。碑文记载他为了本城和吕西亚其他一些城市以及吕西亚省议院的需要，而花了几百万钱财。斯巴达的尤留斯·欧里克勒斯和他的子孙，雅典的埃罗法斯·阿提库斯也都给他们的城市提供了众多的钱财。

很显然，城市的发展和繁荣是罗马帝国经济发展的重要内容，同时也是罗马帝国区别于其他帝国的重要特征之一。罗马之所以会出现这种现象，很大程度上应该归功于罗马的城市化运动。所谓城市化运动就是指原先的部落、村庄和寺庙等发展成为新型的城市。这一运动首先发端于意大利，到奥古斯都时开始向行省发展。这一运动的出现，一方面是帝国经济自然发展的结果；而另一方面又是帝国统治者有意识的政策的产物。它之所以是帝国经济自然发展的结果，是因为与城市组织有关的高级文明生活吸引了意大利及外省的居民；它之所以是帝国统治者有意识的政策，是因为他们力求推进这一过程，以便扩大他们的权力基础。要知道，奥古斯都的胜利得益于意大利的罗马公民，元首政体本身就是从罗马公民中创造出来的一种制度。所以，以将公民权许赐给行省公民的方法扩大统治基础显然是不可能的。因为这种方法有形无形地削弱了罗马公民的特权以及他们在罗马帝国中所占的优势。这是罗马公民所不能接受的。而通过鼓励发展帝国国内城市生活的方式，统治者就可以得到两大好处，一方面，他可以避免遭到罗马上层社会或一般罗马公民的反对；另一方面，他又可以得到那些享受上城市文明生活并从那里得到实惠的人的支持。正因为如此，所以帝国初期的元首们都积极鼓励和支

---

① Richard Duncan-Jones, *The Economy of the Roman Empire: Quantitative Studies*, Cambridge, Cambridge University Press, 1982, p. 27.

持这一运动。①

罗马城市化运动本是罗马经济发展的产物，但它反过来又促进了经济的繁荣。城市化改变了行省的经济结构和生活方式。帝国初期，行省工商业的发展，海内外市场的扩大，这些都是城市人口急剧增长所带来的客观结果。

当然，罗马城市化运动多少也与罗马统治者自身利益有关，因此，它必然带来一些不良后果。由于罗马统治者的个人政治目的介入了城市化运动，使城市的发展超出了城市自然增长的承受力，从而严重地束缚了行省城市的发展。尤其是各行省纷纷效仿罗马城，将罗马腐朽的生活方式带到了各行省的城市。加之，罗马政府苛刻地征税和掠夺行省财富，使行省城市的负担日益增加，随着公元 3 世纪危机的到来，罗马城市因不堪重负，纷纷破产并走向衰落。

# 二、公元前 2 世纪的社会生活

受公元前 2 世纪社会大变动的影响，罗马人的生活发生了明显的变化。对外大征服给罗马带来了巨大的财富和众多可供役使的奴隶。与希腊人和东方世界的接触使乡土气浓厚的罗马人初次发现人可以生活得如此奢华，暴发的骑士阶层助长了最野蛮无耻的贪欲。罗马城里人们开始模仿东方社会腐化堕落的生活方式，旧的道德廉耻观念开始被打破。这一切使罗马人眼花缭乱，应接不暇，但罗马人吸取新事物是以缓慢的步调进行的。

罗马男子的服装基本上没变，仍以紧身短装加托袈长袍为主。但希腊等民族的生活方式已经在罗马流行。男子学了希腊人的剃须传统。据说这种做法最早是由酷爱希腊文明的阿非利加·西庇阿引进的。城市的

---

① 帝国初期元首们积极鼓励和支持帝国城市化运动的详细过程，可参见 M. 罗斯托夫采夫的《罗马帝国社会经济史》。

饮食方式和饮食结构也发生了很大的变化，烤制的面包代替了原先的熬制粥，有钱人家开始请专职厨师做饭，并讲究用银的盆盘盛装食品。餐桌上经常有酒，罗马人学会了希腊式的痛饮。宴席讲究有多少道菜，有多少客人。妇女的服饰、头饰等非常考究，节庆、住房也日益奢华。罗马人生活的这种变化自然引起传统势力的非议，迦图就是其中的代表人物。他们企图通过一系列立法来制止这种时尚，但结果是，既无人检查，又不能形成社会舆论的压力，立法实际上无效。奢靡风气继续盛行。

早在公元前 3 世纪末，元老院为讨好群众规定了几个节假日，如阿波罗节、地母节和谷神节。公元前 264 年开始出现了角斗比赛。① 公元前 186 年又有了斗兽比赛和竞技比赛。这种节日都由国家或私人出钱供罗马市民尽情享乐。经济来源缺乏且生活无聊的城市无产者阶层，也能分一杯羹，因此对罗马奴隶主剥削和掠夺地中海人民的事实也熟视无睹。这种直接或间接地对无产者的行贿，其最大的危害是使人丧失斗志，甘于被人利用。而豪门贵族也就可以稳固自己的权势和经济利益。野心家们更进而通过这种对群众的贿买剥夺他们的政治权利，从而为其走向寡头政治，最终实现独裁创造了条件。

第二次布匿战争把数以万计的罗马战士送上战场，很多富家男子战死疆场，家产便自然落到了妇女手中，妇女们沉湎于奢侈生活。守旧的人认为妇女生性轻佻，必须由男子代替她们做各种抛头露面的事，如办理法律事宜等，并立法限制女继承人的地产数量。但是事实上许多富家妇女都有机会与男子享受同等教育，她们也不理会法律的规定，独立处理自己的事。有些妇女还运用自己的才能成为罗马知识界的名人，如阿非利加·西庇阿的女儿、改革家塞姆普罗尼乌斯·格拉古兄弟的母亲科尔涅里娅等。

---

① 角斗是罗马史上最野蛮、最残酷但又最为罗马人喜爱的娱乐活动。公元前 264 年，罗马贵族 M. 布鲁图斯和 D. 布鲁图斯兄弟俩在其父亲的葬礼上，首次从埃特鲁里亚引进并使用了角斗表演。此后，角斗之风在罗马越来越盛。据说，恺撒就曾组织过由 320 对角斗奴参加的角斗表演。

　　罗马家庭中最显著的变化是家庭奴隶的增多。罗马富人把从落后地区掠来的战俘送到农村去干农活，而来自巴尔干的奴隶留在家里做仆人。许多希腊人不适于做粗重的农活，但擅长服侍主人或处理家务，他们除了做家务劳动，还做秘书、教师、乐师、医生，女奴除了服侍人，还会纺纱织布及做各种女工。据普鲁塔克记载，迦图就有很多家奴。他经常买年轻战俘，并对其进行训练，规定奴隶的行为方式，认为男奴要拿出一定的钱才能娶女奴为妻，但男奴不许接触别的奴隶。[①] 克拉苏也一样，他拥有人数众多、能干勤劳的奴隶，其中有侍读、书记员、银匠、管家和伺候进餐的奴仆，他亲自指导他们，担任他们的教师。克拉苏认为，主人的首要责任是管理奴隶，把他们当作管理家务的活工具来对待。[②]

　　罗马的家庭奴隶不但人数众多，而且还相当普遍。在罗马城内，几乎家家都有奴隶，地位显要者有，地位卑微者也有，甚至每一位士兵都有一个奴隶侍候。有一个材料说，一个人为一些做教师的人申诉，说他们非常贫困，住房同补鞋匠一样，几乎结不起婚，养不起孩子，经常拖欠面包店的账等；同时说到这些不幸的人只供得起两个或三个奴隶，并因贫穷而得不到奴隶们的尊重。

　　从社会处境上说，城市家庭奴隶要比农村奴隶好。因为当时的习俗是一个富家要仆役成群才够排场，所以工作不会很重。秘书、教师及其他脑力劳动者几乎同近代家庭教师一样自由自在。另外，家庭奴隶也有机会得到主人的注意，甚至额外的赏赐，他们有较多的机会积蓄一笔钱赎身。有的还可提升为管家，得到可以结婚的优待。奴隶赎身得到释放后，一般还受原主人的限制，主人要求他服务时还得听从。只有过一两代人后，才能得到真正的自由。

　　当然，家庭奴隶毕竟是奴隶，是主人的财产，他们还要经常忍受主人的残暴，遭到虐待和屠杀也是常发生的。按罗马习俗，主人吃饭时，必须有一群奴隶侍立在周围，他要吃得超过他的食量，要极其贪婪地向

---

①　普鲁塔克：《马尔库斯·迦图传》，21。
②　普鲁塔克：《克拉苏传》，2。

已经胀满的肚子不断填塞食物，直到证明肚子不能再起肚子的作用。在这整个过程中，可怜的奴隶是禁止说话的，更不必说吃饭了。他们极轻声地交谈一句也会受到棍棒的制止。甚至偶然发出一点声音，例如咳嗽、嚏喷、打嗝，也要遭到一顿毒打。他们要整日整夜地侍候在主人的周围，不准开口，忍饥挨饿，稍有差错，就要受到极大的惩罚。[①] 辛尼加曾记录了家内奴隶的一些情况。从中，我们可以看出罗马奴隶主的腐化与堕落。他说，当我们在餐桌旁坐下开始用餐时，一个奴隶就要侍候主人擦嘴，另外那个安排在餐桌末尾的，就要收拾酒醉饭饱的主人吃剩的残汤剩饭。还有一个奴隶则切着猎捕来的野鸡，用训练有素的一只手准确无误地把最好的肉从野鸡胸部和臀部割下。另一个奴隶的职责是侍候主人喝酒。他要打扮得像个姑娘，专门做着与他年龄不相称的事。还有一个奴隶是专门负责揣度每位客人的性格的。……除此之外，还有些奴隶是专管饭菜饮食的，他们熟知主人的味觉和爱好，知道该如何调味以增强主人的食欲。[②]

在经常有大群奴仆围绕左右这种环境中长期生活的罗马奴隶主阶层，很快就丧失了旧日躬耕田亩时代勤俭节约的美德和工作能力。迦图等人所力图挽回的罗马旧道德已淹没在奴隶制的洪流之中。此外，家内奴隶还是希腊文化传入罗马的渠道。有知识的希腊人战俘奴隶作为秘书、家庭教师或陪侍的清客很自然地把较为成熟的希腊文化带进了主人的家庭，从而对罗马的家庭产生了极其深刻的影响，所谓"希腊人的战俘俘房了胜利的罗马人"，这是千真万确的。

就罗马人的住房而言，较富有的人一般还保有旧罗马式的灶厅，不过它现在变成了接待客人的前厅。住房周围有庭院，庭院里有回廊、穿厅、游泳池等许多建筑。另外，他们在农村还有别墅，供夏天时居住。至于普通的罗马居民，随着城市人口的增长，他们的住所越来越拥挤和窄小，有的甚至居住在一些草率搭成的木结构住房里，这些住房简陋、

---

① 参见辛尼加：《论奴隶》。
② 同上。

粗糙，且易发生火灾。

城市的面貌经过几个世纪的建设有了很大变化。公元前184年，监察官迦图修建了第一座希腊式建筑波尔契亚会堂（Basilica Porcia），以后又兴建了一些类似的建筑。公元前2世纪初开始罗马人为举行凯旋式的将军修建凯旋门。希腊式剧场也被修建起来。据记载，从公元前196至前159年的37年间，罗马共完成了28项大型建筑工程，其中有神庙12座、市政建筑11项。如果说共和初期的建筑大多是以战利品形式被奉献的话，那么这28项建筑中只有3项是以战利品形式被奉献的。如果说共和初期的建筑大多是神庙的话，那么这一时期的建筑中则有近50％属于市政建筑。在这一时期罗马人还用硬石板重新铺筑了道路。街道没有加宽，也没有取直，旧的维利亚到市政厅广场的神圣大道仍是唯一可行车的大街。迦图除修建大会堂外，还修了下水道，使罗马的污水能够顺利流出城市，从而保证了罗马城的相对清洁与安全。公元前144年，行政长官马西乌斯·雷克斯（Marcius Rex）修了一条全长36里（1古罗马里相当于1.49千米。）的地上输水道，从阿尼奥河源引来清洁的泉水，从此罗马人有了清洁的饮用水。公元前2世纪罗马的建筑，表明罗马人仍保持喜爱坚固耐用、重实际而不重华丽的建筑的特点。

# 三、公元前1到2世纪的社会生活

到公元前1世纪时，罗马的财富积聚已达到空前的规模，罗马人的生活日益富足。豪门贵族已放弃传统的简朴严肃的生活方式，脱掉迦图时代的土气，开始矫揉造作并讲究享受和排场。他们除了在罗马城里（特别是帕拉丁地区）争相修建华丽考究的住宅外，还在拉丁姆和中部意大利各区他们所拥有的地产上建造别墅。到帝国初期，整个半岛西部沿海，尤其是那不勒斯湾上布满了海滨别墅。例如，西塞罗并不算很有钱的人，但他在帕拉丁有一所价值75万狄纳里乌斯的住宅，在乡村至少还有8所住宅。这些乡村别墅大多设备齐全，有浴室、游泳池、球室、图书室、休息室、狩猎场等专用设施，其豪华程度丝毫不亚于东部世界的国王宫殿。这种住宅的家具和摆设多与其建筑相配套，为装饰和摆设古玩物，有时须付出惊人的价钱。每到盛夏季节，豪富们便纷纷到那不勒斯海湾去避暑，或到亚平宁半山腰的别墅去休养。也有人喜欢到乡间别墅去沉思和写作，如西塞罗和小普林尼之流。他们在乡村别墅的生活要与在城里时一样考究，因此别墅愈建愈讲究，一两处不够，还要在多处修建，以备不同用途。为了随时可到罗马城里参加社交活动，享受各种饮宴聚会和放荡生活，他们还要在罗马郊区拥有别墅，以便早出晚归，当天可以往返于别墅和城里的住宅之间。罗马城里有各种娱乐，常举行赛会、演出、角斗以及各种政治、文艺活动。被保护人清晨纷纷来到施主宅第，排队等候接见并问安。豪富们出门时前呼后拥，很讲排场。他们不愿舍弃罗马城里这些喧闹的社交和政治生活而长期隐居于乡野别墅，所以经常往来于城市和乡村之间。

在罗马，期望从最优秀的人物（在他们担任营造官那年）那里得到盛大款待是一种固定的习俗。公元前 90 年，普布利乌斯·克拉苏曾在他任营造官时举办过辉煌的赛会。此后不久，李锡尼·克拉苏与他的同僚提图斯·莫基乌斯任营造官时为公民提供了最奢华的娱乐和款待。普布利乌斯·兰图努斯和斯柯鲁斯也举办了各种表演，其豪华壮丽程度远在其他人之上。

共和国末年，罗马的妇女已经有很大的自由。作为女继承人，她们名下往往有大量的财产可供支配。她们很多受过足够的教育，能在社会上独立活动，参与政事或在幕后操纵丈夫或兄弟。西塞罗的妻子特兰提娅（Terentia）很了解丈夫的政治思想，布鲁图斯也常听从其女友波西娅的劝告。伴随妇女自由而来的是传统家庭的松弛，用婚姻关系作为获取财富或政治势力的做法，在罗马上流社会已成为一种生活的艺术。为追求政治前程，男女双方轻率地被撮合或拆散。苏拉、庞培、恺撒等都有过四五个妻子。妇女有些风流韵事也于名誉无甚大碍。总之，在罗马贵族中流行的是一种奢华、轻浮甚至放荡的生活态度。

帝国形成以后，社会习尚的引领人从贵族转到元首，人们开始以元首的喜好作为追随的目标。奥古斯都时代的贵族，既有歌舞升平的社会政治环境，当然又想保持其旧有的轻浮的享乐生活，希望尽可能维持旧有的保护制，使他们仍有大群随从和仆役。但奥古斯都一家生活俭朴，李维娅亲自纺织，奥古斯都本人经常与青年子弟和朋友在家中消磨时光，并不热衷于社交活动。这就使豪贵们失去了举办大规模活动的借口，也冲淡了他们举办社交活动的兴致。一般豪门子弟或逐渐丧失了特权，或由于以前过度奢靡而此时已变得十分潦倒。

元首提比略和奥古斯都一样，不鼓励但也不干涉贵族的生活和习尚，但他本人的严肃阴郁使得整个罗马上流社会也沾染了这种气氛。整个朱理亚·克劳狄王朝，可以说以严肃气氛为主流，直到尼禄亲政以后，轻浮放荡之风才再度兴起。在尼禄本人的带领下，人们抛弃了一切旧礼教、旧习惯，疯狂地追求享受。演戏、唱歌、跳舞、角斗本是上层贵族不屑一顾的事，后来由于元首本人的提倡和亲身参与，变成了显示才华和成就的重要标志。

在共和末叶和帝国初期，罗马私人使用的家内奴隶人数很多，即使用近代的观点来看也算过分。从元首到贵族都拥有大群的奴仆。李维娅这位比较节俭的元首夫人就有 50 多种职业的家仆（见表 4-1）。尼禄时代罗马市长培达尼乌斯·塞孔杜斯（Pedanius Secundus）一家的奴仆就有 400 名。[1] 如果我们采信阿特纳乌斯的说法，有些罗马人竟有 2 万名奴隶。[2] 公元 170 年，盖仑对帕加马的奴隶数做了大致的统计，结果是奴隶与自由人的比例为 1∶3，亦即奴隶占总人口的 25％。[3] 无怪乎，有元老提出建议用服饰把奴隶和自由民区别开来，但当大家发现这样会使奴隶因为发现自己人数众多而对抗主人，从而对罗马构成威胁时，元老院否决了这一建议。[4]

---

① 塔西佗：《编年史》，14，43。

② Athenaeus, *The Deipnosophists*, Ⅵ, 104。

③ Sir John Edwin Sandys ed., *A Companion to Latin Studies*, Cambridge, University Press, 1929, p. 354.

④ 辛尼加：《论仁慈》，1，24。

**表 4-1  李维娅家内奴隶职业表**

| 职业 | 职业 |
| --- | --- |
| 1. aquarius 运水员 | 26. obstetrix 助产婆 |
| 2. a sede 随从 | 27. structor 布置餐桌的服务员 |
| 3. a sacrario 主管祭神的奴隶 | 28. cubicularius 卧室里的仆人 |
| 4. arcarius 财务管理员 | 29. medicus 医生 |
| 5. a manu 秘书 | 30. margaritarius 珍珠工 |
| 6. ad possessiones 财政管理员 | 31. supra cubicularios 卧室主管 |
| 7. argentarius 兑换钱币的人 | 32. ornatrix 伺候女主人打扮梳妆的奴隶 |
| 8. ab suppelectile 主管装饰的奴隶 | 33. tabularius 会计师 |
| 9. a purpuris 主管紫色服装的奴隶 | 34. delicium 宠儿 |
| 10. ab argento 管理银子的奴隶 | 35. ostiarius 看门人 |
| 11. ab ornamentis 主管节日服装的奴隶 | 36. a tabulis 画图的奴隶 |
| 12. a pedibus 男仆管理人 | 37. dispensator 会计 |
| 13. atriensis 房屋看守人 | 38. paedagogus 家庭教师 |
| 14. supr medicos 主管医生 | 39. unetrix 女按摩师 |
| 15. pistor 面包师 | 40. faber 手工艺者 |
| 16. aurifex 金饰匠 | 41. rogator 发送邀请单的人 |
| 17. mensor 建筑工 | 42. ad unguenta 主管香油的奴隶 |
| 18. sarcinatrix 裁缝 | 43. insularius 房产看管员 |
| 19. calciator 制鞋匠 | 44. pedisequus 仆人 |
| 20. nutrix 奶妈 | 45. ad valetudinarium 护理员 |
| 21. libraria 书记员 | 46. lanipendus 羊毛过磅员 |
| 22. capsarius 搬拿学习用具的奴隶 | 47. pedisequa 侍婢 |
| 23. opsonator 炊事管理员 | 48. lector 朗诵者 |
| 24. strator 饲养并御马的人 | 49. pictor 写生画家 |
| 25. colorator 装饰磨制工 | 50. a veste 主管衣服的奴隶 |

　　帝国初期,罗马的百万富翁和亿万富翁不断出现,如果说马尔库斯·克拉苏为罗马共和末期最大富翁的话①,那么到帝国时期,他的财富只能算作是中等水平。财产超过2亿塞斯退斯的人很多很多。②

　　与富有的豪门相对照,罗马城还有相当多的贫穷居民。共和国末期,罗马城70万~80万居民中约有奴隶10万人,还有相当比例的被释奴隶和两三倍于此的平民和无产自由民。这些穷人分别聚居在城里的特定地区。贫民区的房屋多是承包商偷工减料、草率建成的木结构楼房,没有必要的生活设备,如上下水道、采光、取暖、厨房等设施。因为居住拥挤,缺乏维修,时常出现楼梯破裂、房屋倒塌等事故,也容易着火和发生火灾。然而这里的房价却十分昂贵,居民多负债累累,每逢出现经济衰退和粮食缺乏时,贫民区的居民首当其冲,最先陷入饥饿状态,成为失业队伍的一部分。

　　在罗马,平民依附贵族已成习俗,保护制根深蒂固。一般平民,特别是无业者分别投靠豪富和官员门下,为其效忠和服务,以换取钱财和食粮。他们的义务包括问早安、随侍出门以壮威风,或受派遣出去办事。元老贵族往往把自己不愿出头露面的事交给被保护人去做。共和末期,各派操纵选举也多通过被保护人去活动。有些被保护人希冀得到更多的好处,甚至遗产,因此对保护人极尽恭维谄媚之能事。城市中道德风气败坏,呈江河日下之势,寡廉鲜耻之辈比比皆是。

　　到共和末叶,贿选已成了罗马的普遍现象,是社会上习以为常的事。富人们为了获取公职,聚敛财富,就不惜用巨资收买选民。他们有的为整个选区的选民准备筵宴,有的则免费招待他们观看角斗表演,有的甚至把现款送往选民的家里,有的在街上举行公餐,有的则在粮食价格高得惊人时以每摩底1阿司的价格供给公民粮食。为了竞选执政官,有人竟动用800他连特作为其贿选的资本。接受贿赂的公民也乐意参加投票,为其效力。西塞罗记载了公元前54年7月间选举行贿的事。他

---

①　普林尼:《自然史》,33,134。
②　参见本书附录一中的"帝国早期部分百万富翁统计表"。

这样写道:"贿赂现象再次复活,其罪恶远超任何前例。15 日,由于美米乌斯(Memmius)和执政官们跟多米提乌斯(Domitius)之间的协作,利率就从 4% 上涨到 8%。斯考鲁斯(Scaurus)单靠个人力量似乎很难击败之,梅萨拉(Messalla)已经心灰意冷。我毫不夸张地说,他们已经约定大约用 1 000 万塞斯退斯来收买第一个百人团的选票,这简直是一件触目惊心的丑闻。保民官的竞选者也已经互订协议,各交 50 万塞斯退斯到 M. 迦图手里,愿按他的要求从事竞选。如果有人违背约定,便由他判决没收。这次选举如果能真像一般人所预想的那样丝毫没有行贿的话,就能证明迦图比所有法律、所有陪审官更有力量了。"①除贿选外,当时将军们对民众的施舍之风也十分盛行。目的有二,一炫富;二宣传,扩大自己的影响。例如,克拉苏在其任执政官期间,就举行了一次为赫尔库利斯神的献祭,摆了一百桌酒席,大宴公民,并给予他们三个月的粮食作为补贴。②又如,据苏埃托尼乌斯记载:"在结束内战后,恺撒除了给每位罗马公民 10 摩底粮食和 10 磅油外,还分给每个人 300 塞斯退斯。他给在罗马已支付 2 000 塞斯退斯的承租人,以及在意大利付款达到 500 塞斯退斯的承租人减免一年租金。他还举办宴会并免费分发肉食。在取得西班牙战争胜利后,他设了两次午宴。因第一次午宴太节俭,不足以说明他的慷慨,所以 5 天后他又举办了一次极其丰盛的午宴。"③此外,他还给公民提供了大量的娱乐活动,有一位戏剧演员达西姆斯·拉比里乌斯(Decimus Labirius),只出台一次,便得到 50 万塞斯退斯的出场费。苏埃托尼乌斯在论及奥古斯都时也说:"他常常赏赐人民,但数目之多寡依时而定:有时给每位公民 400 塞斯退斯;有时 300 塞斯退斯;有时 250 塞斯退斯。他甚至把小男孩也包括在内,尽管他们按规则要在 11 岁以后方可接受一份。饥荒时期,他还常常以极为低廉

---

① 西塞罗:《致昆图斯书》,2,15。

② 普鲁塔克:《克拉苏传》,2,12。

③ 苏埃托尼乌斯:《圣朱理乌斯传》,38。参见[古罗马]苏维托尼乌斯:《罗马十二帝王传》,20~21 页,北京,商务印书馆,1995。

的价格向每位公民配给粮食，有时无偿供给，并且还加发一倍的国库银票。"①"他举办的公演无论在次数上，还是在形式和豪华程度上都超过了他的所有前辈"。②

在罗马，除了靠国家和富人施舍生活的平民外，还有相当一部分是有一定职业和谋生手段的民众。其中有各种自由职业者，如医生、教师、律师、音乐工作者、舞蹈者、演员、丑角、工匠、手艺人、建筑工、商人、旧货商、苦力工等。罗马城里，许多手工业者组成了行会，被释奴隶和奴隶也参加。会社（Collegia）以慈善事业为主，以照顾社员生老病死为目的，对政治事务并不关心，但他们也常常被政治家和野心家所利用，成为为其服务的选举和政治工具。

共和制灭亡后，尤其是奥古斯都逝世后，平民和无产者得不到以前政治家的各种款待了，但他们仍可参加各种赛会，以享受罗马公民应有的权利。元首有时也出钱举办一些演出，最多的是角斗。观众席开始用入场券排位，妇女坐在最上排。在所有娱乐中，最受欢迎的是一种以罗马人日常生活为题材的短剧，称为"谜米"。但到尼禄时代，罗马上上下下最热爱的是赛车和血腥的角斗。赛车者按不同的制服颜色分成派别，观众只看颜色，狂热地为自己所喜欢的车队加油喝彩。常胜的赛车手和角斗士都成了明星，受人拥戴。城市无产者大多都在游廊、浴室、游泳池和竞技场上打发日子，消磨自己无聊的时光。

罗马的城市无产者人员多、势力大，是一个特殊的群体。史学界对它的出现有过很多研究。一般都认为，随着罗马帝国的形成，奴隶大量流入，奴隶制庄园日益流行，原来的小农经济由于不能与奴隶制庄园竞争而日益破产，破产的农民流入城市，成为靠社会养活的流氓无产者。有的学者还把这一过程设计成一张图。

---

① 苏埃托尼乌斯：《奥古斯都传》，41。
② 同上书，43。

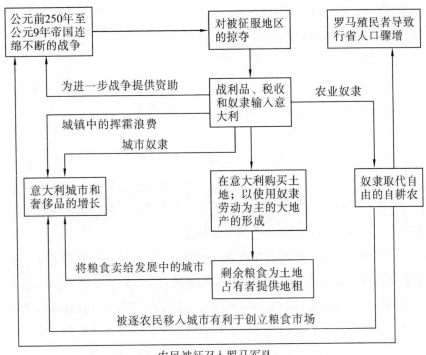

**图 4-1   K. 霍普金斯（K. Hopkins）提供的罗马战争作用图**

笔者认为，这种观点具有很大的片面性，与具体的事实相差很远。实际上，罗马无产者的形成是帝国疆域形成的产物。帝国的形成不仅给罗马经济模式的改变创造了条件，而且为罗马公民带来了巨大的物质财富。罗马城内的公民享受的各种优厚待遇，如公元前 58 年以后的粮食免费发放等，都为大批乡村公民进入罗马城打下了基础，而乡村公民入城又为奴隶制庄园的发展创造了条件。在罗马，城市无产者这种古代所有制形式的最后残余保留的时间虽然很长，但对社会的影响力却随着奴隶制的发展而日渐减小。

# 第五章　公元前 3 世纪末到 1 世纪初
## 意大利的产粮状况

在一般的有关罗马史的书籍中，都存在着这样一种流行的观点，即认为早在公元前 3 世纪，意大利就开始了通过建立大地产而逐渐形成大土地所有制的过程。在第二次布匿战争以后，这一过程又由于罗马对外战争的节节胜利，战利品特别是外省粮食的大量输入而得以加速发展。而且还认为这些变化，尤其是地产制度上的变化很快就引起了农业和农学上的大改变，意大利农民多年来种植的谷物，变得越来越少有人种植了，代之而来的是葡萄、橄榄等经济作物。这一意见在史书中几乎成了根深蒂固、不可动摇的看法。[①] 但随着现代考古学的发展，大量实物资料的出现，以及人们对古代世界经济生活认识的加深，令人对这一观点是否符合实际情况产生了疑问。

下面我将仔细地考察一下上述观点所依赖的各种证据并对之加以评论，尝试在此基础上提出我认为比较适合于意大利当时情况的见解。

## 一、外省粮食和意大利粮食生产之间的关系

外省廉价粮食(特别是西西里和撒丁的粮食)大规模地进入意大利半岛，并与意大利谷物竞争，这是"衰落论者"认为使"意大利谷物和谷物

---

① 为了方便起见，笔者把持这种观点的人简称为"衰落论者"。

105

种植变得几乎毫无价值"的主要原因。[①] 我认为，这一观点本身就值得重新考虑。

公元前 3 世纪中叶，罗马人因第一次布匿战争的胜利，从迦太基手中夺取了西西里和撒丁两岛，并开始对两岛居民勒索实物税。与此同时，两岛的剩余粮食也不断地被运往罗马和意大利市场。据史书记载，在第二次布匿战争结束后不久，曾有大量的外省粮食（特别是西西里和撒丁的粮食）被运往罗马。罗马市场上的谷物价格一度非常便宜，以至于粮商们宁愿用谷物来支付水手们的工资。[②] 但这绝不意味着外省粮食夺走了意大利谷物的销售市场，更不意味着外省粮食已经冲垮了整个意大利的谷物生产。因为上述现象只反映战后和平时期罗马本城的情况，并不能说明整个意大利的情况。实际上，在生产力极度低下、水陆交通极不发达的古代社会，外省粮食（特别是西西里和撒丁的粮食）根本不可能充斥意大利这一庞大的粮食消费市场。下面我将以事实来说明这一问题。

### （一）罗马行省粮食之剩余额

所谓剩余粮食，顾名思义是指年产量减去人口的粮食消费数和来年种子数后所留下的粮食数额。然而，对罗马行省而言，这只能算作"相对剩余"。因为政府还要从中征取一部分实物税。因此，只有减去这一部分实物税所剩下的粮食，才称得上真正的剩余，即"绝对剩余"。因史料所限，在此，我们只能以维列斯（Verres）统治下的西西里为例，来推算这一数额。[③] 在推算之前，我们有必要先了解一下罗马在西西里所实行的税收制度。

罗马对其统辖下的行省所实行的税收制度因地而异，不尽相同。西

---

① N. Lewis & M. Reinhold eds., *Roman Civilization*: *Selected Readings*, New York, Columbia University Press, Vol. 1, 1951, p. 441.

Paul Louis, *Ancient Rome at Work*: *An Economic History of Rome from the Origins to the Empire*, London, K. Paul, Trench, Trubner; New York, A. A. Knopf, 1927.

② 李维:《罗马史》，30，26，5~6；30，38，3~9；31，50，1；32，27，2；33，42，8。

③ T. Frank, "The Public Finances of Rome 200-157 B. C. ,"*The American Journal of Philology*，1932，Vol. 53，No. 1 (1932)，pp. 1-20.

塞罗把它分为三种：第一种叫作贡赋(Vectigal)，实际上，它并不是税，而是战争赔款，是对被征服者予以惩罚的一种手段。第二种是由监察官将某地区的税额出售给包税人(Publicani)，并由后者负责向行省当地居民所征的税，这种税一般都缴纳货币。第三种便是国家税收官员向被征服的臣民征收的实物税，西西里和撒丁皆属此类。[①] 而我们所知道的外省粮食主要也生产于这两省。[②] 罗马政府在这里推行的是分成制税制。耕作土地的农民必须把其总产量的 1/10 交给国家，而税收征集者也不得超征[③]，故被称作什一税(Decumae)。根据这一征税比率以及其他古代作家留下的零星材料，我们就可以推算出在维列斯统治时期西西里岛——罗马人民的"粮仓"[④]和"宝库"[⑤]——的粮食总额和剩余额。

1. 西西里岛的粮食总产量

在这方面，西塞罗给我们提供了极其宝贵的资料。他曾在《反维列斯》一文中这样写道：

> 根据元老院之令和《特莱契乌斯-加西乌斯粮食法》(*Terentiae Cassiae frumentariae Lex*)之规定，维列斯在西西里握有购买小麦之大权。他每年必须完成两类小麦的购置任务。第一类是什一税粮（这里所说的什一税是指第二什一税，即 Secundae Decumae——著者注），第二类属粮食的额外购买（此数在各个公社之间平均分摊）。第二什一税的数额完全与第一什一税相等，额外的购置额——公粮(imperati tritici)——为 800 000 摩底(modii)[⑥]。这些粮食的购买价

---

① 西塞罗：《反维列斯》，2，5，10；2，6，12。

② G. Rickman, *The Corn Supply of Ancient Rome*, Oxford, Clarendon Press, 1980, p. 37; K. D. White, *Greek and Roman Technology*, London, Thames and Hudson, 1984, p. 23; Fritz M. Heichelheim, *An Ancient Economic History*, Vol. 3, Leyden, A. W. Sijthoff, 1970, p. 46.

③ 西塞罗：《反维列斯》，2，3，20。可参见《反维列斯》，2，3，70；2，3，147。

④ 西塞罗：《反维列斯》，2，2，5。

⑤ 斯特拉波：《地理学》，4，6，2，7。"实际上，它被称作罗马的宝库，它所生产的东西，除了很少一部分供自身消费外，很多都被运往罗马。其中，不但有水果，而且还有牲畜、皮革、羊毛等。"

⑥ modii 是 modius 的复数，古代罗马的衡制单位，约等于 2 加仑、9 升。

分别为每摩底 3 塞斯退斯[①]和 3.5 塞斯退斯。为此，国家每年拨给维列斯 2 800 000 塞斯退斯和大约 9 000 000 塞斯退斯钱款，令他在西西里购置 800 000 摩底公粮和第二什一税粮。这样，在维列斯担任西西里总督期间，国家为了购买粮食，几乎每年都要拨给他 12 000 000 塞斯退斯的现金。[②]

这条史料比较详细地记载了罗马向西西里购买粮食的情况。它也是古人留给我们的有关什一税额的唯一资料。西塞罗在这里给我们提供了三个十分重要的数据。第一是第二什一税粮的购买价——每摩底乌斯(modius)3 塞斯退斯；第二是购买第二什一税粮的总资金——9 000 000 塞斯退斯；第三是第一什一税和第二什一税的数额相等。

按照上述数据，我们完全能够计算出第一什一税和第二什一税之总额。他们分别应为 3 000 000 摩底。这实际上已经告诉了我们西西里 57 个纳税城市的粮食总产量[③]，它应为 30 000 000 摩底。但这还不是全西西里小麦的总产量。因为西西里的有些城市，如玛迈丁提纳(Mamer-tine)和陶罗迈尼乌姆(Tauromenium)与罗马人曾签有"特殊联盟条约"，属于罗马的联盟城市(Civitates foederatae)，被免除什一税。[④] 还有些城市，如契杜里柏(Centuripa)、阿罗爱撒(Haloesa)、赛吉斯达(Seges-ta)、阿里切爱(Halicyae)、柏莱姆(Palermo)等[⑤]，虽没与罗马人订立联盟条约，但因皆属自由城市(Civitates Liberae)，所以也被排除在纳税者之外。对于这 8 个城市的粮食产量，因没有确切的资料，在这里只能做大致的推测。

我们首先把 57 个纳税城市的总产量作为估算西西里上述 8 个免税

---

① 塞斯退斯(Sestertius)是古罗马的货币单位，约等于 1/2 阿司(as)、1/4 狄纳里乌斯(Denarius)。

② 西塞罗：《反维列斯》，2，3，163。

③ Caroline Malone and Simon Stoddart eds. , *Papers in Italian Archaeology* 4：*The Cambridge Conference*，Pt. 1，*The Human Landscape*，Oxford，BAR，1985，p. 320.

④ 西塞罗：《反维列斯》，3，3，13。

⑤ 同上书，2，3，13。

城市粮食产量的基础，并把它们的平均粮食产量看作上述 8 个城市的平均粮食产量数额，那么，我们就能大致得出这 8 个免税城市的粮食总额。它们粮食产量约为 4 210 520 摩底(＝526 315×8)。

这样，在维列斯任西西里总督期间，全岛的实际粮食产量大约为 34 210 520 摩底。

2. 西西里粮食的自身消耗额

西西里粮食的自身消耗额主要包括来年所需的种子数和人们为了自身生存所必需的粮食消费数。

(1)种子数

农民们为了维持其简单再生产过程的延续，每年都必须为下一年度留下必需的种子。在西西里，每年种子数到底是多少？这一直是个争论不休的问题。我们在这里也只能做一大致推测。

据西塞罗记载，利奥底努斯(Leontius)地区的年正常粮食产量为每犹格 48 摩底。[1] 斯卡拉姆萨(Scramuzza)认为这一产量完全适用于全西西里的情况。[2] 根据这一标准和西西里的粮食总额，我们能够推算出西西里岛种植粮食所需的耕地面积约为 712 719 犹格(＝34 210 520÷48)。而西西里每犹格土地所需的种子数一般为 6 摩底[3]，所以全岛 712 719 犹格的土地约需种子 4 276 314 摩底。

(2)人口消费数

对于公元前 1 世纪西西里岛的人口数，学界历来都存在着不同的看法。一种以卡尔利庇诺为代表，他根据西西里岛上总的小麦和大麦产量以及每人的年消费数(以每人每月消耗 6 蒲式耳[4]小麦、7 蒲式耳大麦为

---

[1]　西塞罗:《反维列斯》，2，3，112。

[2]　T. Frank, *An Economic Survey of Ancient Rome* (*ESAR*), Baltimore, The Johns Hopkins Press, 1938, Vol. 4, p. 260.; K. D. White, "Wheat-Farming in Roman Times", *Antiquity*, 1963, 37(147): pp. 207-212.

[3]　西塞罗:《反维列斯》，2，3，47，112；从古典作家留下的资料中，我们知道：在古代世界，每犹格土地一般需要 5～6 摩底种子。这里采用的是西塞罗留给我们的数据，此数来源于利奥底努斯地区。参见普林尼:《自然史》，55。科鲁美拉:《论农业》，2，9，15；2，9，56。瓦罗:《论农业》，1，44，1。

[4]　1 英蒲式耳约合 36.37 升，1 美蒲式耳约合 35.24 升。——编者注

标准），推算出西西里岛的人口数为 726 146；另一种以斯卡拉姆萨为代表，认为西西里岛当时的人数应为 75 万，后来又觉得这一数额太低，在原来 75 万的基础上又加了 3 万。R. T. 普列特哈特赞成斯卡拉姆萨的 75 万说。为了保险起见，我们就采取比较流行的估计数，即 75 万人。这 75 万人口每年至少要消耗 22 500 000 摩底粮食。[①]

另外，西西里人每年还必须向驻扎于此的罗马行政人员提供口粮（Frumentum in cellam）。[②] 斯卡拉姆萨认为其数额不会少于 50 000 摩底。

这样，西西里岛粮食的实际人口消费数，应为 22 550 000 摩底。

3. 西西里粮食之剩余数

根据上面提供的数据，我们基本上能够了解西西里粮食之相对和绝对剩余额。下面我们就用数学公式表之：

相对剩余额＝总产量－种子数－人口消费数

$$=34\ 210\ 520-4\ 276\ 314-22\ 550\ 000$$

$$=7\ 384\ 206（摩底），$$

绝对剩余额＝相对剩余额－第一什一税

$$=7\ 384\ 206-3\ 000\ 000$$

$$=4\ 384\ 206（摩底）。$$

经过仔细推算，不难发现，西西里岛粮食绝对剩余额并不是很多，它仅略多于一个什一税之总额，约占总产量的 12.8%。这一比率基本上符合全西西里的粮食情况。为了说明问题，在此我们不妨另举一例，以作为辅证。

在西西里岛的东南部有一个非常富饶的城市，名叫利奥底努斯。从西塞罗的演说词中，我们能够知道，此城拥有 32 400 人口[③]、30 000 犹

---

① 每人每年到底需要消费多少粮食，各家说法不一。有的说需要 48 摩底；有的说需要 60 摩底；有的说需要 35 摩底。这里采用的是每人每年所需的最低消费数，即 30 摩底（约 200 千克），采用这一数据，更有利于说明问题。

② 西塞罗：《反维列斯》，2，3，81，188。

③ 西塞罗：《反维列斯》，2，3，48，116。

格可耕土地[①]。在这里每犹格土地所需的种子数为 6 摩底[②]，一般情况下，它能生产出相当于其种子数 8 倍的产量[③]。

根据上述数据，我们能够比较准确地知道利奥底努斯城粮食之总产量、来年的种子数和人口的粮食消费数，从而就能推出此城粮食的相对剩余数和绝对剩余数。下面用数学公式表之：

总产量＝可耕土地数×每犹格土地粮食产量

$$=30\ 000 \times 48$$

$$=1\ 440\ 000(摩底)，$$

种子数＝可耕土地数×每犹格土地所需种子数

$$=30\ 000 \times 6$$

$$=180\ 000(摩底)，$$

人口消费数＝人口数×年人均消费粮食数

$$=32\ 400 \times 30$$

$$=972\ 000(摩底)，$$

相对剩余额＝总产量－种子数－人口消费数

$$=1\ 440\ 000-180\ 000-972\ 000$$

$$=288\ 000(摩底)$$

什一税＝总产量×什一税税率

$$=1\ 440\ 000 \times 10\%$$

$$=144\ 000(摩底)，$$

绝对剩余额＝相对剩余额－什一税

$$=288\ 000-144\ 000$$

$$=144\ 000(摩底)。$$

在这里，我们可以发现，利奥底努斯城粮食的绝对剩余额刚好等于其总产量的 10%。这就是说，一般情况下，利奥底努斯城只能生产出

---

① 西塞罗：《反维列斯》，2，3，47，113。

② 同上书，2，3，47，112。

③ 同上。

相当于一个什一税的剩余粮食。这一比率几乎和西西里全岛的比率相差无几。①

西西里岛剩余粮食不多，这我们还可从古人留下的其他资料中得到证实。

西塞罗在《反维列斯》中曾多处提到西西里农民的艰苦生活。他再三强调，如果行省农民要提供两个什一税，他们就有破产的危险。因为他们中的许多人"根本没有缴纳第二什一税之粮食"②。他们为了完成罗马政府的额外勒索，只得到市场上购买，受尽商人和包税商的重重盘剥。③ 正因如此，罗马政府除了粮食急需的情况以外，一般很少征集第二什一税。④

西西里岛粮食剩余额不多，还可从奴隶主对奴隶的沉重剥削中得到反映。

公元前3世纪末到前1世纪初，使用奴隶劳动的庄园已经在西西里开始流行。西西里的奴隶主，为了获取更多的利润，对奴隶的剥削十分苛刻（其剥削程度远远地超过了同时期的其他地区）。主人们"很少关心他们（指奴隶——著者注）的衣（himatigmos）、食（Somatotropheia）"⑤，成群的奴隶出于无奈，只得拦路抢劫。我认为，这一现象的普遍存在并非偶然，在某种程度上，它与粮食剩余额的多少有很大关系。它既是粮食剩余额不多的反映，又是它的结果。

众所周知，西西里岛是古代世界盛产粮食的宝地，罗马共和国时期最大的粮仓。巴狄安认为："在公元前2世纪中叶以前，它可能也是仅

---

① 西西里全岛的粮食绝对额与总产量的比率高于利奥底努斯城，这是正常的现象，因为西西里有8个城市是不缴什一税的。

② 西塞罗：《反维列斯》，2，3，77，178；2，3，98，227；2，3，86，199。

③ 同上书，2，3，77，179。

④ 一般情况下，罗马不向行省征收第二什一税。参见西塞罗：《反维列斯》，2，16，42。

⑤ W. L. Westermann, *The Slave Systems of Greek and Roman Antiquity*, Philadelphia, American Philosophical Society, 1955; William Linn Westermann, "Slave Maintenance and Slave Revolts," *Classical Philology*, Jan., 1945, Vol. 40, No. 1 (Jan., 1945), pp. 1-10.

有的能够固定地为国库带来利润的行省。"[1]这里的粮食剩余额尚且如此,那么其他地方,像土地贫瘠、战火时起的撒丁等,就更不必说了。

**(二)行省剩余粮食的使用**

这里所指的剩余粮食主要是指什一税和农民可以自由处理的粮食,即上文所说的"相对剩余"。

1. 什一税[2]的使用范围

罗马人到底什么时候开始对西西里及撒丁征收实物什一税,这是有争论的问题。尽管 T. 弗兰克等把西西里缴纳什一税的日期定于公元前241 年[3],但也没能提供令人信服的证据。不过可以肯定,这一制度在第二次布匿战争爆发以前已经存在。李维指出:

> 在战前已经缴纳实物税的西西里和撒丁,其数额几乎不能满足驻扎在这里的军队需要。而政府所必需的费用只得通过向公民征收财产税的方法来解决。[4]

在这里,李维不但给我们提供了罗马人向西西里和撒丁两岛征收什一税的大致日期,而且,实际上也为我们指出了公元前 3 世纪末叶外省什一税的主要特征。这一特征主要表现在以下两个方面。

第一,收税地区范围不广,数量不多。在第二次布匿战争结束以前,向罗马缴纳实物税的地区还相当小。在西西里,叙拉古被排除在西西里行省之外。[5] 撒丁只有一小部分地区归属罗马。[6] 什一税征收区域的狭小,实际上也就减少了它的数量。据 T. 弗兰克统计,在第二次布

---

① E. Badian, *Roman Imperialism in the Late Republic*, Ithaca, N. Y., Cornell University Press, 1981, p. 8.

② 这里说的什一税是指第一什一税。

③ T. Frank, *An Economic Survey of Ancient Rome* (*ESAR*), Baltimore, The Johns Hopkins Press, 1933, Vol. 1, p. 68. M. I. Finley, *The Ancient Economy*, Berkeley & London, University of California Press, 1985, p. 160.

④ 李维:《罗马史》,23, 48, 6。

⑤ 只有到公元前 210 年,叙拉古才被罗马并入西西里行省。

⑥ T. Frank, *An Economic Survey of Ancient Rome* (*ESAR*), Baltimore, The Johns Hopkins Press, 1933, Vol. 1, p. 80.

匿战争期间，两岛每年只能为罗马提供实物税 500 000 蒲式耳粮食。[1]这一数额最多仅能满足 66 666 人一年的粮食需要。正因为如此，所以罗马派往西西里等地去执行任务的水手都得自带粮食。[2] 就是西庇阿在西西里准备远征阿非利加的时候，也还得从意大利征用粮食。[3]

第二，使用范围狭小。什一税使用范围的大小，在某种意义上，取决于什一税数量的多寡。公元前 3 世纪末行省什一税额贫乏，实际上也就限制了它的使用范围。当时，行省的什一税只能被用于行省的驻守部队和其他行政人员。蒙森对此曾有过仔细的研究，他说："毫无疑问，罗马政府起初向臣民征税，严格地说，不是打算致富，而仅是为了满足其行政和防卫费用而已。"[4]

总之，在公元前 3 世纪末叶，行省的什一税还很少，它们还不可能向罗马提供大量的粮食援助。

第二次布匿战争的胜利，奠定了罗马称霸地中海区域的基础。此后，罗马人一方面加紧了对行省和意大利本部的经营[5]；另一方面又凭借其军事上的实力，屡次向地中海东部诸国发动战争。罗马政府这些对内、对外政策上的改变，不但在其行动上有所表现，而且在行省的什一税分配上也有明显的反映。在此时期（公元前 200—前 150 年）国家征收的什一税大部分被运往东方战场及罗马本城。

（1）用于军队的什一税

自从第三次维爱战争以来，罗马开始在其军队中实行军饷制，军队的必需品一律由国家负责分拨。[6] 当时的军粮主要来自罗马公民和意大利的其他联盟城市。到第二次布匿战争以后，行省的什一税逐渐替代了

---

① T. Frank, *An Economic Survey of Ancient Rome* (*ESAR*), Baltimore, The Johns Hopkins Press, 1933, Vol. 1, pp. 80-81.

② 李维：《罗马史》，24，11，7～9；23，21，1～6。派往西西里和撒丁去执行任务的罗马军队，常因找不到粮食而苦恼。

③ 同上书，28，45，13～21。

④ K. Hopkins, *Conquerors and Slaves: Sociological Studies in Roman History*, Cambridge & New York, Cambridge University Press, 1978. p. 17.

⑤ 参见李维：《罗马史》，26，24，15～16；27，5；27，35，4；28，11；28，11，8。

⑥ 李维：《罗马史》，4，59，11；西西里的狄奥多鲁斯：《历史集成》，14，16，5。

其他渠道而成为罗马军队最重要的粮食来源。罗马政府往往把部分什一税直接运往战区①，由财务官（Quaetor）把它分发给战场上的将士。据波利比乌斯记载："每一（罗马）步兵每月能够从中获得 2/3 阿提卡麦狄努斯（约 4 摩底）小麦，骑兵每月能得 7 阿提卡麦狄努斯（约 42 摩底）大麦、2 阿提卡麦狄努斯（约 12 摩底）小麦。同盟者的步兵能得到与罗马步兵相同的数额，骑兵能得到 $1\frac{1}{3}$ 阿提卡麦狄努斯小麦、5 阿提卡麦狄努斯大麦。"②什一税在军队中的使用，这本身就有着极其重要的意义。它不但为罗马进行大规模的海外作战提供了条件，而且也为罗马军队的节节胜利，罗马帝国的初步形成奠定了基础。

（2）用于罗马城的什一税

在大征服时期，行省什一税的另一使用范围，便是罗马本城及其附近的居民。

自从第二次布匿战争以来，罗马城已经发生了根本性的变化。海外战争的辉煌胜利，上层阶级财富的增长，战俘及买来奴隶的大量使用，为满足上层需要的手工业者数量的增加，乡村贫民的大批涌入等一系列新情况，使城市人口飞速发展。③ 与这一过程相并行的便是传统供粮方法的改变，即行省什一税粮食的输入。产粮的行省日益变成了罗马人民的粮仓。监察官迦图曾很形象地把西西里比作"共和国之宝库……罗马平民之慈母（Cellam penariam Rei Publicae... nutricem Plebis Romanae）"④。

运往罗马的什一税常常由承包人征收，并由他们负责运输⑤，最后由营造官（Aedile）统一处理。除了满足政府自身需要⑥之外，一部分由

---

① 李维：《罗马史》，37，2，12；37，50，9；38，2，8；42，31，8。

② 波利比乌斯：《通史》，6，39。

③ Whitney J. Oates, "The Population of Rome," *Classical Philology*, Vol. 29, No. 2, 1934, pp. 101-116.

④ 西塞罗：《反维列斯》，2，2，5。

⑤ Peter Garnsey, Keith Hopkins and C. R. Whittaker eds., *Trade in the Ancient Economy*, London, Chatto & Windus, 1983, p. 126.

⑥ K. Hopkins, *Conquerors and Slaves: Sociological Studies in Roman History*, Cambridge & New York, Cambridge University Press, 1978, p. 17.

他们公开拍卖；另一部分则廉价分配给罗马公民[①]。这些措施（尤其是廉价分配）尽管带有原始共产主义的某些痕迹，但在大征服时期，不能不说是一个积极的政策。因为这一方面弥补了由于海外战争和劳动力外出而带来的经济损失，部分地解决了罗马居民的粮食需要；另一方面也在很大程度上解决了前方战士的后顾之忧，对海外战争的胜利起了很大的积极作用。

从上面的论述中我们可以看出，在大征服时期，行省的什一税主要被用于军队及罗马本城，所以它根本不可能充斥意大利的粮食市场。

公元前 146 年以后，罗马的形势发生了极大的变化。大规模的海外战争已经基本结束，原先因军队需要而流向战场的那部分什一税也开始转向罗马本城。[②] 尤其是塞姆普罗尼乌斯粮食法颁布以后，这一现象更为明显。行省的什一税粮几乎完全供给罗马人民（Populi Romani）。[③] 从这时起带兵的将领都只得以购买或寻求邻近同盟援助的方法来解决军队的口粮。[④] 而且就是如此，什一税粮也不可能满足罗马全城居民的需要[⑤]，更谈不上与意大利粮食进行竞争。因为如果按每人每年 30 摩底计算，3 000 000 摩底只能满足 10 万人；而到共和末年，罗马城的人数就已达 100 多万。卢比孔河以南的意大利居民更是有 500 多万人。即使把西西里的两个什一税粮食全部运进意大利，也只能满足其全部需要量的 4%。

2. 剩余粮食[⑥]的使用范围

行省农民和古代世界的其他农民一样，绝不是为了获取剩余价值而

---

① 李维：《罗马史》，30，26，5；31，4，5；31，4，6；31，50，1；31，19，2；33，42，8。

② 这种现象完全能从当时的文献资料中反映出来。西塞罗：《反维列斯》，2，3，11～12；2，3，127～128；2，3，117。斯特拉波：《地理学》，3，6，2，7。

③ T. Frank, *An Economic Survey of Ancient Rome*（ESAR），Baltimore, The Johns Hopkins Press, 1933, Vol. 1, p. 227.

④ 萨鲁斯提乌斯：《朱古达战争》，36，1；43，3；54～56。阿庇安：《布匿战争》，94。

⑤ Peter Garnsey, Keith Hopkins and C. R. Whittaker eds. , *Trade in the Ancient Economy*, London, Chatto & Windus, 1983, p. 118. T. Frank, *An Economic Survey of Ancient Rome*（ESAR），Baltimore, The Johns Hopkins Press, 1937, Vol. 3, p. 262.

⑥ 这里指的是农民能够自由处理的粮食，即绝对粮食。

生产商品。但这并不是说，他们不可能生产剩余产品。其实，即使在生产条件一般的情况下，他们也能通过艰辛的劳动获取剩余的产品。而在生产情况较好的时候，这些剩余额就会更多。在这里，我想具体分析一下行省剩余粮食(指绝对剩余)的主要流向，并以此来进一步确定它的使用范围。

(1)罗马政府向行省购买的粮食

公元前 3 世纪末到公元 1 世纪初，罗马人因战争或饥荒等原因，曾多次从周边购买粮食，其中最有名的就是向行省购买第二什一税粮。按照西塞罗的说法，这一税收，经常征集于因战争而引起国家严重缺粮之时。[①] 国家在征收这种粮食之后必须付给行省居民相应的价钱。[②] 它始征于公元前 191 年，即罗马人与安提奥库斯战争(或叙利亚战争，公元前 192—前 189)期间。[③] 以后，还经常征收。[④] 在对外大征服时期，这些粮食往往同第一什一税粮一起被运到东方战场或罗马本城。[⑤] 进入内战时期以后，特别是《塞姆普罗尼乌斯法》颁布以后，它又随着形势的变化而转向罗马。公元前 73 年，特莱契乌斯和加西乌斯法开始把从西西里购买的第二什一税粮[⑥]，以每摩底 6 $\frac{1}{3}$ 阿司的价格[⑦]，以每人每月 5 摩底的额度在罗马公民间进行分配[⑧]。这一制度一直延续到公元前 71 年。斯卡拉姆萨认为，以后它便变成了一种永久的制度。[⑨]

罗马人除了在危急时期向行省购置第二什一税粮以外，在平时也常向行省购买粮食，以解决局部的缺粮现象或满足某些部门，如行省总督

---

① 西塞罗：《反维列斯》，2，3，41。
② 同上书，2，3，43。
③ 李维：《罗马史》，36，2，8。
④ 同上书，37，2，12；37，50，9；42，31，8。
⑤ 同上。
⑥ 西塞罗：《反维列斯》，2，3，163。
⑦ 阿斯科尼乌斯：《反维列斯注》，8C。
⑧ 萨鲁斯提乌斯：《历史》，3，19。
⑨ T. Frank, *An Economic Survey of Ancient Rome* (ESAR), Baltimore, The Johns Hopkins Press, 1937, Vol. 3, p. 256.

及其办事人员等的粮食需要。[①]

(2)由商人运往国外出卖的粮食

商人的出现是文明时代发展到一定阶段的产物。早在共和国时期,罗马就出现了粮商这一阶层[②],以后随着罗马疆域的扩大,这一阶层的人数也就越来越多[③]。他们往往跟行省的粮商一起把行省的粮食运往罗马、意大利等地区。但随着罗马帝国的初步形成,由商人从行省运往其他国家的粮食数量也日益增多。据波利比乌斯记载,公元前169年,德洛斯岛就从西西里农民手中获取了100 000麦狄努斯小麦[④],相当于什一税的1/5。到共和国后期,行省粮食外流的现象更加严重。粮商们为了获取利润,常常把行省的剩余粮食运往别的地区。其数额之大,以至于西塞罗也不得不把它作为造成罗马缺粮的三个主要原因之一。[⑤] 罗马的这一危境一直要到元首克劳狄时才得以彻底摆脱。[⑥]

(3)用于贮藏和作为礼物送给别国的粮食

贮藏是处理行省粮食的另一方法,它也是在罗马世界普遍流行的现象。主要包括官藏、民藏和商藏,尤其以后两种居多。其贮藏额想必也很可观。我们可从西塞罗同样把它作为造成罗马粮荒的主要原因并加以论述中看得很清楚。[⑦]

此外,行省政府还把部分剩余粮食作为礼品,送往别处。例如,公元前196年,西西里人就曾把100万摩底小麦送往罗马,以表示对盖乌斯·弗拉明尼乌斯(Gaius Flaminius)及其父亲的尊敬。[⑧] 这样的例子我们还可以举出很多。因篇幅关系,在此不再一一列举。

---

① 西塞罗:《反维列斯》,2,3,31,188。

② 李维:《罗马史》,4,12,6~11。

③ [美]M. 罗斯托夫采夫:《罗马帝国社会经济史》,35页,北京,商务印书馆,1985。

④ 波利比乌斯:《通史》,28,1,6;28,2,5。

⑤ 西塞罗:《论家》,11。

⑥ T. Frank, *An Economic History of Rome*, Baltimore, The Johns Hopkins Press, 1927, pp. 302-303.

⑦ 西塞罗:《论家》,11。外省粮食的贮藏,还可参见科鲁美拉:《论农业》,1,6,14~17,他们叫粮仓为 Siri。

⑧ 李维:《罗马史》,33,42,8。

从上面的分析中，我们可以清楚地看出：第一，完全由罗马政府控制的什一税粮，不管在哪一时期，都没有全部进入意大利市场，大部分都被用于东方战场或罗马城内。第二，行省的剩余粮食去向不一，其中有的被商人运往国外，有的被商人和农民贮藏起来，有的被罗马政府购买。当然在这当中，确实有相当一部分被运往意大利，进入意大利市场。但就这部分粮食的数量而言，根本不可能与意大利粮食发生竞争。

总而言之，无论从行省剩余粮食的数量上看，还是从它的使用范围上看，我觉得传统的观点都是不能成立的。

## 二、小农经济和意大利粮食生产之间的关系

公元前 3 世纪中叶以来，意大利土地结构的变化是"衰落论者"提出的意大利谷物生产衰落这一观点的出发点。而小农的大量破产，以及随之而来的农民失去土地，则是他们认为意大利谷物种植衰落的主要证据。[①] 我认为这一证据的可靠性本身就值得商榷。

在第一次布匿战争以前，罗马和意大利是小农经济占绝对优势的地区。一般农民都占有 7 犹格以下的小块土地[②]，"自己耕地，由家人协助"[③]。农忙或干一些比较重要的农活时，便雇用少量的自由民。他们以生产小麦、二粒小麦等粮食作物为主。从公元前 3 世纪中叶，特别是公元前 2 世纪起，意大利的农业结构确实发生了很大变化。对外战争的胜利，大量财富和战俘奴隶的流入，对意大利的传统经济无疑是一个严重的打击。大奴隶主为了获取更多的利润，便肆意侵占附近的公共土

---

① 因为学者们一般都认为，小农是意大利粮食的主要生产者，而小农的大量破产，本身就意味着粮食的衰落。参见〔苏〕科瓦略夫：《古代罗马史》，442 页，北京，生活·读书·新知三联书店，1957；〔美〕M. 罗斯托夫采夫：《罗马帝国社会经济史》，37 页，北京，商务印书馆，1985。

② 普林尼：《自然史》，18，4。

③ 瓦罗：《论农业》，1，17，3。

地，兼并贫困的小农农庄，而农民长期的从戎生活则更加加速了这一过程的进程。到公元前 2 世纪末叶，罗马公民内部的土地问题，已经成为当时比较严重的社会问题。但我认为，这并不意味着罗马意大利小农的大量破产。这是因为：

第一，凡是认为罗马和意大利小农大量破产的学者，所依据的主要材料便是普鲁塔克和阿庇安的总括性叙述。我觉得这些证据本身皆不能说明问题。[①] 因为阿庇安和普鲁塔克都是公元 1—2 世纪的人，并且在他们的叙述中从来没有给后人提出过较为明确的数量概念。[②]

第二，从文章的内容上看，阿庇安和普鲁塔克所反映的情况主要是指罗马公民阶层。[③] 而实际上，这一阶层也并没有大量破产。这我们只要看一下公元前 2 世纪时罗马公民人数的变化状况，就十分清楚。

根据罗马传统，监察官每隔五年，就得对罗马男性公民进行一次登记，表 5-1 便是我们从李维等古典作家的作品中摘录下来的从公元前 189 年到前 85 年由监察官登记的罗马公民数。

**表 5-1　公元前 189 至前 85 年的罗马公民数**

| 年　代 | 公民数 | 资料来源 |
|---|---|---|
| 公元前 189 年 | 258 318 | 李维：38，36 |
| 公元前 179 年 | 258 794 | 李维：Epit，41 |
| 公元前 174 年 | 269 015 | 李维：42，10 |
| 公元前 169 年 | 312 805 | 李维：Epit，45 |
| 公元前 164 年 | 337 022 | 李维；Epit，46 |
| 公元前 159 年 | 328 316 | 李维：Epit，47 |
| 公元前 154 年 | 324 000 | 李维：Epit，48 |
| 公元前 147 年 | 322 000 | 爱罗尼努斯 01，158，2 |
| 公元前 142 年 | 328 442 | 李维：Epit，54 |

---

① Cedric A. Yeo, "The Development of the Roman Plantation and Marketing of Farm Products." *Finanzarchiv / Public Finance Analysis*，Vol. 13，No. 2，1951，pp. 321-342.

② 阿庇安的生卒年限为约公元 95—165 年；普鲁塔克的生卒年限为公元 46—126 年。

③ 拉丁文"Bella Civilia(内战)"本身就有"公民间的战争"之意。

续表

| 年　代 | 公民数 | 资料来源 |
|---|---|---|
| 公元前 136 年 | 317 933 | 李维：Epit，56 |
| 公元前 130 年 | 318 823 | 李维：Epit，59 |
| 公元前 125 年 | 394 736 | 李维：Epit，60 |
| 公元前 115 年 | 394 336 | 李维：Epit，63 |
| 公元前 85 年 | 463 000 | 耶罗迈（Jerome），61 |

从公民的统计表中，我们发现：其一，公元前 189 到前 164 年是成年男子公民的上升期。只是到了公元前 164 年以后，公民人数开始下降。而后又要到公元前 130 年左右，即格拉古改革时期罗马的公民数才再次上升。其二，公民的下降比率极小。从公民人数的最高点公元前 164 年到最低点公元前 136 年，公民数的下降比率仅为约 5.7%，而平均每年的下降率则只有约 0.2%。[1] 这一比率本身就说明罗马公民内部的失地者并不多，根本不存在大量公民的破产问题。更何况，这一时期又是罗马对外扩张期，在战场上牺牲的公民也很多。有关这方面，我们可从表 5-2 中看得十分清楚。

**表 5-2　公元前 170 至前 140 年罗马部分战死公民数**

| 年　代 | 在战场上死亡的公民和联盟者人数 | 材料来源 |
|---|---|---|
| 公元前 170 年 | 在伊利里乌姆战场战死 10 000 人 | 李维：《罗马史》，43，9～11 |
| 公元前 155—前 154 年 | 在西班牙战死 15 000 人 | 阿庇安：《西班牙战争》，56 |
| 公元前 153 年 | 在西班牙战死 6 000 人 | 阿庇安：《西班牙战争》，45 |
| 公元前 153 年 | 在西班牙战死 4 000 人 | 阿庇安：《西班牙战争》，46 |
| 公元前 151 年 | 在西班牙战死 7 000 人 | 阿庇安：《西班牙战争》，58 |
| 公元前 147 年 | 在西班牙战死 10 000 人 | 阿庇安：《西班牙战争》，63 |

---

[1]　T. Frank, *An Economic Survey of Ancient Rome*（ESAR），Baltimore，The Johns Hopkins Press，1933，Vol. 1，p. 216.

续表

| 年　代 | 在战场上死亡的公民和联盟者人数 | 材料来源 |
|---|---|---|
| 公元前 146 年 | 在西班牙战死 4 000 人 | 阿庇安：《西班牙战争》，64 |
| 公元前 143 年 | 在西班牙战死 1 000 人 | 阿庇安：《西班牙战争》，66 |
| 公元前 142 年 | 在西班牙战死 3 000 人 | 阿庇安：《西班牙战争》，67 |
| 公元前 141 年 | 在西班牙战死 700 人 | 阿庇安：《西班牙战争》，77 |
| 公元前 140 年 | 在西班牙战死 400 人 | 阿庇安：《西班牙战争》，78 |

第三，从根本上说，个体农民所有制和个体经营方式适合于奴隶社会低下的生产力水平。小生产者——尤其是意大利的——基本上是为自己而生产，生产效率的高低与他们的物质利益有着密切的关系。他们能注意积累生产经验，改善土质①，愿意改进耕作技术，保护劳动工具和对象。即使在不利的条件下，也能以勤劳和压低非生产性的开支，尽力发展自己的生产。这样的例子在反映这一时期的古典书籍里，到处可见。在此不妨先举两例，据李维记载，出身于萨宾克鲁斯图米纳(Crustumina)部族的斯普里乌斯·李古斯提努斯(Spurius Ligustinus)，一直依靠着从他父亲那里继承下来的 1 犹格土地生活。在这里，他不但自身生活得很好，而且还抚养了 6 个儿子、2 个女孩。②普鲁塔克也曾叙述过与上述事例相似的情况。据他记载，有一个名叫昆图斯·阿提乌斯·图贝罗(Quintus Attius Tubero)的人，全家共有 15 人，都住在一间小房子里，完全靠一个小农场的收入生活。尽管生活有点贫穷，但还能顺利地进行简单再生产。就是执政官爱米里乌斯·鲍鲁斯的女儿爱米里娅(Aemilia)也愿意与他结婚。③上述事例充分说明，个体小生产者尽管有种种不足，但他们也有优于被强迫劳动者的地方，而这种优越性在生产力低下的古代社会则更能体现。所以，只强调小生产落后的一面，而忽略其合理的一面是不符合历史的真实情况的。

---

① 科鲁美拉：《论农业》，1，4，2。
② 李维：《罗马史》，42，34。
③ Donald R. Dudley, *The Romans*, London, Hutchinson, 1970, p.78.

在当时，小农经济不但自身有顽强的生命力，而且有时在收成上还能超过奴隶制的中等农场。普林尼曾记载过这样一个故事，有个被释奴隶，名叫盖乌斯·夫里乌斯·克列西姆斯（Gaius Furius Chresimus），他曾经营一小块土地。而在他土地上所得的利润却大大多于附近大庄园的利润。于是人们便嫉妒他，认为他一定是使用了某些魔术，夺走了他人的收获物。牙座营造官斯普里乌斯·阿尔比姆斯（Spurius Albimus）也因此对他提出诉讼。盖乌斯·夫里乌斯·克列西姆斯为了免受惩罚，就在法庭对他进行宣判的那一天，公布了他的"秘密"，向法庭陈列了他平时所使用的工具和一个身体强壮的奴隶（庇索在经过仔细的调查之后指出，他使用的是质量极好的铁农具，重镐、重犁铧和体力充沛的耕牛）。他一边指着这些东西，一边对公民们说："公民们（Quirites），这些便是我的魔力，遗憾的是，我不能把自己早起晚睡、汗流浃背以及疲惫不堪的情景陈列在你们和法庭面前。"法官们在听了他的这些解释以后，便一致同意宣布盖乌斯·夫里乌斯·克列西姆斯无罪。[①] 从上述例子中，我们可以清楚地看到，在"农耕实际上还依赖于劳力支出"[②]的古代，小生产者也可能依靠自己的勤劳、智慧，利用较好的工具，维持甚至扩大自己的简单再生产。

在罗马，许多小生产者除了经营自身的小块土地外，还在别人的土地上从事劳动。迦图在其《农业志》和瓦罗在《论农业》中都提到过这些人的存在。其中有一部分人还因为自身勤劳而致富。北非有一块"收获人马克塔尔的铭文碑"就记录了马克塔尔这位小土地所有者致富发家的情况。铭文这样写道：

> 我出生在一个贫穷的家庭里。父亲既无收入，也无房屋。自从我出生以来，我们即以耕种为业；我的土地和我的身体从未有过休息。当一年的季节按时到来，当庄稼成熟时，我第一个去收割我的作物。当到努米底亚首都塞尔塔周围或到朱庇特山下的草原去参加

---

① 普林尼：《自然史》，18，8，39～43。
② 同上。

收割的大批雇工在乡村出现时，我是头一个去收割我的庄稼的人。后来，我离开我的故乡，在烈日下，为别人做了 12 年的收获工作。我管理一群收获人在努米底亚人的田地中收获谷物达 11 年之久。由于我的勤劳，我最后成为一所房子和一块地产的主人。今天我的生活很安逸。我甚至已经上升为体面人物了。我已被列入本城的十人团，并当选为监察官。而幼时，我只是一个农夫。我现在子孙满堂，儿孙绕膝承欢，我的生活平安，周围的人也很敬重我。①

像马克塔尔这样的例子在意大利或其他行省肯定不是唯一的。

第四，主要代表大土地所有者利益的国家对小农经济还存在着极大的依赖关系，它绝对不允许大量的小农迅速破产。因为，在当时，小自耕农构成了罗马社会重要的政治基础，在政治上有很大的影响。据瓦莱利乌斯·马克西姆斯记载，有一位贵族在选举以前曾握了一位老农的手，事后，他讥笑这位老农以及他那双带有老茧的手。结果引起了农村部落成员的强烈不满，他们认为这位贵族嫌农民贫穷，因此很少投他的票。② 同时，小农也为罗马的扩张提供了坚强的人力支援。罗马的士兵大部分来自小农，因为在罗马人看来，只有在农民中才能培养出最坚强和最骁勇的战士。③ 如果没有小农为国家服兵役，承担其他义务，那么国家就无法从事对外战争，以及维持从战争中获得的一切掳掠物④，而且也无法镇压奴隶的反抗，维护其稳固的统治秩序⑤。正因如此，国家政权就必须采取适当的措施，阻止小农的大量破产。

国家保护小农经济的措施之一，就是对大地产实行限制。在罗马，早在公元前 367 年就通过了《李锡尼-赛克斯都法》，规定："任何人所占有的国有土地（Ager Publicus）不得超过 500 犹格。在牧场上放牧不得超

---

① 《拉丁铭文集》第 8 卷，11824 号。
② 瓦莱利乌斯·马克西姆斯：《值得纪念的言行》，7，5，2。
③ 迦图：《农业志》，序言。
④ 迦图：《农业志》，序言；阿庇安：《内战史》，1，7。
⑤ 阿庇安：《内战史》，1，7。

过 100 头牛或 500 头羊。"①到公元前 2 世纪末叶，提比略·格拉古再次颁布了限地法律，而且还专门成立"三人委员会"来鉴定土地的性质，丈量土地的面积，然后由国家来没收超过限额的那一部分土地并将其分配给罗马贫民。尽管三人委员会的活动遭到了大土地所有者的重重阻挠，但土地的丈量、没收以及分配工作一直没有因此而停止。

上述事例说明，当大地产的发展严重侵害国家及小农利益的时候，政府绝不会袖手旁观，它必然会颁布这样或那样的法律，采取这样或那样的措施，对大地产加以限制。

国家保护小农的另一措施是向外地移民和殖民。在生产力低下的古代世界，移民和殖民是很普遍的现象。马克思曾这样指出："在古代国家，在希腊和罗马，采取周期性地建立殖民地形式的强迫移民是社会制度的一个固定环节。这两个国家的整个制度都是建立在人口的一定限度上的，超过这个限度，古代文明就有毁灭的危险。为什么会这样啊？因为这些国家完全不知道在物质生产方面运用科学。为了保存自己的文明，它们就只能有为数不多的公民，否则，它们就得遭受那种把自由民变为奴隶的沉重体力劳动的折磨。由于生产力不够发展，公民权要由一种不可违反的一定的数量对比关系来决定。那时，唯一的出路就是强迫移民。"②在罗马，早在王政时期，就采取了在被征服地区建立殖民地的做法。③ 殖民地的作用一方面是对被征服地区及其居民进行监视和统治；另一方面也部分地解决了罗马和拉丁农民的缺地问题。但更重要的目的是保卫有战略意义的地点，其中有渡口，如利瑞斯河上的弗莱洁莱（Fregellae）和第伯河支流那尔河（Nar）上的英特阿母那（Interamna）；也有山口，如厄魁境内亚平宁山区的阿尔巴·夫森（Alba Fucen）和亚得里亚海边的阿利米浓（Ariminum）；也有天然交通中心，如萨姆尼乌姆的埃赛尼亚（Aesernia）和维努西亚（Venusia）；还有方便的港口，如安

---

① 阿庇安：《内战史》，1，8；普林尼：《自然史》，18，4，17。
② 《马克思恩格斯全集》第八卷，618～619 页，北京，人民出版社，1961。
③ T. Frank, *An Economic Survey of Ancient Rome*（ESAR），Baltimore, The Johns Hopkins Press, 1933, Vol. 1, p. 25.

提乌姆(Antium)、赛纳·高里卡等。在对萨姆尼特人和皮鲁士的战争中，这些新建的殖民地作为前进的基地或阻挡敌人入侵的前哨都起了很大的作用。公元前3世纪中这种堡垒已呈网状散布在意大利半岛各地，总数约有30个。

殖民地按军营方式建立，先在罗马登记，决定建立后，由元老院指派三个委员主持。以一军旗为指导标志，按古老的埃特鲁里亚建城方式，用犁破土开地后始建。先犁出市区范围，再以市区为中心把周围约1 250公顷的土地划为殖民地乡村范围。把这片土地分割成200犹格一块的方块地，称为森都里亚(Centuriae)，每个森都里亚又被分成大小不同的份地分给移民者。新建的移民地一般有1 000～5 000人，由罗马和拉丁城提供，这种殖民地称为拉丁殖民地。移民都有份地，可住在乡村也可以住在城里。城区的结构像罗马军营，街道按十字形分布，交叉成棋盘状，有公共建筑、广场、神庙、地方元老议会厅和大会厅或审判厅等。建筑形式随地方不同而稍有差别，大体上类似。一切工作都由移民者自己动手去干，建成一个殖民地一般耗时若干月或数年。到公元前2世纪以后，罗马的殖民运动又有了新的发展。这种发展主要表现在以下两个方面：

第一，殖民的次数越来越多。仅从公元前194—前81年，罗马政府在意大利半岛就建立了40多个殖民地①，差不多平均每两年就有一个新的殖民地诞生。

第二，殖民的规模越来越大。在当时2 000人以上的殖民地已经成了司空见惯的现象。公元前190年，在罗马就有6 000多个家庭前往普拉契提亚和克列孟纳，在那里创建殖民地。② 公元前189年，又有了

---

① T. Frank, *An Economic Survey of Ancient Rome*（ESAR），Baltimore, The Johns Hopkins Press, 1933, Vol. 1, pp. 122-124; pp. 217-221.

② T. Frank, *An Economic Survey of Ancient Rome*（ESAR），Baltimore, The Johns Hopkins Press, 1933, Vol. 1, p. 123.

3 000 户居民被遣往波诺尼亚(Bononia)。[1] 规模最大的则要数公元前 87 年由马略在埃特鲁里亚地区建立的殖民地——特拉孟(Telamon)，移民人数达 6 000 多名。[2]

通过这一措施，罗马政府不但保证而且在一定程度上"增加了小自耕农阶层"[3]，维护了罗马国家得以存在的社会基础。据 T. 弗兰克统计，从公元前 2 世纪末到公元 1 世纪初，这短短的几十年间，由此而获得土地的居民就多达 225 000 人。[4]

国家保护小农的另一措施，就是为贫穷公民分配国有土地。罗马人在征服意大利各民族的过程中，常常夺取他们的一部分土地(通常是他们土地的 1/3)，这些土地部分被出卖，部分变为罗马人民的公有地(Ager Publicus Populi Romani)，被分配给公民。[5] 这种措施最早可追溯到王政时期[6]，后来一直沿用。进入内战时期，分配土地的规模也就越来越大。例如，公元前 133 年提比略·格拉古改革，以及以后的土地分配中，就有 8 万多小农重获土地。在罗马与朱古达战争期间(公元前 111—前 105 年)，马略实行军事改革，除了把一些无产的公民拉入军队外，还规定国家必须给退役的老兵分配土地。许多老兵因此获得了土地。又如，苏拉曾"把各城市土地分配给他麾下服役的 23 个军团的士兵……"[7]，而在这些土地中许多都属公有财产。

罗马政府不但采取移民、分配土地等措施保护小农经济，而且还常常在战时帮助小农。当有些小农因他们的管家死去，而要求弃甲归田的

---

[1]　T. Frank, *An Economic Survey of Ancient Rome* (*ESAR*), Baltimore, The Johns Hopkins Press, 1933, Vol. 1, p. 123.

[2]　D. W. Rathbone, "The Development of Agriculture in the 'Ager Cosanus' during the Roman Republic: Problems of Evidence and Interpretation," *The Journal of Roman Studies*, Vol. 71, 1981, pp. 10-23.

[3]　T. Frank, *An Economic Survey of Ancient Rome* (*ESAR*), Baltimore, The Johns Hopkins Press, 1933, Vol. 1, p. 221.

[4]　*Ibid.*

[5]　阿庇安：《内战史》，1，7。

[6]　罗马人的第一个土地法由罗慕路斯颁布，按照这一土地法令，每一个公民能分得 2 犹格的土地。瓦罗：《论农业》，1，10，12；参见普林尼：《自然史》，18，7。

[7]　阿庇安：《内战史》，1，100。

时候，政府就主动地承担这些地产的耕种任务，使它们免遭荒芜或兼并。[①] 除此以外，罗马政府还经常资助贫穷小农发展生产。公元前 133 年，当提比略·格拉古得知帕加马国王把他的遗产馈赠罗马人民时，就马上向人民提出了一条法律，规定把阿塔劳斯国王的钱分给那些已经得到一块公共土地的公民，"帮助他们购买设备和开垦农场"[②]。这些措施的实行，一方面减慢了贫民的破产速度；另一方面也可以证明小自耕农在当时罗马社会中所处的重要地位。

总之，在公元前 3 世纪末到公元 1 世纪初，当罗马经济还很简单，土地还是生活的主要来源、财富分配的主要形式的时候，当小农还是罗马奴隶主和上层建筑所赖以依存的经济基础和物质力量的时候，罗马政府绝不会允许大量的小农失地破产。他们肯定会采取一定的措施，保证大部分小农能在原有的规模上进行简单再生产。上述事实表明，过分地夸大小农失地，而忽略小农再现的因素都是不正确的。

最后，意大利考古发掘的广泛进行为纠正传统观点提供了更加强有力的证据。考古发掘已经表明，在南部埃特鲁里亚和阿普里亚，小农经济还相当流行，小自耕农农场在数量上还占据绝对优势。科萨(Cosa)和萨姆尼乌姆(Samnium)边界的比费讷(Biferno)山谷的情况也是如此。[③]

在上面的分析中，我们可以得出以下几个结论：第一，认为在公元前 3 世纪末到公元 1 世纪初意大利存在着大量小农破产的观点，并没有很确凿的史料根据。第二，在当时，无论在政治上还是经济上都不存在导致大量小农破产的重要因素。正因为如此，所以那些认为在当时"意大利已经存在大量小农破产"的观点是不合实际的，而由此得出的"意大

---

① 普林尼：《自然史》，18，8，39～40。

② 普鲁塔克：《提比略·格拉古传》，14；李维：《罗马史》，概要，58；斯特拉波：《地理学》，13，4，2；普林尼：《自然史》，33，149。

③ Papers of the British School at Rome, Vol. 26; Vol. 30; Vol. 31; Vol. 33; Vol. 36; K. D. White, *Roman Farming*, London, Thames & Hudson, 1970; P. A. Brunt, *Italian Manpower：225 B. C. -A. D. 14*, Oxford, Clarendon Press, 1971. A. J. Toynbee, *Hannibal's Legacy*, London, Oxford University Press, 1965. M. Cary & H. H. Scullard, *A History of Rome：Down to the Reign of Constantine*, New York, St. Martin's Pr., 1975, p. 268. E. Astin, *Cato the Censor*, Oxford, Clarendon Press, 1978, pp. 240-266.

利谷物生产已经衰落"的结论也是值得商榷的。

# 三、意大利的产粮状况

粮食作物的种植完全是人们"直接生活的生产和再生产"的需要。在地中海区域，这种作物主要有小麦（triticum）、二粒小麦（far）、大麦等。它们一直是这一地区诸民族主要的食物资源。① 古代意大利也不例外。

自从公元前3世纪末叶以来，意大利的作物结构有了一定的变化。葡萄、橄榄等经济作物开始在意大利的拉丁姆、坎佩尼亚地区流行、发展起来。② 但可以断定，即使到了公元前1世纪末叶，它们还没能排挤掉意大利的粮食生产，在意大利的经济中占据重要地位。意大利本身仍是其自身所需粮食的主要供给地。③ 普林尼曾经说过："按照惯例，即使在行省不向意大利提供粮食的情况下，它（指意大利——著者注）也能生产出足够的粮食，满足其自身需要，而且粮价十分低廉，其程度着实令人难以置信。"④

实际情况也确实如此，在当时，意大利的许多地区不但土地肥沃，物资丰富，而且还经常能生产剩余粮食，为罗马居民及其军队提供援助。⑤

---

① G. Rickman, *The Corn Supply of Ancient Rome*, Oxford, Clarendon Press, 1980, p. 3.

② Cedric A. Yeo, "The Overgrazing of Ranch-Lands in Ancient Italy," *Transactions and Proceedings of the American Philological Association*, Vol. 79, 1948, pp. 275-307.

③ G. Rickman, *The Corn Supply of Ancient Rome*, Oxford, Clarendon Press, 1980, p. 103; P. A. Brunt, *Social Conflicts in the Roman Republic*, New York, Norton, 1971, p. 27.

④ 普林尼：《自然史》，18，4。他在例子中，还提到公元前150年意大利粮价异常便宜的情况。

⑤ Peter Garnsey, Keith Hopkins and C. R. Whittaker eds., *Trade in the Ancient Economy*, London, Chatto & Windus, 1983, p. 119.

意大利北端的波河流域，是在这一时期内才发展起来的粮食产地。① 这里地域广阔、土地肥沃，是盛产粮食的宝地。公元前 2 世纪中叶，波利比乌斯曾到过这里，并做过评述。他说："这片土地所具有的优点之多简直不可胜数。例如，它出产大量的粮食。在我们这时代常有这样的事，1 西西里麦斗小麦只值 4 个奥波尔，1 麦斗大麦仅值两个奥波尔……至于各种食品价格之低，可以从下述情况中看得很清楚，来这里旅行的人走进小酒馆，往往不问东西的价钱，店主人要多少，他就付多少。通常店主人供给顾客丰美的饮食，而只收取半阿司的费用，仅等于 1 奥波尔的 1/4，只有在极少数的场合，才收费较高。"②在我们所涉及的时间内，这一地区一直都以盛产粮食著称，就是到了公元 1 世纪，它还是意大利最繁荣的部分。③

意大利西北端的埃特鲁里亚地区是盛产硬皮小麦和普通小麦的主要区域。在瓦罗时期，这里的田地还十分肥沃，人们"到处都可以看到每年播种且丰产的谷田（fructosas segestes）"④。迦图的《农业志》和瓦罗的《论农业》也曾屡次提到这个地区的小麦。⑤ 到帝国初期，普林尼和马契尔还常提及契西乌姆的小麦。⑥ 在《自然史》中，普林尼还对阿列提努斯（Arretinus）和庇撒（Pisa）的优质小麦专门做过评述。⑦ 即使到了小普林尼报道埃特鲁里亚沿海地区已经变成臭气熏天、肮脏不堪之时，这里的契西乌姆地区还大规模地盛产粮食。⑧

另外，埃特鲁里亚的产粮区域也相当广阔。国外最近的研究表明，这一粮食产区不但包括了庇撒和卡莱的沿海平原，而且还包括了内地有

---

① 在罗马征服波河流域以前，这里主要居住着克勒特人，他们过着原始农民和牧人的生活，畜牧业盛于农业。参见[美]M. 罗斯托夫采夫：《罗马帝国社会经济史》，26 页，北京，商务印书馆，1985。

② 波利比乌斯：《通史》，2，14，15。

③ P. A. Brunt, *Social Conflicts in the Roman Republic*, New York, Norton, 1971, p. 26.

④ 瓦罗：《论农业》，9。

⑤ 迦图：《农业志》；瓦罗：《论农业》，9；44，1。

⑥ 普林尼：《自然史》，18，66；马契尔：《戏剧》，13，8。

⑦ 普林尼：《自然史》，18，86；18，87。

⑧ 小普林尼：《书信集》，5，6，1。小普林尼（61—约 113 年），为老普林尼之外甥。

丰富冲积土沉淀的盆地和瓦尔的契纳地区，即从阿列兹延伸到契西乌姆一线的广大地区。[①] 这种大面积的粮食种植，为这一地区生产和出口大量的剩余粮食提供了可能。据史书记载，早在公元前 205 年，正值罗马人与汉尼拔作战且财政拮据之时，埃特鲁里亚人就慷慨解囊，为执政官西庇阿远征北非提供援助。其中有许多城市，像卡莱、伏拉特莱、阿列提努斯、佩鲁西亚、契西乌姆和鲁色莱等，在向西庇阿供给作战工具之余，还给罗马军队提供了大量的粮食。[②] 除此之外，这一带的粮食还经常通过第伯河和阿尼奥河运往罗马。[③]

埃特鲁里亚的粮食产量也较高。据瓦罗记载，在这里，许多地方的粮食产量都达到了其种子数的 10 倍，有的甚至高达 15 倍，相当于或超过了西西里粮食产量最高的利奥底努斯地区。[④]

坎佩尼亚地区是意大利盛产谷物的另一重要区域。这里主要生产质量很高的硬皮小麦或浸渍小麦，沿海地区后来也盛产普通小麦。[⑤] 西塞罗经常把这一平原称作罗马粮食的储备地、罗马军团的粮仓。[⑥] 他曾在批驳塞尔维里乌斯·鲁路斯的土地法时，这样说道："难道你将允许属于罗马人民最美丽的地产、财富的来源、和平时期的装饰、战争时期的支援地、收入的基地、军团的粮仓、谷物资源的供给地被毁灭吗？难道你忘记了当意大利战争正在进行，而别的资源又不能供给的时候，有许多军队的口粮皆依赖于坎佩尼亚粮食的事实吗？"[⑦] 其粮食对罗马的重要

---

① G. Rickman，*The Corn Supply of Ancient Rome*，Oxford，Clarendon Press，1980，p. 10.

② 李维：《罗马史》，28，46，4～6。

③ G. Rickman，*The Corn Supply of Ancient Rome*，Oxford，Clarendon Press，1980，p. 102.

④ 瓦罗：《论农业》，44，1～2。据西塞罗计算，利奥底努斯地区的粮食产量是其种子数的 8～10 倍。西塞罗：《反维列斯》，2，3。瓦罗所提到的产量是其种子数的 15 倍，即相当于每公顷能生产 17～21 公担，这一产量是相当高的，因为据 1959 年意大利官方统计，当时托斯坎纳地区每公顷年平均只能生产 19.9 公担粮食。

⑤ 这种小麦能够生产高级面粉 siligo。参见普林尼：《自然史》，18，28，108；29，111。瓦罗：《论农业》，2。

⑥ 西塞罗：《论土地法》，1，6，19；7，21。

⑦ 同上书，2，80。

性不言而喻。就是到了公元 4 世纪，这一地区还常向罗马运送大批粮食，被人们称作"罗马人的宝库(Cellarum Regnanti Romae)"。①

中部亚平宁地区是汉尼拔蹂躏的主要地区之一。战争结束后，当地的人口恢复很快。② 在这里，小农经济一直占着主导地位，所以也根本不存在粮食衰落的可能。

东南部的阿普利亚地区，虽然面积不大(大约只有 4 760 平方英里)，但其相当的部分还被用来种植粮食。③ 在这里，不但能生产出足够的粮食，维护其自身需要，而且还能生产出较多的剩余粮食，卖给罗马军队。④

南部意大利(主要包括路加尼亚、勃鲁提乌姆和加拉布利亚)也跟意大利的其他地区一样，盛产粮食。⑤ 据史书记载，罗马政府曾于公元前 172 年在这些地区购买军粮。⑥ 公元前 1 世纪后叶，奥古斯都和安敦尼还经常派人来这里(主要是路加尼亚和亚皮希亚或加拉布利亚)征集粮食。⑦ 即使到了帝国时期，这一地区还能给罗马提供许多口粮。⑧

除了大规模地种植粮食之外，在这里，特别是南部意大利沿海地区还存在着丰富而庞大的谷物市场。古典作家狄奥多鲁斯和普林尼等对此都有过详细的记载。⑨

上述情况充分说明，简单地把意大利南部地区设想为牧人和畜牧大

---

① G. Rickman, *The Corn Supply of Ancient Rome*, Oxford, Clarendon Press, 1980, p. 104.

② *The Cambridge Ancient History*, Volume Ⅷ, Cambridge, Cambridge University Press, 1928. p. 341.

③ 阿庇安：《汉尼拔战争》，34。波利比乌斯：《通史》，3，100 以下；10，18。瓦罗：《论农业》，1，2，6，"quod triticum Apulo conferam"；西塞罗：《致阿提库斯书》，10，7，1；科鲁美拉：《论农业》，3，8，3。

④ 李维：《罗马史》，42，27，4～8。

⑤ 同上书，24，1。

⑥ 同上书，42，27。

⑦ 阿庇安：《内战史》，4，100，108。

⑧ G. Rickman, *The Corn Supply of Ancient Rome*, Oxford, Clarendon Press, 1980, p. 104.

⑨ 普林尼：《自然史》，18，65；西西里的狄奥多鲁斯：《历史集成》，12，9，2。

地产流行区①是没有证据的。

至于在拉丁姆地区，特别是在罗马城附近，谷物种植确实有所衰落。② 但这也并非外省粮食竞争所致，更非葡萄、橄榄等经济作物排斥粮食作物所致。它主要是由人口增长超过了一定的限度，然后大规模地砍伐森林，破坏地皮，造成的生态严重失调所引起的。③ 而且这一变化主要起源于第一次布匿战争以前，仅涉及拉丁姆的部分地区（主要在罗马城附近）。④ 因此，要用拉丁姆个别地区出现的现象，来证明全意大利的粮食状况是不合实际的。

实际上，意大利的谷物种植一直被放在重要地位，即使到了公元前 1 世纪末叶仍是如此。海盗的抢劫、塞克斯都·庞培（Sextus Pomey）的封锁，都没能使意大利人口减少，也未能使主要依赖于外省和外地粮食的罗马城屈服，这就是明证。

意大利粮食除了满足其自身需要之外，还能不时地把剩余部分运往国外。

据史书记载：

　　在第二次布匿战争期间，海外战场所需的粮食许多都来源于意大利。⑤

　　公元前 101—前 100 年，M. 阿奎利乌斯（M. Aquillius）曾把意大利的谷物出卖给西西里的某些公社。⑥

---

① N. Lewis & M. Reinhold eds. , *Roman Civilization*：*Selected Readings*，New York，Columbia University Press，Vol. 1，1951. p.441.

② T. Frank, *An Economic History of Rome*，Baltimore，The Johns Hopkins Press，1927，p. 95.

③ Cedric A. Yeo, "The Overgrazing of Ranch-Lands in Ancient Italy," *Transactions and Proceedings of the American Philological Association*，Vol. 79，1948，pp. 275-307.

④ 瓦罗：《论农业》，3，2~11；科鲁美拉：《论农业》，8，12~15；斯特拉波：《地理学》，5，3，7；普林尼：《自然史》，10，156 以次；苏埃托尼乌斯：《维特利乌斯传》，13，2；贺拉斯：《讽刺杂文》，2，8，88 都提到拉丁姆的谷物种植。

⑤ 李维：《罗马史》，48，4；49，3。

⑥ 西塞罗：《论土地法》，2，83。

公元前 85 年，庞波尼乌斯·阿提库斯（Pomponius Atticus）也曾把意大利的大批谷物送给雅典。[①]

在罗马与朱古达作战期间，罗马军队所使用的大部分军粮也都征集于意大利半岛。[②]

此外，在意大利，私人出口粮食的情况也相当普遍。据西塞罗记载，他的朋友 C. 阿维阿努斯·弗拉库斯（C. Avianus Flaccus）曾在浦泰俄利港出口粮食。[③] 在阿普利亚地区，也存在着许多行商。其中一部分行商还拥有大群驮驴。他们在布隆度辛或阿普利亚附近的村庄购买粮、油、酒等物品，然后再用驮驴把这些食品运往海边。[④] 在南部意大利，特别是意大利南部沿海一带，还存在着规模较大的粮食市场，商人们从这里获取粮食，并转手把它运往希腊。[⑤]

马尔库斯·瓦罗曾告诉我们，当路西乌斯·麦铁鲁斯在凯旋式上把许多大象带进罗马时，罗马每摩底小麦的售价为 1 阿司，每康底酒的价格也是 1 阿司，每 30 磅无花果，每 10 磅油以及每 12 磅肉都是这一价格。普林尼也曾说过："在诸神之母来到罗马的那年夏天，收成特别好，是以往 10 年中从未有过的"。[⑥]

上述情况充分说明，在意大利既不存在完全依赖于外省粮食的地区，也不存在粮食生产已经衰落的迹象。我认为学者们之所以提出意大利粮食生产已经衰落的原因，主要是片面地利用材料或把古代世界现代化的结果。

---

① Fritz M. Heichelheim, *An Ancient Economic History*, Vol. 3, Leyden, A. W. Sijthoff, 1970, p. 46.

② 萨鲁斯提乌斯：《朱古达战争》，36，1；43，3；100，1。

③ 西塞罗：《家信集》，13，35；13，75；13，79。

④ 瓦罗：《论农业》，2，6，5。

⑤ 普林尼：《自然史》，18，65；西西里的狄奥多鲁斯：《历史集成》，12，9，2。

⑥ 普林尼：《自然史》，18。

# 四、意大利粮食生产不会衰落的原因

公元前 3 世纪末到公元 1 世纪初意大利粮食生产不会也不可能衰落，这是由意大利当时的社会、经济等条件决定的。下面我们就比较详细地分析一下造成这种情况的主要原因。

**（一）交通工具简陋、运输速度缓慢以及运输费用昂贵是意大利粮食生产不可能衰落的重要原因**

交通的发达程度主要受制于生产力的发展水平，同时它又是对当时生产力发展程度的客观反映。在古代罗马，牛、骡和驴是最主要的驮兽①，两轮或四轮牛车是最主要的运输工具②，运输速度极度缓慢。以牛车为例，行进 2 英里③的路程就需花费一小时多的时间。④ 而运输重物所需的时间则更长。迦图从苏萨（离其产地约 25 英里）买回的榨油机，仅运输就花了 6 天时间。⑤ 据奥维德记载，从布隆度辛到罗马，就须花 9～10 天的时间，每天平均行进 6 英里。⑥ 而从罗马到卡普亚一线，运输速度则更慢，据扬统计，每天平均不会超过 4 英里。⑦ 然而就整个意

---

① 在中国，马是主要的驮兽，但在西方，马的作用一直未能发挥，原因是西方使用的挽马工具是"项前肚带挽具"，也就是用皮带勒住马的喉部，这样，只要马一用力，就会立即窒息而死。有人曾做过试验，套上项前肚带挽具的两匹马，只能拉半吨重的物品，因此它不能用于拉车运输重物。参见[约旦]M. A. 阿勒-巴希特、L. 巴赞、S. M. 西索科主编：《人类文明史（4）：7 世纪至 16 世纪》，80 页，南京，译林出版社，2015。

② M. I. Finley, *The Ancient Economy*, Berkeley & London, University of California Press, 1985, p. 126.

③ 1 英里约合 1.61 千米。——编者注

④ A. H. M. Jones, *Later Roman Empire：284-602*, Blackwell, 1986, pp. 841-842.

⑤ 迦图：《农业志》，22，3。

⑥ 奥维德：《黑海来信》，4，58。

⑦ Cedric A. Yeo, "Land and Sea Transportation in Imperial Italy," *Transactions and Proceedings of the American Philological Association*, Vol. 77, 1946, pp. 221-244.

大利而言，运输速度也不快，每天只能行进 6～7 千米。[①]

运费之贵更是令人吃惊。有人曾做过计算，如果把物品从浦泰俄利运到里维拉，仅运费就会使物品的原价增加 50%～75%。[②] 迦图在《农业志》中也曾有过这方面的记载：

> 在苏撒附近购买一台榨油机，需要花费 400 塞斯退斯加 50 利布拉油的价格。机器的装配费用为 60 塞斯退斯，使用牛车所需的运输费用（包括驾驶员在内 6 人 6 天所需的工资）为 72 塞斯退斯。机器所需的全部木条为 72 塞斯退斯。50 利布拉油所折价格为 25 塞斯退斯，此榨油机的实际价格应为 629 塞斯退斯。在庞培伊，购买一台榨油机只需 384 塞斯退斯，而运费则需 280 塞斯退斯。[③]

从这里，我们能够明确地知道，运输 25 英里，就会使产品价格增加 17%，而运输 75 英里，就会使产品价格增加 75%。这就是说，每吨物品，只要运行一英里，就会使价格增加 2 或 2.5 塞斯退斯。而契特里克·A. 扬认为，这一比例同样适用于小麦的运输。[④] 据契特里克·A. 扬统计，在迦图时期，每 1 吨粮食，每用牛车运输 100 英里，就会使原价增加 250 塞斯退斯，其运费相当于罗马粮价的 62%。[⑤] 若使用其他动物运输，那么所需的费用则更贵。以驴为例，一头驴最多只能携带 250 利布斯物品。而 1 吨小麦，就需 8 头驴运输。若按戴克里先限价法令中所规定的比例计算，每吨粮食每运输 100 英里就需增加运费 450 塞斯退

---

① Cedric A. Yeo, "Land and Sea Transportation in Imperial Italy," *Transactions and Proceedings of the American Philological Association*, Vol. 77, 1946, pp. 221-244. 参见 H. J. Loane, *Industry and Commerce of the City of Rome*, Philadelphia, Porcupine Press, 1979, p. 11.

② T. Frank, *An Economic Survey of Ancient Rome* (*ESAR*), Baltimore, The Johns Hopkins Press, 1933, Vol. 1, p. 173.

③ 迦图：《农业志》，22，3。

④ Cedric A. Yeo, "Land and Sea Transportation in Imperial Italy," *Transactions and Proceedings of the American Philological Association*, Vol. 77, 1946, pp. 221-244.

⑤ Richard Duncan-Jones, *The Economy of the Roman Empire*: *Quantitative Studies*, Cambridge, Cambridge University Press, 1982, pp. 345-346.

斯(其中包括运费 300 塞斯退斯，驾驶员工资 150 塞斯退斯)。其出售价格相当于生产价格的 1 倍。运费之贵由此可见。

除了运输速度缓慢、运输费用昂贵外，罗马车辆的负载量也大有问题。"如果我们把一头牲口所能承担的最大负载量作为标准来看，就不得不承认古代大车的构造形式，驴、牛和马、骡等(配对上轭的)牲畜那种驾挽具的方法，以及道路分布网，同近代的方法比起来，全都是有缺陷的"。[①] 从《狄奥多西法典》的有关规定中，我们能够知道轻型大车的最大装载量为 200～600 磅，重型大车为 1 000～1 500 磅。[②] 这就是说，罗马的车辆至多才能运载现代西欧大车平均装载量的 1/5 的货物。

运输行业如此落后，不但限制了罗马商品经济在规模和范围方面的发展，阻碍了庄园内部的单一经营，而且也妨碍了邻近地区之间的相互联系。许多城市(特别是内陆城市)皆因这一原因而遭受饥饿。就是势力比较强大的城市也未能幸免。公元 4 世纪安条克和小亚中部恺撒里亚城的遭遇便是明证。

安条克城是罗马时期小亚的主要城市。[③] 公元 362—363 年，此城发生饥荒。当时，安条克城内缺粮严重，而离它只有 80～160 千米的其他两城却粮食充沛。即便如此，它们也不能解救安条克城的饥荒。

小亚中部的恺撒里亚城也不例外。此城距离地中海最近的港口大约有 350 千米，势力比较强大，因为深居内陆，所以也不能免受饥饿之苦。公元 4 世纪的一位名叫格里高利·纳兹安则的神学家曾有过下述描写：

> 那时，在这里曾发生了一次令人生畏的饥荒。城市日渐枯萎但得不到各地的援助，也没法找到解救这一不幸的其他办法。沿海城市还可以通过海路运进他们缺少的物品，解决这种欠缺。但我们因

---

① 参见[美]M. 罗斯托夫采夫：《罗马帝国社会经济史》，542 页，北京，商务印书馆，1985。

② 《狄奥多西法典》，8，5，8(357)；17(364)；28(368)；30(368)；47(385)。

③ 在斯特拉波时代，安条克城的人口几乎和亚历山大里亚相同，约为 300 000 人。其规模超过或等于 19 世纪以前除伦敦外的任何欧洲城镇。参见斯特拉波：《地理学》，16，2，5。

为远离大海，既不能输出我们生产的物品，也不能进口我们急需的东西。所以既不能从我们的剩余产品中获取利益，也不能从别处获得自己缺少的物品①。

因运输落后而造成饥荒的情况，在波河流域、中部意大利、北非都存在②。

这些情况充分说明，在运输费用昂贵的古代社会，农业经济只能"是一种狭隘的、相对闭塞的、基本上属于地方性自足的经济"③，人们为了维持其自身的生产和再生产，就必须重视粮食生产。可以说，这是必然，而且也是普遍现象。每一城镇的发展都不能超出其粮食生产所限的范围，否则就会有出现饥荒的可能。④

### (二)频繁的饥荒是意大利谷物生产不可能衰落的另一原因

在科学技术还不发达，农业收益"不是依靠聪明和勤劳，而是依赖于那些最易变化的自然因素，即风和气候"⑤的古代，粮食的歉收和饥荒必然是十分普遍的现象。就是非常强大的城市像罗马也不例外。公元前3世纪以前，罗马的饥荒可以说十分频繁。⑥此后，虽然这一现象由于国家的强大而有所减轻，但有关饥荒的记载还是史不绝书。

公元前189年，营造官曾采取措施，阻止谷物商窖藏粮食。⑦

---

① Gregory Nazianzen, *Patrologia Graeca*, ⅩⅩⅩⅥ, ed. by J. P. Migne; K. Hopkins, "Economic Growth and Towns in Classical Antiquity," in Philip Abrams and E. A. Wrigley, eds., *Towns in Societies: Essays in Economic History and Historical Sociology*, Cambridge, Cambridge University Press, 1978, pp. 37-40.

② Cedric A. Yeo, "Land and Sea Transportation in Imperial Italy," *Transactions and Proceedings of the American Philological Association*, Vol. 77, 1946, p. 225.

③ K. Hopkins, "Economic Growth and Towns in Classical Antiquity," in Philip Abrams and E. A. Wrigley, eds., *Towns in Societies: Essays in Economic History and Historical Sociology*, Cambridge, Cambridge University Press, 1978, p. 46.

④ M. I. Finley, *The Ancient Economy*, Berkeley & London, University of California Press, 1985. pp. 123-149; H. J. Loane, *Industry and Commerce of the City of Rome*, Philadelphia, Porcupine Press, 1979, p. 11.

⑤ 西塞罗:《反维列斯》, 2。

⑥ T. Frank, *An Economic Survey of Ancient Rome* (*ESAR*), Baltimore, The Johns Hopkins Press, 1933, Vol. 1, p. 24.

⑦ 李维:《罗马史》, 38, 35, 5。

公元前 165 年，罗马城遭受疾病和饥饿之灾。①

公元前 142 年，罗马城又遭饥饿之灾。②

在盖约·格拉古任保民官期间，由于缺粮，而引起了平民暴动。③

公元前 104—前 100 年，罗马人曾连续几年到西西里购买粮食。④

公元前 75 年，罗马城发生了大群公民因受饥饿之苦，而追打执政官的事件。⑤

公元前 73—前 71 年，罗马政府为了解决罗马城之饥饿，曾连续三年向西西里购买第二什一税粮。⑥

1976 年，考古工作者在希腊拉利萨地区发现了一块铭文碑。铭文记录了罗马政府为了解决罗马城的粮荒，派遣市政官昆图斯·麦铁路斯前往帖撒利求购粮食的情况。铭文这样写道：

> 我们的朋友，人品优秀、出身高贵、素与我国友善的昆图斯之子——罗马市政官昆图斯·凯西里乌斯·麦铁路斯，亲自来到了我们的议事会，他首先追述了他的祖先以前对我国所做过的好事，然后声明他目前当选为本届罗马市政官，而当前该国正发生饥馑。故此要求我国的公共财务部门尽可能以大量谷物供给元老院和人民。议员们对于昆图斯和他的祖先，以及罗马元老院和人民以前对我国的服务记忆犹新，故此决定按昆图斯的要求，把 430 000 筐小麦送往罗马，供元老院和人民之需。并责成长官佩特拉奥斯与其同僚行政长官和议事员一起，负责在各城市之间分派上述谷物。⑦

---

① 李维：《罗马史》，断片。

② 同上。

③ 阿庇安：《布匿战争》，136。

④ G. Rickman, *The Corn Supply of Ancient Rome*, Oxford, Clarendon Press, 1980, p. 258.

⑤ 萨鲁斯提乌斯：《历史》，断片，3。

⑥ 西塞罗《反维列斯》，2，3，163。

⑦ Peter Garnsey, Tom Gallant and Dominic Rathbone, "Thessaly and the Grain Supply of Rome during the Second Century B.C.," *The Journal of Roman Studies*, Vol. 74, 1984, pp. 30-44.

据考证，此事发生在公元前 129 年左右。[①]

罗马如此，那么意大利的其他地区就更不必说了。[②] 而这些现象的普遍存在，则完全阻止了意大利粮食生产之衰落。它一方面给奴隶制庄园经营粮食提供了有利可图的市场；另一方面也给资金较少的小农造成了一定的威胁。农民们为了减轻饥荒给人们带来的痛苦，他们都必须扩大粮食的种植面积或提高单位面积的产量。

**(三)意大利粮食需要量的增长是阻止粮食生产衰落的重要因素**

粮食需要量的增长必然伴随着粮食生产规模的扩大，意大利的情况也是如此。在当时，这种需要量的增长主要表现在以下两个方面：

1. 人口的增长

公元前 3 世纪末到 1 世纪初，是意大利人口迅速发展期。据贝劳赫统计，公元前 225 年意大利的人口总数约为 2 700 000 人，而到公元前 70—69 年，意大利人口数就增加到 4 500 000 人[③]，比公元前 3 世纪末叶增长了 60%。在消费标准基本一致的情况下，人口的增长，本身就意味着社会粮食需要量的增长。

2. 城市的增长和发展

亚当·斯密曾经说过："提供生活资料的农村的耕种和改良，它先于只提供奢侈品和便利品的都市的增加。乡村居民须先维持自己，才以剩余产物维持都市的居民。所以，要先增加农村产物的剩余，才谈得上增设都市。"[④]汉尼拔战争以来，意大利的经济有了很大的发展。这种发展为意大利城镇的增长创造了条件。罗斯托夫采夫指出："意大利事实上只有到公元前 2 世纪时才趋向希腊人所谓的都市化。在这时，许多古

---

① Garnsey, Peter & Dominic Rathbone, "The Background to the Grain Law of Gaius Gracchus," *The Journal of Roman Studies*, Vol. 75, 1985, pp. 20-25.

② Cedric A. Yeo, "Land and Sea Transportation in Imperial Italy," *Transactions and Proceedings of the American Philological Association*, Vol. 77, 1946, pp. 221-244.

③ Sir John Edwin Sandys ed., *A Companion to Latin Studies*, Cambridge, University Press, 1929, p. 355.

④ [英]亚当·斯密：《国民财富的性质和原因的研究》上卷，347 页，北京，商务印书馆，1972。

代城市，有一些是希腊的或埃特鲁里亚的城市，都意想不到地恢复了旧日的繁荣。许多市镇、村庄、市集和小村镇都不仅采取了一种城市组织形式，而且在社会经济面貌上也的确像一个真正的城市了。"[1]此外，在当时，意大利还出现了许多新的殖民城镇，如波罗吉纳（Bologna）、克纳阿（Crnoa）、摩提那（Modena）、帕尔马（Parma）、图林（Turin）等。这些城市的恢复和兴起，一方面意味着意大利能够生产出足够的剩余粮食以满足人口的需要；另一方面也就意味着意大利社会对粮食需要量的增加。[2]城市的发展既为农民生产粮食提供了市场，又为他们发展生产提供了动力。

上述分析足以说明，在公元前 3 世纪末到公元 1 世纪初，意大利的粮食需要量比以前有了很大的增长。而在当时的情况下（外省粮食并没有大批地进入意大利半岛），只有发展意大利的谷物种植业，才有可能满足社会的这一需要。

**（四）罗马政府的"内外政策"是保证意大利粮食生产不会衰落的重要前提**

在意大利不但存在着阻止粮食生产衰落的因素，而且还存在着保证并促进这种生产的条件，这种条件主要表现在以下几个方面：

1. 罗马政府对谷物生产的保护和鼓励

粮食是人类能够生存、发展所必不可少的物质资源。它与国家的兴衰有着密切的关系。"如果这个问题被忽略，那么国家的彻底毁灭也就不远了。"[3]正因如此，所以罗马政府对粮食生产十分重视。莱维努斯（Laevinus）在迫使西西里人放下武器后所做的第一件事，就是帮助农民恢复生产。[4]元老院甚至派人前往奥林匹克赛会上去劝说西西里人重返

---

① ［美］M. 罗斯托夫采夫：《罗马帝国社会经济史》，42 页，北京，商务印书馆，1985。
② 同上书，73 页。因为国外最近的研究表明：这些城市大部分都是消费城市，它们主要依赖于附近农村的物资供应。
③ 塔西佗：《编年史》，3，54，6~8。
④ 李维：《罗马史》，26，40，15~16；27，5。

家乡、经营农业。① 意大利半岛也不例外。② 公元前 206 年，当执政官开赴前线之前，元老院就特别提醒他，到达战地后，必须帮助因战乱而失散的农民恢复家园。执政官到任后，马上就组织农民迅速恢复生产。在他的催促下，有大批农夫返回农场。③ 同年，当高卢人蹂躏普拉西提亚和克列诺纳城土地之时，元老院就马上派行政长官马米利乌斯前往那里，一面保护这些殖民城之土地；一面要求因战争而流散的克列诺纳和普拉西提亚居民必须在限定的时间内迁回殖民地，以免影响即将开始的春耕生产。④ 就是在卡普亚城陷落以后，元老院还允许那里的农民留在原地，进行粮食生产。⑤

除了鼓励和保护粮食生产以外，罗马政府还采取措施保护现有的意大利耕地面积，使其免遭荒芜。政府在一般情况下都禁止动用大批意大利人出征海外。在此，我们不妨简单举一例子。据普鲁塔克记载，当公元前 134 年，埃米利阿努斯·西庇阿被派遣前往西班牙与努曼底亚(Numantia)作战的时候，元老院就拒绝他在意大利大规模地征集军队，其目的就是为了不让意大利的土地遭到荒芜(ωs εοημομ τηε Ιταλιαs εσομενηs)。⑥ 结果，小西庇阿只得从他自己的依附民和朋友中招募少量的志愿兵。⑦ 此外，罗马政府还非常注重扩大耕地面积。据李维记载，公元前 187 年，执政官爱米利乌斯在征服亚平宁山东边和西边各部落以后，所做的主要事情就是把原来生活在山上的部落迁入平原，并令其从事农业生产。⑧ 公元前 180 年，政府又把 4 万多被征服的北部部落成员

---

① 李维：《罗马史》，27，35，4。
② 同上书，28，11。李维明确指出："Minime conveire Siciliae quam Italiae colendae maiorem curam esse."实际情况也是如此，罗马政府对于意大利的私有地都不征税。
③ 同上书，28，6，8。
④ 同上书，11，8。
⑤ P. A. Brunt, *Social Conflicts in the Roman Republic*, New York, Norton, 1971, p. 31.
⑥ Plut. Mor. 20；J. W. Rich "The Supposed Roman Manpower Shortage of the Later Second Century B. C.," *Historia：Zeitschrift Für Alte Geschichte*, 3rd Qtr., 1983, Bd. 32, H. 3 (3rd Qtr., 1983), p. 302.
⑦ 阿庇安：《在西班牙的战争》，84。
⑧ 李维：《罗马史》，39，3，1。

（利古利亚人，包括他们的妻子和孩子）安置在中部意大利，开垦荒地。[①] 公元前 160 年，执政官科尔涅里乌斯·契特古斯（Cornelius Cethegus）率领意大利居民，排干了大面积的庞庇提纳（Pomptine）沼泽，并使它变成耕地。[②]

与此同时，政府还非常重视对农业技术的研究，并推广农业知识。在这一时期，在政府支持下翻译或写成的农书就达 50 多种。[③]

罗马政府对粮食的重视以及采取的一系列措施，不但阻止了意大利粮食生产的衰落，而且，实际上，也保证了粮食生产的较好发展。

2. 罗马"战争"和"施舍"政策对意大利粮食生产的刺激和推动

（1）战争对意大利粮食生产的作用

公元前 3 世纪后期到共和国末叶，是罗马对外扩张的重要时期。这一时期罗马的对外政策可以概括为"远交近攻"，称霸地中海。而这一政策实行，一方面把无数农民推向远离家乡的地中海东部和西部战场。据统计，在罗马，每年常常有 130 000 意大利农民前往异乡从军。[④] 有些年份（特别是战争时期）甚至更多。要维持这么庞大的军队，就必须有大量的粮食作为保证。另一方面便是导致国外奴隶的输入。根据古典作家留下来的数据和比较保守的估计，在共和国最后两个世纪，有 200 多万奴隶输入意大利。其中有 100 多万进入农村，剩下的部分进入城镇替主人干活。[⑤] 大规模的海外战争以及外来奴隶的输入，无形中就给意大利增加了几百万人的粮食需要。这种状况，一方面为意大利农民及奴隶主种植的粮食提供了庞大的市场；另一方面又给元老院施加了强大的压

---

① K. Hopkins，*Conquerors and Slaves*：*Sociological Studies in Roman History*，Cambridge & New York，Cambridge University Press，1978，p. 58.

② 李维：《罗马史》，概论，5，14。波利比乌斯：《通史》，31，22；32，8；西西里的狄奥多鲁斯：《历史集成》，30，1，25。

③ 瓦罗：《论农业》，1，1。

④ K. Hopkins，*Conquerors and Slaves*：*Sociological Studies in Roman History*，Cambridge & New York，Cambridge University Press，1978，p. 31.

⑤ K. Hopkins，"Economic Growth and Towns in Classical Antiquity," in Philip Abrams and E. A. Wrigley，eds.，*Towns in Societies*：*Essays in Economic History and Historical Sociology*，pp. 36-47，Cambridge，Cambridge University Press，1978.

力，迫使他们保护并鼓励农民种植谷物。

(2)"谷物施舍"政策对意大利粮食生产的作用

早在公元前 5 世纪，罗马就出现了在公民间分配谷物的事例。[①] 到西西里并入罗马，也就是罗马政府有了固定的粮食资源之后，这种现象就更加普遍。迦图对此习惯大为不满，曾强烈要求政府取消这一不合时宜的施舍政策，但毫无结果。[②] 公元前 123 年，盖约·格拉古颁布法律(Lex Frumentaria)正式把这一惯例用法律形式固定下来。根据这一法律，国家必须以每摩底 $6\frac{1}{3}$ 阿司的价格，把粮食分配给全体罗马公民。[③] 这一法律实行以后，罗马政府大约每月要拿出 1 200 000 摩底小麦，分配给城市公民。这一措施实行，一方面免除了贫困公民常受粮价波动之痛苦，在某种程度上巩固了罗马国家的基础；另一方面保证并扩大了意大利这一最大粮食市场的购买能力，为意大利农民和奴隶主种植的粮食提供了稳定而庞大的市场。[④]

马克思曾经指出："一定的生产决定一定的消费、分配、交换和这些不同要素相互间的一定关系。当然，生产就其单方面形式来说也决定于其他要素。例如，当市场扩大，即交换范围扩大时，生产的规模也就增大，生产也就分得更细。"[⑤]意大利粮食市场的扩大，实际上也就促进了意大利的粮食种植。

总之，公元前 3 世纪末到公元 1 世纪初，意大利粮食生产的存在、发展，并不是偶然的，显然有其自身存在的前提和基础。

众所周知，公元前 3 世纪末到公元 1 世纪初，正是罗马意大利在外取得辉煌胜利，在内发生变革的重要时代。外省粮食开始流入，奴隶制庄园逐渐形成，部分小农失地破产，这一切对于意大利传统的农业无疑

---

① 普林尼：《自然史》，18，15～17。

② 普鲁塔克：《马尔库斯·迦图传》，8，1。

③ 李维：《罗马史》，概要，40。

④ H. J. Loane, *Industry and Commerce of the City of Rome*, Philadelphia, Porcupine Press, 1979, p. 13.

⑤ 《马克思恩格斯选集》第二卷，17 页，北京，人民出版社，1995。

会产生一定的影响。不过，因受种种条件的限制，它们并没有也不可能改变意大利粮食自给的性质。意大利半岛始终是古典世界有名的粮食产区。作者认为，从前学者们之所以提出"意大利粮食衰落"的看法，主要是夸大或片面地理解这一变革的结果，应该予以纠正。

# 第六章　罗马早期庄园研究

　　庄园兴起于公元前 2 世纪中叶，兴盛于共和末期帝国初期。奴隶是庄园的主要劳动者，少买多卖是庄园的经营原则。庄园使罗马土地的价值无中生有，从而加速了土地私有化的步伐。土地和价值的结合改变了罗马人的财富观念，同时也改变了人们追求和创造财富的行为规则。罗马的庄园既是时代和征服的产物，更是罗马人思想理念发生变化的结果。

## 一、庄园形成和兴盛的时间

　　庄园一词来源于拉丁文的"fundus"。一般由两部分组成，一是庄院(villa)[①]；二是田地(ager)。田地往往分布于庄院的周围，并和庄院成一定的比例。

　　在意大利，庄园也和其他事物一样，并不是从一开始就有的，它是历史发展到一定阶段的产物。过去，人们一般都认为意大利庄园形成于公元前 3 世纪，到第二次布匿战争以后发展迅速，并开始走向兴盛。[②]但最近的研究表明，这一定论并不十分可靠。D. W. 拉思伯纳(D.

---

　　①　*A Companion to Latin Studies*，ed. by Sir John Edwin Sandys，Cambridge，University Press，1929，p. 214.

　　②　库吉森：《论共和国末期意大利大地产流行的程度》，载《史学译丛》，1957(5)。

W. Rathbone)认为，古典农学家描述的庄园制度实际上起源于公元前 2 世纪中叶，而兴盛于公元前 1 世纪中叶，即在意大利战争、马略与苏拉斗争之后。[①] 近年来的研究也证明了这一结论。在坎佩尼亚，第一个庄园（维拉）大约出现于公元前 2 世纪后期，而真正的兴盛期则在公元前 1 世纪左右。在拉丁姆，即维拉制度最流行的地区，其主要发展期是在公元前 1 世纪和公元 1 世纪之间。这一时期也正是埃特鲁里亚南部海岸和马尔盖（Marche）地区庄园的兴盛期。在翁布里亚，这类维拉的形成期则要晚于上述地区，大约开始于同盟战争也即公元前 88 年之后；在意大利南部，特别是勃鲁提乌姆和路加尼亚地区，庄园的兴盛时期还有待断定。但可以肯定，它不会早于拉丁姆和坎佩尼亚地区，而且在数量上也不会很多。[②]

这些情况表明，共和末年还是维拉制度形成和由兴起向兴旺过渡的时期。[③] 虽然在当时，意大利的某些地区已经出现了几个大庄园，但就整个意大利而言，它们的规模还不广、数量还不多、作用也不大。

## 二、意大利庄园的类型

反映古代意大利庄园早期状况的文献史料并不很多。现存的较完整的著作只有马尔库斯·波尔西乌斯·迦图（公元前 234—前 149）所写的《农业志》[④]。史料的缺乏给我们研究庄园经济带来了极大的困难，也为我们得出错误的结论造成了可能。在这里，我想简要地分析一下意大利庄园的类型。当然，要从量上来解决这一问题，恐怕还为时尚早。

---

① D. W. Rathbone，"The Slave Mode of Production in Italy，"*The Journal of Roman Studies*，Vol. 73，1983，pp. 160-168.

② *Ibid.*

③ E. Astin，*Cato the Censor*，Oxford，Clarendon Press，1978，p. 242.

④ 此书全名为 *De Agri cultura*，大约发表于公元前 160 年。

意大利早期庄园到底有多少类型，史学界似乎早有定论。学者们一般都以迦图的《农业志》为依据来判断意大利的庄园类型，认为意大利的庄园主要是以经营葡萄和橄榄等某一经济作物为主的庄园。其实，这种观点并不十分正确。[①] 理由是：

第一，迦图《农业志》所涉及的区域极其有限，它不能反映整个意大利的庄园状况。

据普鲁塔克记载，迦图出生于萨宾乡村，世代务农，17 岁参加汉尼拔战争，到过他林敦，曾在西庇阿手下当过财务官，到希腊参加过马其顿战争，在西班牙指挥过镇压当地居民反抗罗马人统治的战争。公元前 198 年，出任撒丁尼亚总督。迦图的后半生大部分都在罗马度过。从他个人的经历中可以看出，他对南部和北部意大利并不熟悉。

国外专家曾对迦图《农业志》的内容做过认真的研究，他们确认，《农业志》所反映的情况，并不能代表整个意大利的农业状况，它是对中部意大利若干庄园经验的总结。书中所涉及的区域最多不会超过坎佩尼亚、拉丁姆和萨姆尼乌姆附近一带。[②] 很可能，还要更狭小。因为迦图《农业志》所反映的主要是分布在维纳弗努姆(Venafrum)和卡西努姆(Casinum)附近若干庄园的情况。这种地域上的相对狭小性，从根本上也就决定了它只能代表意大利一部分庄园的状况。实际上，它也只是对一部分庄园状况的反映。

第二，迦图《农业志》所涉及的内容极其有限。

我们只要仔细阅读一下全书，就会发现，《农业志》的内容明显地受到作者自己的兴趣、写作目的以及体例等方面的限制。在此，我们不妨以畜牧业为例来说明这一问题。

---

① N. Lewis & M. Reinhold eds., *Roman Civilization*：*Selected Readings*，New York，Columbia University Press，1951，Vol. 1，p. 441；D. W. Rathbone，"The Slave Mode of Production in Italy," *The Journal of Roman Studies*，Vol. 73，1983，pp. 160-168；E. Astin，*Cato the Censor*，Oxford，Clarendon Press，1978，p. 242.

② 埃纳斯特·布列哈特(Ernset Brehaut)根据《农业志》中所提及的城市，然后再根据这些城市的位置确认《农业志》中所涉及的地区主要分布于中部意大利的坎佩尼亚、拉丁姆和萨姆尼乌姆邻近一带。

在迦图时期，畜牧业可以说是在意大利农业中十分流行且非常有利可图的部门。① 迦图对此也直言不讳。据西塞罗记载，有人曾就地产上生产哪一种作物能使所有者获利最大这一问题请教过迦图。迦图做了以下回答，"非常成功地饲养家畜"是地产中最有利可图的事；其次便是"比较成功地饲养家畜"；再次是"一般地饲养家畜"；最后便是"种植各种作物"②。这种观点在瓦罗的《论农业》及普林尼的《自然史》中都有明显的反映。可是，当时这么普遍且重要的部门，在迦图的《农业志》中却说得很少。书中虽然也提到耕牛和羊的饲养，而且也有关于把它们卖给别人的记载，但畜牧业始终被当作辅助部门，不受重视。书中虽然也提及过牧草的种植，而且也存在出租牧场的实例，但作者一直没有把它视作庄园收入的主要来源。③ 这一事例本身说明，迦图《农业志》所涉及的内容具有明显的相对性、局限性。书中所强调的作物实际上未必在意大利所有庄园中都占主要地位。而被迦图忽略的作物，也并不见得就不重要。

事实也是如此，我们再以葡萄园为例。大家知道，在迦图的《农业志》中，葡萄是最主要的作物之一。其实这只能代表某些庄园的情况，其他庄园并不一定如此。这我们可以从许多庄园主都不愿意在自己的庄园里种植葡萄，而且还常怀疑或反对别人经营的事例中看得很清楚。据瓦罗记载，在意大利有许多人都不愿意种植葡萄，而最主要的理由便是种植葡萄的成本费用太贵。他们声称"这一费用实际上吞没了它的利润"④。即使到了科鲁美拉时期，还有许多庄园主对栽培葡萄持怀疑态度，他们避免甚至担心在自己土地上栽种任何葡萄，而宁愿要谷地、牧

---

① 李维：《罗马史》，33，42，10；35，10，11；39，29，9；41，6。迦图：《农业志》，1，70；瓦罗：《论农业》，1，7，10。

② 西塞罗：《论职责》，2，88。普林尼：《自然史》，18，6，28；18，7，31。科鲁美拉：《论农业》，2，2，3～7。很可能，普林尼和科鲁美拉所用的材料都来源于西塞罗。

③ 迦图：《农业志》，1，7；8，1；9；50，1；149。

④ 瓦罗：《论农业》，1，8。

场、草地或树林等。① 正因如此，意大利的葡萄酒一直不受人重视，它们只有到奥古斯都时期才开始在海外享有盛名。②

实际上，由于受土壤、气候等多种条件的影响，每一庄园的类型，每一庄园中所种植的作物都不尽相同。有的以种植葡萄、橄榄等经济作物为主，像色特菲尼斯特（Settefineste）③、波司科列阿尔（在庞培伊城附近）④和迦图所描写的维拉皆属此类。它们大多分布在离城较近的地方。因为只有在离城较近的地方种植葡萄、橄榄等经济作物才有利可图。⑤ 有的以畜牧业为主，像瓦罗所提到的一些庄园，如列阿特等，它们主要分布在南部意大利的部分地区。⑥ 有的以种植谷物为主，文学家彼特罗尼乌斯所描写的庄园，就属这一类。科鲁美拉也曾劝告庄园主，那些远离城郊且主人又不能常到的农场（特别是谷物农场）应承包给佃农耕种，这样对主人有利。这一史料说明，使用奴隶或佃农劳动的谷物农场在城郊或较远的地方都存在。⑦ 而无论是以葡萄、橄榄等经济作物为主的庄园，还是以畜牧为主的庄园都离不开种植粮食。在一般情况下，它们都能实现粮食自给。

总之，在意大利并没有也不可能有单一的或固定的庄园模式。尽管要完全弄清楚庄园的各种类型尚要花一定的时间，但可以断定，把意大利庄园完全归结为生产某一种经济作物为主的庄园，是站不住脚的。

---

① 科鲁美拉：《论农业》，3。参见李雅书选译：《罗马帝国时期》上册，73 页，北京，商务印书馆，1985。

② T. Frank, *An Economic Survey of Ancient Rome*（*ESAR*），Baltimore，The Johns Hopkins Press，1933，Vol. 1，p. 284.

③ D. W. Rathbone, "The Development of Agriculture in the 'Ager Cosanus' during the Roman Republic：Problems of Evidence and Interpretation," *The Journal of Roman Studies*, Vol. 71, 1981, pp. 10-23.

④ 王阁森：《加图的农业思想和加图式庄园的经济特征——古罗马经济史研究（之一）》，载《齐鲁学刊》，1985(6)。

⑤ 普林尼：《自然史》，18，6，28。

⑥ 瓦罗：《论农业》，2，序言。

⑦ 科鲁美拉：《论农业》，1，7。

# 三、庄园产生的途径和分布范围

罗马庄园形成的途径很多，也很复杂，但主要涉及以下两个方面。

首先，罗马庄园的出现与国家公有地的存在有着相当密切的关系。

罗马是一个靠征服而发展起来的国家。从公元前4世纪初的维爱战争到公元前2世纪的第二次布匿战争，罗马人先后进行了数十次大战。随着罗马对外战争的节节胜利，罗马公有地的数量也有了明显的增加。表6-1提供的数字很好地反映了这一历史事实。

表 6-1　罗马公有土地变化情况表

| 时　期 | 公有地扩展情况 | 土地分配与殖民情况 | 公民人数与土地面积增长情况 |
|---|---|---|---|
| 维爱战争（公元前393—前383）之后 | 吞并埃特鲁里亚750平方千米土地（300 000犹格） | 罗马人每人4犹格。一说平民每人7犹格；在新地建4个城区和4个殖民地，安置无地贫民8 000人 | 公民：152 000人土地：1 600平方千米 |
| 拉丁战争（公元前340—前338）之后 | 占领拉丁姆和卡普亚土地，从拉丁人和法勒努斯处没收300余平方千米土地 | 在拉丁姆分配2犹格土地，再在普利沃努姆增加3/4犹格，又在法勒努斯增加3犹格，约25 000人获得土地 | 公民：250 000人自由人口：750 000土地：6 216平方千米 |
| 征服意大利前后（公元前275—前219） | 24 000平方千米土地 | 建立沿海300人殖民地6个（安提乌姆，特拉契纳等）；建立2 000～5 000人的拉丁殖民地（卡莱斯、弗兰洁莱等）15个，约50 000人得到土地 | 公民：300 000人自由人口：1 000 000人土地：18 500平方千米 |
| 第二次布匿战争（公元前218—前201）及其后 | 占领山南高卢，萨姆尼乌姆、路加尼亚、阿普利亚、布鲁提亚土地约3万平方千米 | 建立沿海殖民地、农业公民殖民地、拉丁殖民地数十处，获地公民10多万人 | 公元前150年时，公民约310 000人，土地约55 000平方千米 |

续表

| 时　　期 | 公有地扩展情况 | 土地分配与殖民情况 | 公民人数与土地面积增长情况 |
|---|---|---|---|
| 格拉古时代（公元前 150—前 80） | 37 000 平方千米 | 约 20 余万人殖民（包括老兵）。格拉古改革中约 80 000 人分得土地 | 公元前 125 年时，公民约 39 万人 公元前 86 年时，公民约 463 000 人，土地约 130 000 平方千米 |
| 苏拉独裁后（公元前 80—前 30） | 恺撒吞并山北高卢领土 | 派遣老兵殖民，授予多子女公民土地，前、后"三头"使 30 余万人分得土地 | 公民：4 063 000 人 土地：216 000 平方千米 |

公有土地的发展过程中，首先受益的是富人，因为"只有他们才有所需要的资本，以购买开发森林与包收牧场租税的权利；只有他们才能获得为开拓荒地所需要的工人。他们所占有的土地，不只是他们已经耕种或正在耕种的土地。凡是他们认为今后和将来能开辟的土地，都算是他们的；这样一来，他们所侵占的土地就不再有任何限制了。关于 500 优盖路姆（犹格——著者注）的限制不再有什么问题了。规定这种最高限度的法律，也老早就已失效了。实际上，占有者不是所有者，他有占有权而无所有权。土地所有权是属于罗马人民的，属于国家的，这种权利是不能让渡的。除国家外，占有者能对抗一切，但他不能对抗国家。国家保证他对于他的财产的享受，但是国家靠征收田赋，来确定它的权利的永久性。在理论上是如此。在实际上，国家也不再要求这种田赋，土地占有人能免除这种负担，与他能免除李·赛法案（《李锡尼-赛克斯都法》——著者注）所加的限制一样。那末，当国家任其权利丧失时，他就开始忽视它。他既认为它无效，他就认为他自己是真正的所有者，而在他的'占有地'与他的私有地之间，他和国家本身就都不再认为有什么区别了"①。

应该说，国家把土地出租给个人开垦和耕种，在初期，尤其是在第

---

① ［法］杜丹：《古代世界经济生活》，221 页，北京，商务印书馆，1963。

二次布匿战争之后不久，是有积极意义的。① 因为在第二次布匿战争期间，汉尼拔出兵罗马，在意大利半岛辗转 16 年，对广大城乡尤其是中南部地区进行反复的骚扰和洗劫，使这些地区出现了庐舍成墟、田园荒芜的惨境。李维在论述第二次布匿战争对意大利农民的影响时曾这样写道："人们难以返回到他们自己的农庄，因为自由农民在战争中都被消灭了，奴隶缺乏，耕牛丧失，农庄惨遭破坏或被完全毁掉。"② 为了迅速恢复经济，发展生产，国家决定在战后把从路加尼亚和阿普利亚没收来的 2 000 000 犹格公有地出租给畜牧者和其他居民，同时又将坎佩尼亚的 200 000 犹格土地出租给当地和外地居民。这些出租地名义上收取收获物的 1/3 作为租金，但天长日久，租约松弛，国家不按时征收，包租人也故意偷漏，从而使公有和私有土地出现混乱局面，造成国有土地的大量流失。同时，国家有时为了克服财政困难或偿还私人债务而出卖或拍卖公有地。例如，第二次布匿战争期间，国家允许借给国家款项的私人债权人可以自由占有离罗马城 80 千米以内的任何一块公有土地，并以这块公有地的租金作为偿还款。③ 又如，公元前 205 年和公元前 199 年，也即在东方战争期间，国家就拍卖过坎佩尼亚的公有地。④ 这些措施都为庄园的兴起打下了良好的基础。

正因为如此，所以阿庇安在《内战史》的首篇就认定，占领公有地是罗马迦图式庄园形成的重要途径，并指出："富有者占领大部分未分配的土地(指公有土地——著者注)，时间过久之后，他们的胆子大了，相信他们的土地可以永远占用，不会被剥夺了。"⑤

罗马庄园形成的另一途径是买卖和兼并私人份地。罗马国家除了出

---

① 参见阿庇安：《罗马史》，1，7。阿庇安指出，罗马人把从战争中所取得的土地中的可耕之地马上分配给移民，或出卖，或出租。因为他们尚无闲暇时间分配那些因战争而荒芜的土地(这种土地通常是较大一部分)，他们宣布，凡愿意耕种这些土地的人，只从每年出产中缴纳谷物的 1/10、果类的 1/5 的实物税，就可以耕种。那些畜养家畜的人须缴纳动物税，公牛和小家畜都要缴纳。

② 李维：《罗马史》，28，11。
③ 同上书，31，13；25，36。
④ 李维：《罗马史》，28，46，4～6。
⑤ 阿庇安：《内战史》，1，7。

租或出卖公有土地外，还不时通过殖民或移民等方式，把土地分配给无地或少地的罗马公民。例如，拉丁战争（公元前 340—前 338）之后，罗马把所占拉丁姆的土地分给平民每人 2 犹格，后又把普利沃努姆的土地分给平民每人 3/4 犹格，还将法勒尼亚土地分给平民每人 3 犹格。[①] 获得土地的农民难以经营分散的份地，这就迫使他们不得不出卖一部分土地。此外，一部分庄园主也通过暴力的手段兼并他人份地。如阿庇安在《内战史》中所言："他们吞并邻近的地段和他们贫穷邻居的份地，一部分是在被说服之下购买的；另一部分是用暴力霸占的。"[②]如果士兵们同一个有势力的人为邻，那他们的双亲和年幼的子女就会从他们的家里被驱逐出去。[③] 不过，我们可以肯定，对小农的兼并并不是早期庄园兴起的主要途径。所以，在公元前 1 世纪以前的所有土地改革都是以限制或分配多占公有土地为其主要内容的。

意大利庄园的分布范围并不像原先人们所想象的那样，分布于整个意大利地区，而主要集中于中、南部意大利的沿海地区。这我们可从一些著名人物地产的所在地略知大概（见表 6-2）。

表 6-2　意大利部分庄园主情况表

| 土地所有者 | 身　份 | 地产位置 |
| --- | --- | --- |
| 西庇阿·阿非利加努斯 | 公元前 205 年执政官 | 里特努姆 |
| 盖乌斯·莱利乌斯 | 西庇阿的幕僚 | 普特奥里 |
| 雷必达 | 公元前 179 年监察官 | 塔拉西那 |
| 鲍鲁斯 | 公元前 219 年执政官 | 维里亚 |
| 马尔库斯·迦图 | 公元前 184 年监察官 | 卡西努姆、图斯库鲁姆、维纳弗努姆 |
| 凯里乌斯 | | 勿米埃 |
| 马　略 | 公元前 107—前 100 年六任执政官 | 贝埃等地 |

---

① 李维：《罗马史》，8，11，13～14。
② 阿庇安：《内战史》，1，7。
③ 萨鲁斯提乌斯：《朱古达战争》，41。参见狄奥·卡西乌斯：《罗马史》，48，9。

| 土地所有者 | 身　份 | 地产位置 |
|---|---|---|
| 鲁福斯 | 公元前 105 年执政官 | 勿米埃 |
| 苏　拉 | 公元前 81 年独裁官 | 普特奥里 |
| 马尔库斯·布鲁图斯 | 公元前 83 年保民官 | 阿尔巴山、提布尔、普利沃努姆等地 |
| 西塞罗 | 公元前 63 年执政官 | 阿尔平、勿米埃、庞培伊、库麦、图斯库鲁姆等地 |

罗马早期庄园分布于中、南部意大利地区的主要原因在于这些地区土质肥沃，气候适宜，交通运输都很方便。同时，这一带又正好是公有荒地较多的地区。

# 四、迦图式庄园

## (一)迦图式庄园的劳动生产者

迦图式庄园是在公元前 2 世纪中叶兴起于意大利众多庄园中的一种，其经营的对象主要是农业。庄园的劳动者包括两部分，即奴隶和自由民。这种劳动力的混合使用是迦图式庄园区别于其他庄园的重要特征。

迦图式庄园的日常劳动者是数量适当的奴隶。迦图认为，240 犹格的橄榄园需要 13 名奴隶，他们是管家 1 人、女管家 1 人、园工 5 人、赶车的 3 人、赶驴的 1 人、放猪的 1 人、放羊的 1 人。100 犹格的葡萄园须有奴隶 16 人，即管家 1 人、女管家 1 人、园工 10 人、赶车的 1 人、赶驴的 1 人、照料柳树的 1 人、放猪的 1 人。[①]

在这种庄园内，奴隶间的分工非常细致。管家是庄园事务的具体管理者，他除了对庄园里的作物和牲畜进行管理外，最主要的任务是支配

---

① 迦图：《农业志》，10～11。

和监督奴隶进行劳动，使他们要么忙于工作，要么睡觉。蒙森对管家做过很好的解释。他说："管家（vilicus，源于 villa）为田庄上那群奴隶的领袖，这人收支款项、买卖物品、向地主请示，地主不在时，发号令、施惩戒。在他下面，有管家婆（vilica）管理住宅、厨房和食料室、家禽场和鸽棚，有若干田夫和普通农奴，又有一个驴夫，一个牧猪人，在养羊群之处，还有一个牧羊人。当然，人数视所行的耕作法而有不同。据估计，一个有200尤吉拉（犹格——著者注）耕地而无果园的田庄需要2个田夫和6个农奴；一个与上相同可是有果园的田庄需要2个田夫和9个农奴，一个240尤吉拉带有橄榄园和羊群的田庄需要3个田夫、5个农奴和3个牧人。葡萄园自然须费更多的劳力：一个100尤吉拉带有葡萄园的田庄备有1个田夫、11个寻常奴隶和2个牧人。管家所处的地位当然比其他奴隶自由；马哥的论著劝人允许管家结婚生子和拥有自己的资本；迦图劝人使管家与管家婆结婚，只有他一人如果品行优良可有从主人方面取得自由的希望。在其他方面，全体共成一户。奴隶与牛马无异，他们不是生长于田庄，而系在其能做工的年龄由奴隶市场买来；他们一旦因年老或疾病而不能工作，便又与其他废物同被送到市场。农场建筑（villa rustica）同时备有养牲畜的厩舍、储存粮食的堆栈和管家及奴隶所住的房屋；还有专供主人用的乡间别墅（villa urbana）也常建在田庄。每一奴隶甚至管家，其一切生活必需品都有人按定期、依定量替主人发给他；他须靠着这些维持生活。他这样得到由市场买来的衣履，受衣履的人只须把他们勤加修理；每月领小麦若干，每人须自行磨制成粉；也领得食盐、橄榄或咸鱼以调和他的食物和油酒。数量视工作而定；因此管家因工作较普通奴隶的轻松，所得的衣食数量也较普通奴隶的少。"[①]

庄园里的其他奴隶的职责也很分明，有的负责运输，有的赶驴，有的放猪，有的放羊，等等。庄园里的奴隶必须长年累月地为主人干活，就是遇到雨天和祭典日，也不例外。奴隶主为了防止奴隶逃跑和

---

① ［德］特奥多尔·蒙森：《罗马史》第3卷，320～321页，北京，商务印书馆，2005。

反抗，往往给那些"不老实"的奴隶带上镣铐，然后继续让他们参加劳动。

迦图式庄园从对奴隶的残酷剥削方面来看，可以说是和当时已经存在的另一种庄园，即使用纯奴隶劳动的庄园是一致的。但它们也有一些不同，这主要表现在迦图式庄园在剥削奴隶的同时，也剥削雇工等自由劳动者。

迦图式庄园是经营农业为主的庄园。农业尤其是葡萄、橄榄等种植业是季节性较强的生产部门。在农闲时期，它只要少数人手就能维持，而在农忙季节，则需要很多劳动力。在西欧，直至今天，仍然如此。许多专家在分析近来西欧橄榄种植衰落的原因时，皆一致指出："这是由于工人们宁愿寻求别的谋生之道，而不愿参加采摘橄榄，从而造成受雇人员缺乏。"[①]在现代的德国和法国，农场主还可以依靠学生等来帮助采摘，但在古代意大利（除了罗马城附近之外）很难找到这种非农业受雇者。因此，大量的临时劳动力只能来自小农，即那些自己有一个农场，并用它来维持其自身基本生活需要的自耕农民。农作物的这种季节性变化，要求庄园在劳动力的使用和分配上也相应地随之变化。迦图式庄园的庄园主正好认识并掌握了这一规律，所以能合理地使用劳动力。平时，他们只需驱使奴隶完成庄园的日常劳动；农忙时，庄园主则十分重视对自由劳动的使用。

从迦图的《农业志》中，我们能够明显地看出，迦图式庄园的许多工作都是由雇工或包工来完成的。这种工作主要包括建筑庄园、看守压榨房、压榨橄榄油等，其中最重要的还是橄榄和葡萄的采摘。雇工或包工在受雇或承包以前都必须向主人或监管人发誓，保证在此期间不在地产上偷窃东西，并保证守规矩，按主人的吩咐采集橄榄等。工作完成后，庄园主则必须按规定付给雇工或承包人一定数量的酬金。有时主人还给他们一点奖励。如迦图在《农业志》中就有这样的规定：在橄榄的收获期

---

① F. P. Pansiot and H. Rebour，"Improvement in Olive Cultivation"（Food and Agriculture Organization of the U. N.，Agricultural Studies no. 50，1961），p. 215.

间，每收 1 200 斗橄榄，可得 5 斗盐醃橄榄、9 利布拉纯油和 5 夸德兰塔尔醋作为奖励。[①]

与此同时，迦图式庄园主还把部分土地出租给分益佃农（politier），让他们耕种，并给予一定数量的产品。庄园主与分益农之间的分成因地而异，不尽相同。在卡西努姆和维纳弗努姆地区的上好土地上，分益佃农一般能得收成的 1/8；在次等土地上，一般能得 1/7；在三等土地上，一般能得 1/6。如果以斗分配谷物，则能得 1/5。[②]

国外最近的研究表明，庄园中使用的雇工、包工和分益佃农，大部分都来源于小农，即自己有一个农场，并以它来维持其自身基本生活需要的自耕农民。[③] 这些临时劳动力在庄园的全年劳动需要量中占着很高的比率。

下面我们就以色特菲尼斯特维拉为例来说明这一问题。这一维拉位于埃特鲁里亚西北，大约存在于公元前 1 世纪，面积 250 犹格。据考古学家鉴定，在这一地产中，大约有 100 犹格土地种植葡萄，50 犹格种植橄榄，60 犹格土地种植谷物和豆类，其余的土地种植柳树等。这一地产上，大约有奴隶 20 名。[④] 据拉思伯纳统计，在收获季节，每 100 犹格的葡萄园至少须要雇佣 1 000 个临时劳动力，50 犹格橄榄园就得雇佣 750 个劳动力。[⑤] 而在 20 名奴隶之中，只有 18 名正式从事农业生产[⑥]，而且每年每人仅能提供 250 个劳动日。[⑦] 这就是说，仅在橄榄和葡萄的收获期，色特菲尼斯特维拉就须雇佣大量的临时劳动力，其数约占该地

---

① 迦图：《农业志》，144。

② 同上书，136。

③ E. Astin, *Cato the Censor*, Oxford, Clarendon Press, 1978, p. 248；M. I. Finley, *The Ancient Economy*, Berkeley & London, University of California Press, 1985, p. 107.

④ D. W. Rathbone, "The Development of Agriculture in the 'Ager Cosanus' during the Roman Republic: Problems of Evidence and Interpretation," *The Journal of Roman Studies*, Vol. 71, 1981, pp. 10-23.

⑤ *Ibid*., p. 13.

⑥ 另外两人为"villicus"和"villica"，即管家和女管家。

⑦ K. D. White, "The Productivity of Labour in Roman Agriculture," *Antiquity*, 1965, 39(154)：pp. 102-107.

产全年劳动需要量的 28%。这一数据本身就告诉我们维拉的劳动者绝不仅限于奴隶，它是以少量固定奴隶为主，辅之以大量临时劳动者的庄园。正因如此，所以迦图在选择庄园位置时，就特别注意庄园附近地区的劳动力。他认为庄园必须选择在"具有大量劳动者的地区（operariorum copia siet）"①。瓦罗则公开主张，在庄园中既要使用奴隶劳动，也要雇佣自由农民。②

另外，就经济意义而言，在农业部门中，使用纯奴隶劳动的庄园并不比雇佣自由人或使用奴隶和自由民混合劳动的庄园更有利可图。这是因为：

第一，奴隶价格昂贵。

据计算，一个普通的没有特殊技巧的奴隶，在罗马共和国及帝国时期，正常情况下其价格为 500 狄纳里乌斯（500 狄纳里乌斯合 2 000 塞斯退斯）。③ 当时每摩底小麦值 3 塞斯退斯，共可买小麦 4 吨多。所以一名奴隶的价格可供一个中等农户 4 年的食用花费。可见，奴隶价格并不便宜。④

第二，纯奴隶劳动的庄园并不比雇佣自由人或有奴隶和自由民混合劳动的庄园更有利可图。

当时的意大利主要存在着三种庄园，第一种是使用奴隶劳动，又利用附近自由劳动的庄园；第二种是完全使用奴隶劳动的庄园；第三种是使用分益佃农（metayer）的庄园。这三种庄园因其使用的人力不同，所得到的效果也截然不同。下面我们就以拥有 100 犹格土地且主要经营葡萄的庄园为例来说明这一问题。

---

① 迦图：《农业志》，1，3；4；5，4；144 以下。

② P. A. Brunt, "The Army and the Land in the Roman Revolution," *The Journal of Roman Studies*, Vol. 52, 1962, pp. 69-86.

③ M. I. Finley, *Slavery in Classical Antiquity: Views and Controversies*, Cambridge, W. Heffer, 1960, pp. 9-10. Richard Duncan-Jones, *The Economy of the Roman Empire: Quantitative Studies*, Cambridge, Cambridge University Press, 1974, p. 50.

④ D. W. Rathbone, "The Development of Agriculture in the 'Ager Cosanus' during the Roman Republic: Problems of Evidence and Interpretation," *The Journal of Roman Studies*, Vol. 71, 1981, pp. 10-23.

首先，我们假设这一庄园完全按照迦图和瓦罗的意见进行经营，即在维拉中，既使用奴隶劳动，又利用附近的自由劳动。那么这一地产的经济效益应为：

100 犹格地产的价格，按科鲁美拉所说的每犹格为 1 000 塞斯退斯计算，应为 100 000 塞斯退斯。迦图认为，酒的正常产量应为每犹格 1.6 库莱乌斯。而现代学者认为，这一产量太高。为了计算正确，笔者使用 20 世纪初期意大利酒的平均产量，即每犹格 1.17 库莱乌斯，按照这一比率，100 犹格葡萄园可生产 117 库莱乌斯葡萄酒，而每库莱乌斯葡萄酒可值 200 塞斯退斯。所以，100 犹格葡萄园所生产的葡萄酒能获取 23 400 塞斯退斯利润。每一奴隶的平均购买价为 2 000 塞斯退斯，如果以 1 个奴隶平均劳动 20 年计算，奴隶主每年就须要支出 100 塞斯退斯，迦图购买的 16 名奴隶，平均每年就须支出 1 600 塞斯退斯；按拉思伯纳计算，在收获季节，每 100 犹格的葡萄园至少须要雇佣 1 000 个临时劳动日的劳动力，若按每天 2 塞斯退斯算，那么 1 000 个劳动日的劳动力就须支出 2 000 塞斯退斯。[①] 这样，整个庄园的经济效益就为 19 800 塞斯退斯，其经济效益为地产总价格的 19.8%。

如果奴隶主仅用奴隶劳动来经营这一庄园，那么他就必须再增加 40 名奴隶来替代维拉在农忙时所雇佣的 40 名自由劳动者。[②] 那么这一地产的相对经济效益应为：

| | |
|---|---|
| 地产价格 | 100 000 塞斯退斯 |
| 葡萄酒所得利润 | 23 400 塞斯退斯 |
| 购买 56 名奴隶所需费用(平均每年的费用) | 5 600 塞斯退斯 |
| 相对经济效益 | 17 800 塞斯退斯 |

之所以称为相对经济效益，是因为奴隶主还得养活 40 名奴隶。为

---

① Richard Duncan-Jones, *The Economy of the Roman Empire: Quantitative Studies*, Cambridge, Cambridge University Press, 1982, pp. 45-54.

② 据迦图计算，一个 100 犹格的葡萄园在农忙时须要雇佣 40 名自由劳动者。参见《罗马研究杂志》，1981。

此，他必须扩大粮食的种植面积，或在市场上购买粮食以满足另加 40
名奴隶的生活需要。17 800 只能算作相对经济效益。如果要得出绝对经
济效益则还需要减去养活 40 名奴隶的费用，因此，绝对经济效益会比
17 800 低很多。

至于完全使用分益佃农给奴隶主带来的经济效益也会比使用纯奴隶
劳动的高。因为这种庄园奴隶主不用花费管理成本，也不用花费养活奴
隶的成本，而分益佃农又由于耕种的农作物与自己的利益密切相关，所
以更容易把自己的精力放在土地的精耕细作上，以获取更好的收成。正
因为如此，所以，当时或稍后的罗马农学家，像迦图、科鲁美拉等都主
张把一些地产出租给佃农耕种。[①]

综上所述，我们可以清楚地看到，使用纯奴隶劳动的庄园并不十分
有利。迦图式庄园之所以能比小生产者生产出更多的剩余产品，绝不仅
仅是奴隶劳动优于小农生产所致，而在很大程度上是剥削附近自由农民
之剩余劳动所造成的。我认为，这也是迦图式庄园之所以于公元前 1 世
纪中叶在意大利流行的主要原因。

总之，在奴隶价格还相当昂贵，生产力还相当落后的古代，庄园与
自由劳动力之间还存在着密切的关系。奴隶主想在庄园中获取利益，必
须依靠附近的自由农民。[②]

迦图式庄园除了使用奴隶和自由人劳动之外，庄园主必须亲自参加
劳动，亲手管理和经营庄园。监察官迦图就是典型的一例。据普鲁塔克
记载，迦图在从政以前，以及在退出公职之后，都经常在庄园中监督奴
仆劳动。[③] 因为这些庄园的庄园主知道，"农庄之最大不幸莫过于主人

---

① 这里只想说明一下上述三种庄园大致的经济效益，所以没有标上建筑折旧，奴隶所需
要衣服等别的消费。笔者觉得这些消费数对计算百分比没多大影响，也正因为如此，所以上
述三种地产的经济效益都是偏高的。迦图：《农业志》，136～137；科鲁美拉：《论农业》，1，
7，6。

② E. Astin, *Cato the Censor*, Oxford, Clarendon Press, 1978, p. 247；D. W. Rathbone,
"The Development of Agriculture in the 'Ager Cosanus' during the Roman Republic: Problems
of Evidence and Interpretation," *The Journal of Roman Studies*, Vol. 71, 1981, pp. 10-23.

③ 普鲁塔克：《马尔库斯·迦图传》。

不亲自经营而听任管家自由管理"①,"如果农庄主人本人不经常亲自监督工作,那么全部事业就会处于停滞状况,如同军队司令员不亲自指挥督战一样"②。而据科鲁美拉分析,迦图之所以劝告庄园主在道路旁购买地产的原因之一,就在于便利主人对庄园的管理、经营和监督。监督劳动是迦图式庄园存在的重要条件。马克思指出:"凡是建立在作为直接生产者的劳动者和生产资料所有者之间的对立上的生产方式中,都必然会产生这种监督劳动。这种对立越严重,这种监督劳动所起的作用也就越大。因此,它在奴隶制度下所起的作用达到了最大限度。"③庄园主的严密监督,一方面使奴隶和雇工能够自动地遵守那种严格的劳作制,把奴隶和雇工的作用发挥到理想状态;另一方面又能使劳动力与土地之间达到最理想的配合,节省劳动力的不少成本,而这一点正是其他庄园的庄园主所做不到的。

**(二)迦图式庄园的作物种植**

迦图式庄园是经营多种作物还是以单一作物为主,这是国内外史学界一直纠缠不清的问题。弄清这一问题,将对我们分析和评价这类庄园起到至关重要的作用。而要做到这一点,就必须对以下这段话做出正确的理解。这段话的拉丁原文是:

> Praedium quod primum siet. si me rogabis sic dicam: de omnibus agris optimoque loco jugera agri centum vinea est prima. Si vino bono et multo est. secundo loco hortus. tertio salic tum. quarto oletum. quinto pratum. sexto campus frumentarius. septimo silva caedua. octavo arbustum. nono glandaria silva. ④

过去,人们往往把迦图提到的 100 犹格庄园理解为仅是经营某一经

---

① 科鲁美拉:《论农业》,2。
② 同上书,1。
③ 《马克思恩格斯全集》第二十五卷,431~432 页,北京,人民出版社,1974。
④ 迦图:《农业志》,1,7。

济作物的庄园。<sup>①</sup> 其实并非如此。

为了正确地领会作者的原意，我们不妨先引用一下另一拉丁作家普林尼对这段话的理解。普林尼曾在《自然史》中这样写道：

> 根据迦图的意见，在一个农场中最有利可图的部分是葡萄园……其次便是灌溉菜园；如果它们是分布在城镇附近，那么他的意见是正确的。<sup>②</sup>

在这里，普林尼很明确地告诉我们，迦图所设想的 100 犹格地产并不是"专门生产某一种供应市场需要的农产品"的庄园，它完全是生产多种作物的混合型庄园。所以，我认为迦图的原文应该翻译为：

> 如果你问我什么样的地产是最好的，那么我将这样回答：就拥有各种耕地且位置优越的 100 犹格土地而论，葡萄园应放在最重要的位置，如果它能生产出上等葡萄酒且产量丰厚的话；灌溉菜园第二；柳林园第三；橄榄园第四；草地第五；谷田第六；可以割取树枝的森林第七；藤蔓可沿树木缠绕的葡萄园第八；橡实树的森林则居第九。<sup>③</sup>

从字面意思和迦图的上下文联系考察，上述翻译也完全符合作者的真实意图。

作者在设想这一地产以前，就明文规定它是包括各种耕地（de omnibus agris）的 100 犹格土地。这本身就意味着下面提到的葡萄、橄榄、谷物等一同被种植于一个地产当中。因为在改造自然的能力还很低的古

---

① 这主要是理解和翻译问题，科瓦略夫曾把这段资料译为："如果你问我，哪种地产放到第一位，我是这样说的：种植一切作物和地位最好的一百优盖鲁姆（犹格——著者注）土地；第一位的是葡萄，如果它可以造好酒或出产许多酒的话；第二是浇水的菜园；第三是柳林；第四是橄榄园；第五是草地；第六是粮食地；第七是森林（可以割取树枝）；第八是果园（蔓可以缠生在那里的树上）；第九是可以取实的森林。"［苏］科瓦略夫：《古代罗马史》，441 页，北京，生活·读书·新知三联书店，1957。

② 普林尼：《自然史》，18，6，28；18，7，32，"ille in agro quae stuosissimam judicat vitem ... proxime hortus irriguos"。

③ 迦图：《农业志》，1，7。

代，作物的生长完全依赖于土壤等自然条件。① 各种作物因其性能不同，它所需要的土地也不尽相同。有的土地适宜种植葡萄，而有些土地则适宜种植谷物……罗马地产中包含的多种土地既是种植多种作物的需要，也是经营多种作物的反映。有关这方面，迦图在下文里说得更加明确。他认为："土地肥沃且无树的地方，应种植小麦。在同一种土地里面，假如上面有雾气，最好种植油菜、萝卜、黍稷。在肥沃且暖和的土地上应栽植橄榄。在田地边沿和道路两边应种植榆树和白杨，以便牛羊有叶可吃。在朝阳且堪称最好的地区种植葡萄。田的四周种植柳树和芦苇等作物。"②迦图在另一处还十分强调这一原则，他指出："在同一地产中，必须种植任何适宜的东西。"③正因为如此，所以他劝告别人在购买地产之前必须先了解一下这一地产中作物的生产情况，以及酒、粮食和其他所有作物的产量。④

总之，迦图在提及庄园时，始终都没有离开因地制宜、多种经营这一原则。迦图式庄园也一直是一个生产多种作物的混合型庄园。在那里，既存在着家畜的饲养，又存在着粮食等多种作物的种植⑤；既有生产和贮藏橄榄油及葡萄汁的工具，又有种植和存放粮食的设备⑥。生产者的日用品主要依赖于庄园自身。⑦

实际上，不但"迦图式庄园"经营多种作物，就是晚于迦图时代的庄园也是如此。比迦图略晚的古典农学家，如瓦罗、科鲁美拉等始终都没有提倡过庄园的单一经营(即只耕种一样作物而排除其他一切作物)。在科鲁美拉设想的庄园中，既有橄榄、葡萄等经济作物，又有谷物等粮食作物。⑧ 马

---

① 参见瓦罗：《论农业》，1，4，2～5；1，6；1，7。普林尼：《自然史》，18，7，34。

② 迦图：《农业志》，6，1～3。参见[古罗马]M.P. 加图：《农业志》，北京，商务印书馆，1986。

③ 同上书，7。

④ 同上书，8～9。

⑤ 迦图：《农业志》，150；1，7；2，2；8，1；9；50，1；149。埃纳斯特·布列哈特：《监察官迦图论农业》，23。

⑥ 迦图：《农业志》，10，11。

⑦ Donald R. Dudley, *The Romans*, London, Hutchinson, 1970, p.79.

⑧ 科鲁美拉：《论农业》，1，2，4～5。

契尔和普林尼等经营的庄园也是如此。[①] 虽然瓦罗在其《农业志》中曾简略地提及过庄园从外地购买谷物或酒的情况，[②] 但他所提及的这些庄园，主要是指罗马城附近的专业化庄园，以及那些不适合种植各种作物的庄园。

迦图式庄园的多种经营，实际上并不是偶然的现象。它的存在有其深刻的经济根源和经济前提。

首先，它是经济落后的必然产物。这种经济落后主要表现在生产力水平低下，商品、货币关系还不发达，[③] 水陆交通也较困难等。这些状况的存在，严重地阻碍了庄园与外部市场之间的联系，使迦图式庄园内部的多种经营具有必要性。

其次，它也是庄园主在有限条件下，获取较好收成，保护自身利益的最好手段。这是因为产品的多样化能使劳动力得到充分的利用。[④] 众所周知，劳动力的合理使用，是庄园经济区别于小农经济的主要特征之一，它也是迦图式庄园能够生产出比自耕农更多的剩余产品的主要原因之一。而种植不同的作物，则可使劳动力得到合理使用。因为不同作物按其性质不同，其播种及收割等活动的时间也不尽相同，因此，它们所需的劳动时间及劳动力分配也不会相同。

同时，产品的多样化也能为庄园主提供双重利益。例如，饲养家畜可以提供许多肥料，并用它来改良土壤[⑤]，等等。

此外，迦图式庄园的多种经营还可以依赖它已有的储备物来防备因某些庄稼歉收而引起的各种饥荒。在古代社会，饥荒是很常见的现象，这种现象的存在，就迫使庄园主在庄园内进行多种经营。而这种经营又

---

① Cedric A. Yeo, "The Economics of Roman and American Slavery," *Finanzarchiv / Public Finance Analysis*, 1951/1952, New Series, Bd. 13, H. 3 (1951/1952), p. 451.

② 瓦罗：《论农业》, 1, 16, 2～3。

③ Michael Crawford, "Money and Exchange in the Roman World," *The Journal of Roman Studies*, Vol. 60, 1970, pp. 40-48.

④ 科鲁美拉：《论农业》, 1, 8, 8；2, 12, 9；2, 21, 3；11, 1, 27～28；11, 2, 1～101。

⑤ 瓦罗：《论农业》, 2, 序言；科鲁美拉：《论农业》, 6, 序言, 2；8, 12。

为庄园免于破产创造了条件，使它"能够毫不费力地度过一段时期的短缺"①。同时，在风调雨顺之年，这些庄园还可以用高价出卖储藏中的剩余部分，从中获取高额利润。② 瓦罗实际上就是这样做的。他曾劝告庄园主去保存能够贮藏的物品，像谷物、葡萄酒、蜂蜜等，然后在市场上缺少这些物品的时候，才拿出来出卖。他认为这样做可以获取更高的利润。③ 当然他也知道，要经营这种投机活动，必须在庄园内种植多种作物，因为只有这样，才能避免别人用同样方法敲诈自己。④

从上述分析中，我们能够清楚地看出，共和末叶在意大利出现的迦图式庄园并不是单一地生产某种作物的庄园，而是生产多种作物的混合型庄园。这种多种经营的庄园比起单一经营的庄园来，显得更先进、更合理、更安全。

### (三)迦图式庄园的经营原则

关于迦图式庄园的经营原则，一般都认为它是以商品生产为主的庄园。⑤ 这种观点显然是受古史现代化影响的结果。

迦图在《农业志》中十分明确地指出："庄园主应该是一位卖者，而不是买者(patrerm famllias vendacem, non emacem esse opertet)"。庄园的这一性质也就决定了迦图式庄园的庄园主在经营庄园方面上必然具有双重特征。

首先是自然经济占据重要地位。主要表现在：第一，奴隶主通过直接的人身强制，对奴隶的劳动力实行实物占有。迦图式庄园的日常劳动者——奴隶，主要来源于买进和家生两种途径。但无论是买进还是家生，最初都离不开奴隶主对奴隶的人身购买。奴隶主从市场购买奴隶的

---

① Richard Duncan-Jones, *The Economy of the Roman Empire*: *Quantitative Studies*, Cambridge, Cambridge University Press, 1982, p. 38.

② Richard Duncan-Jones, *The Economy of the Roman Empire*: *Quantitative Studies*, Cambridge, Cambridge University Press, 1982, p. 146, note 2.

③ 瓦罗：《论农业》，1，69；1，22，4；3；16，11。

④ Richard Duncan-Jones, *The Economy of the Roman Empire*: *Quantitative Studies*, Cambridge, Cambridge University Press, 1974, p. 38.

⑤ [美]M. 罗斯托夫采夫：《罗马帝国社会经济史》，38~42 页，北京，商务印书馆，1985。另参见王阁森："迦图及其《农业志》"。

人身，而不是像资本家雇佣工人那样仅仅是购买工人的劳动力。在自然的人身形式上对奴隶实行占有，这是一种自然经济的因素。马克思曾经指出："奴隶制度，只要它在农业、制造业、航运业等等方面是生产劳动的统治形式（就象在希腊各发达国家和罗马那样），也保存着一个自然经济的要素。奴隶市场本身是靠战争、海上掠夺等等才不断得到劳动力这一商品的，而这种掠夺又不是以流通过程作为媒介，而是要通过直接的肉身强制，对别人的劳动力实行实物占有。"①也正是这一要素决定了奴隶制经济与资本主义商品经济的本质区别。第二，在需要方面，庄园力求自给自足。迦图认为："庄园主不应买你所需要的东西，而该买你不可能生产的东西。对于你所需之物，即使花费很少也是昂贵的。"②迦图式庄园就是按照这些指导思想组织生产的。庄园主对于庄园内需要的，尽量自己生产而不求于人。在作物种植方面，庄园主力求多种经营，以满足庄园自身的需要。所以在迦图式庄园中，既能看到家畜的饲养和小麦等粮食作物的种植，又能发现葡萄、橄榄等经济作物的生产。甚至搭葡萄架的树枝，编筐用的柳条也都是自己种植的。在生产工具方面，庄园主极力提倡自备。在庄园里，既有许多能够发声的工具，如牛、驴等；也有许多无声的工具，如镰刀、犁、酒桶、陶缸等。在劳动力方面，迦图非常重视家生奴隶。他允许庄园内的部分奴隶结婚，经常借钱给奴隶，让他们生儿育女。据普鲁塔克记载，迦图十分重视对家生奴隶的培养，从幼年起，他就着手对他们加强训练，待他们长大以后留下其中的一部分以补充庄园所需的奴隶劳动力。迦图甚至有时让自己的妻子迦图娜给家生奴的婴儿哺乳，认为这样做可以使他们长大后更加忠诚。此外，庄园主都非常注重亲自培养和训练年轻奴隶。普鲁塔克说："迦图买了许多战俘奴隶，但主要是买年轻的，认为他们像小狗、马驹一样易于训练和教育。"③庄园内的建筑也比较完备，有奴隶的住宅，安

---

① 《马克思恩格斯全集》第二十四卷，539页，北京，人民出版社，1972。

② 迦图：《农业志》。

③ 参见普鲁塔克：《马尔库斯·迦图传》。

放榨油机的压榨房等，庄园内还能生产一些粗毛布，供奴隶使用。这些情况足以表明，迦图式庄园始终是一个比较完备的经济单位，在庄园的需要方面一直没有离开自给自足这一基础，只有自己不能制作的才去购买。第三，庄园还是"闭关自守的整体，同外界很少联系"，庄园主几乎不和附近的庄园发生联系。与此同时，他们还禁止奴隶随便离开农场，尽量不让他们与外人接触。迦图责成管家，不要游手好闲，要常淡泊自持，不要去别处赴晚宴……不奉主人之令不要贷款于任何人。种子、食物、小麦、酒、油，不得借给任何人，管家要有两三户人家可与之告贷，并贷给他们，此外不得贷给任何人。他命令女管家要履行自己的职责，要尽量少同邻居妇人以及其他妇女交往，不要接待她们到家里来，也不要在私室接待她们，不要到别处赴宴，不得闲游，等等。① 迦图的这些命令，固然与防止奴隶逃跑有关。但在另一方面，也很明显地反映了这种庄园的自保性质。

其次是在生产和交换方面，庄园与市场又有较密切的关系。迦图式庄园的生产目的并不仅是为了充分适应、满足庄园主的消费，而在很大程度上是为了"出卖"。迦图在《农业志》第二章特别告诉庄园主："年内缺少什么，要备办。多余的要售出……要进行竞卖。油价好时要卖出。粮酒有剩余时要出售。衰老的牛、羊及羊皮、兽皮、旧车、旧铁器、老奴、病奴，以及其他多余的东西，要卖掉。"正因如此，所以他在设置和安排庄园时非常注意赢利这一原则。

迦图要求庄园的位置要靠近海港或可以行船的河流，靠近繁华的城市或来往人多的大路。因为这样有利于市场的联系，使庄园生产的东西能很快被运往市场。

迦图在庄园中所经营的大部分是像葡萄、橄榄等有利可图的经济作物和家畜。为了获得最大的利益，迦图式庄园的庄园主都非常爱惜庄园内的生产者和生产资料。他命令管家"不可虐待奴隶，勿令奴隶受饥寒"。一般干农活的奴隶在冬季每人都能得到 4 斗小麦，夏季可得到

---

① 迦图：《农业志》，5。

4.5斗小麦。此数相当于或超过罗马士兵所得的口粮。他非常注意对牛的保护，在牛生病时给它喂生鸡蛋，在牛赶路时给牛蹄涂上石脑油液以防受伤。

综上所述，我们可以看到，迦图式庄园完全是以自给自足为基础，并带有某种商品经济因素的庄园。它既是自给自足的整体，又是商品生产的基地。

那么，迦图式庄园为什么在经营原则上会出现这种双重特征呢？也就是说为什么会不同于资本主义诞生以前的其他庄园的情况呢？这主要和以下原因有关。

第一，和它们所处的位置有关。迦图式庄园一般都处于大海、可以行船的河流、交通方便的道路以及繁华城市的旁边，这种优越的条件为创造财富提供了条件。因为他们可以随时了解城内消费者的需求，同时也比较容易把庄园里生产的商品运往市场。所以普林尼认为，迦图式庄园之所以有利可图，很大程度上就是因为它位于城市周围。

第二，和当时商品经济的发展有关。迦图式庄园是在生产、贸易和财富积累有了较大增长的情况下出现的，一开始就和商品生产有着密切的联系。庄园大部分都由购买而来，奴隶的来源也来自购买。奴隶是商品，可以从一个所有者手里转到另一个所有者手里。而且奴隶又连同自己的劳动一次性地被永远卖给自己的主人。所以，主人一方面让奴隶劳动；另一方面必须满足劳动者的生活资料需求以维持其自身的再生产。这一情况就与中世纪庄园的情况完全不同。为了使这笔投资不至于赔本并进而获得更多的利润，庄园主就必须一方面督促奴隶在庄园里生产；另一方面又要加强与市场的联系，使庄园生产的产品能够成为市场上的商品，实现它的价值。而庄园地理位置上的优越性则为它提供了便利条件。

总之，迦图式庄园是公元前1世纪中叶流行于意大利地区的主要庄园类型之一，通过对这类庄园的研究可以使我们进一步认清这类庄园有利可图的真正秘密。对庄园的研究做一总结将有助于进一步说明奴隶制社会的经济形态。

从庄园的劳动力上看，它并不像人们以前所想象的那样是纯由奴隶组成的，而是既有奴隶也有自由民，而且自由民的劳动在全年劳动总量中所占的比重还不小。庄园的主人也没有发展到像"不在地主"那样的程度，他亲自参加劳动，管理庄园的事务。

上述研究也证明，迦图式庄园并不是"专门生产某一种供应市场需要的农产品"的庄园，它经营的作物品种繁多，范围广泛。

这种庄园由于其生产目的上的双重性，决定了它在经营原则上的双重特征：一方面满足庄园内部的需要；另一方面又进行一些商品生产以满足市场的部分需要。

综上所述，我们基本上能够对迦图式庄园下一个比较合理的定义：它是类似于迦图《农业志》中所描述的，规模中等，既使用奴隶劳动又利用附近自由民劳动的庄园；同时，它也是一种经营多种作物、以自给自足为基础又带有某种商品经济因素的庄园。

# 第七章　共和末叶罗马的
## 土地改革运动

　　土地是人类进行生产、生活等一切活动的场所，是人类所需要的一切生产、生活资料的基本来源，是农业生产不可缺少的生产资料和劳动对象。在古代罗马，土地对每个人的影响更大。马克思曾经说过："不久前我又仔细研究了奥古斯都时代以前的(古)罗马史。国内史可以明显地归结为小土地所有制同大土地所有制的斗争，当然这种斗争具有为奴隶制所决定的特殊形式。从罗马历史最初几页起就有着重要作用的债务关系，只不过是小土地所有制的自然的结果。"①这种小土地所有者和大土地所有者之间的斗争到公元前 2 世纪中后期以后发展到了顶点，对当时社会产生了深刻的影响。

## 一、提比略·格拉古土地改革

### (一)提比略·格拉古改革的原因

　　提比略·格拉古出身于著名的塞姆普罗尼乌斯氏族。父亲提比略乌斯·塞姆普罗尼乌斯·格拉古斯(Tiberius Sempronius Gracchus)是罗马著名的政治家和军事家，曾担任过执政官和监察官等高级官职。西塞罗认为，他是一位睿智而严厉的人，尽管不善于言辞，但却经常地，特别是在他任监察官期间，挽救了共和国。母亲科尔涅里娅是罗马名将西庇

---

　　① 《马克思恩格斯全集》第二十八卷，438 页，北京，人民出版社，1973。

阿·阿非利加努斯的女儿，是罗马著名的知识女性。公元前 146 年，罗马军队入侵迦太基，年仅 17 岁的提比略·格拉古随军出征。公元前137 年，他再次受命出任随军财务官，并开始在政界崭露头角。公元前134 年，提比略·格拉古竞选下一年度保民官，并顺利当选，就任后不久，他就对罗马的公有地分配制度进行了改革。

提比略·格拉古改革是公元前 2 世纪罗马史上的一件大事，国内外史学界对此都做过大量的研究。但是，直到现在，几乎所有的史学家都没有把它放在罗马领土扩张、国家快速发展这一背景下加以考察，而仅仅把它简单地说成是为了恢复小农经济而已。他们常常把格拉古兄弟改革当作意大利小农大量破产的主要证据，认为格拉古兄弟改革的主要原因便是大量破产的小农，以及由此而来的军队数量缺乏。而格拉古改革的目的就在于用分配公有土地的方法挽救大量破产的小农，从而解决罗马的兵源问题。①

诚然，传统观点基本上已经抓住了格拉古改革的主要目的，即解决罗马的兵源问题，这无疑是正确的。因为根据古典史料记载，格拉古进行改革的目的，并不在于获取金钱，而主要是为了获得数量众多的公民。② 正因如此，所以上述观点也有其合理的一面。况且在公元前 2 世纪后期，罗马也确实存在少量小农破产的现象。

然而，这并不是说，传统观点完全正确。其实，它还存在着许多片面性和不正确性。这主要表现在以下几个方面：

第一，概念混淆。因为传统观点所使用的大部分材料都来自阿庇安的《内战史》，所以必然犯有阿庇安所犯的错误，混淆了罗马人和意大利人之间的关系，把格拉古改革这一完全属于罗马公民内部之事说成全意大利人之事，从而为其提出错误结论提供了前提条件。

第二，推论错误。传统观点并没有从罗马的扩张、征服方面来分析其兵源缺乏的原因。而简单地把罗马兵源的缺乏归之为小农的大量破

---

① Donald R. Dudley，*The Romans*，London，Hutchinson，1970，pp. 78-87.

② 阿庇安：《内战史》，1，11。

产。这本来就不符合罗马的实际情况。

众所周知，古代罗马的征兵原则是"兵农合一""兵藏于民"。有农则有兵，有兵则有农，公民兵和公民的人数基本上适合小国寡民的状况。罗马共和国早期的情况就是如此。但到公元前 2 世纪以后，由于罗马领土的扩张，军事活动的加剧，公民兵人数出现了相对减少的趋势。这固然与小农的破产有一定的关系，但主要还是罗马疆域的迅速扩大和公民兵制受自身条件的束缚所致。

为了说明这一问题，我们有必要先了解一下罗马的领土扩张。

罗马原先只是一个局限于意大利半岛中部第伯河畔的一个小国，后来经过几个世纪的对外战争，先后战胜了埃特鲁里亚人、萨姆尼乌姆人以及南部意大利人，征服了整个意大利半岛。公元前 264 年以后，罗马又把其势力扩张到海外，征服了迦太基、西班牙、马其顿和希腊等地区，并在这些被征服区内建立从属于罗马人统治的行省。据统计，公元前 241 到前 131 年，罗马在地中海周边已设立了西西里、撒丁尼亚、山南高卢、伊利里乌姆、远西班牙、近西班牙、阿非利加、马其顿、亚细亚 9 个行省。高卢南部、多瑙河南岸地区和小亚北部(俾提尼亚、本都、亚美尼亚等地)、叙利亚和埃及等地虽然尚未被直接吞并或征服，但已深受罗马政策的影响。

随着海外扩张和疆域的扩大，尤其是行省的大量建立，罗马于是就需要将大量的军队派往这些远离意大利的地区，维持臣服居民对罗马的忠诚。据李维记载，自公元前 197 年设立远、近西班牙两个行省后，罗马每年都得派 4 个军团(22 000 多人)前去维持那里的秩序。[①] 派往其他行省去的军队，虽然没有这么多，但想必也不少。一旦行省出现暴动或暴乱，那么罗马所要动用的兵力则更多。例如，公元前 138 年，西西里岛爆发第一次奴隶大起义，最初参加起义的人数并不多，但后来发展迅速，一度发展到 20 万人，起义军几乎控制了西西里岛的中部和东部地

---

① Richard Edwin Smith，*Service in the Post-Marian Roman Army*，Manchester，Manchester University Press，1958，pp. 1-9.

区。罗马曾数次派执政官前往镇压都无法达到效果。又如，在公元前
137 到前 133 年，西班牙北部的努曼底亚人连续发动暴乱，罗马政府几
乎派了所有能够征用的军队，还是不能把它镇压下去，最后只得动用志
愿兵的力量才消灭了这支反抗力量。① 在公元前 2 世纪，这样的例子还
很多。有的时候，政府还不得不用释放奴隶的方法来补充罗马的军队。
西西里总督涅尔瓦的释奴事件便是明证。这一事件的经过是这样的：据
狄奥多鲁斯记载，公元前 104 年，罗马军队的人数严重短缺，元老院于
是便命令行政长官审查自由民出身的奴隶，并予以释放，让他们参加罗
马军队。西西里总督涅尔瓦在接到这一命令以后，很快便释放了 800 名
奴隶，让其从军。② 这些事例都说明，罗马的军事需要量到公元前 2 世
纪时已有了快速的增长。据霍普金斯估计，在公元前 2 世纪，罗马大约
每年都得有 13 万人出征海外，虽然有一部分士兵来自意大利人，但主
要的还是来源于罗马的公民。③ 这么大的数量在共和国早期是根本不存
在的。

上述情况足以说明，靠武力征服建立起来的罗马国家，更需要用武
力来维持其统治。为此，它必须有无数的战士，大量的军队。然而，一
直在罗马流行的公民兵制却又严重地阻碍了上述需要的满足。

大家都知道，罗马的军队一般来源于自备武装且占有土地的农民公
民，他们战时披甲打仗，保家卫国；平时解甲归田，辛勤耕耘。因为服
役公民必须自备武装，所以，早在塞尔维乌斯·图里乌斯改革时，就对
这些公民的财产资格做出了规定，其最低数额不得少于 11 000 阿司。④
以后虽有所下降，但罗马的军事制度即公民兵制，在马略改革以前一直
未变。如果说，这种制度完全适合小国寡民的早期罗马共和国的话，那
么对于地域辽阔的后期罗马共和国来说，它就显得不大适应了。因为数

---

① 普鲁塔克：《马略传》。
② 西西里的狄奥多鲁斯：《历史集成》，36。
③ K. Hopkins, *Conquerors and Slaves*: *Sociological Studies in Roman History*, Cambridge & New York, Cambridge University Press, 1978, p. 31.
④ 李维：《罗马史》，2，42~43。

量有限的公民兵根本不可能满足由于征服和领土扩大而出现的对军队的需要。这就是说，在公元前2世纪，罗马已经出现了军队需要和供给之间的严重脱节和矛盾。

面对上述矛盾，罗马政府曾采取过一系列补救措施，如反对公民独身，鼓励甚至奖励生育，降低服役公民的财产资格要求，延长士兵的服役年限，让不到服役年龄的男性青年参加军队等。但这些措施并没有从根本上解决罗马的兵源问题。不仅如此，而且还由于无形中加重了罗马公民的负担，从而引起了公民阶层的破产和不满。公元前151年和公元前138年，受人民支持的保民官曾两次逮捕了在公民中强迫征兵的执政官，使得这两年的征兵运动被迫停顿下来，这在罗马共和国早期是极少见的。① 正是在这种情况下，罗马才出现了以提比略·格拉古为代表的政治改革家，他们开始用土地改革的方法来解决罗马的兵源问题，企图通过土地改革来增加公民的人数。

综上所述，提比略·格拉古所要解决的问题主要是如何获取军队兵源的问题，这也是公元前2世纪罗马所面临的重要问题。罗马在当时之所以会出现兵源的大量缺乏，原因并不在于小农的大量破产，而主要在于罗马领土的扩大、军队需要的急增以及随之而来的公民兵人数的相对减少。至于提比略·格拉古所实行的土地改革，则完全是解决这一问题的手段而已。

### (二)提比略·格拉古改革的内容

公元前133年，提比略·格拉古在顺利当选为人民保民官后不久，就联络阿庇乌斯·克劳狄乌斯、斯凯伏拉、克拉苏斯等在罗马政界有重要影响的元老，并在他们的积极支持下，提出了一个土地法案。这一法案规定："那些违令受处分和那些非法占用土地应受罚款的人，在取得国家给予的赎价之后，应放弃非法占有的一切土地，并允许把这些土地给需要援助的公民们去占有。"② 可是这一法案遭到了富人们的强烈反

① 李维：《罗马史》，概要，48；55。
② 普鲁塔克：《提比略·格拉古传》，9。

对。于是提比略·格拉古提出了更加激进的土地法案。法案规定任何人占有公有地都不得超过 500 犹格，若有儿子，每个成年儿子可在 500 犹格的基础上再加 250 犹格，但每家的占地总数不得超过 1 000 犹格。凡超出此数者必须把多余土地"无补偿地"交还国家[①]，由国家把它划分成每块 30 犹格的份地，分给无地或少地的农民。此外，法案还规定公民分得的土地必须世袭使用，不得出卖或转让。[②] 为了实施这一法案，提比略·格拉古建议成立一个由三人组成的特别委员会（Triumviri agris）授权处理有关分配土地的一切事务，三人委员每年应当更换一次。

有人认为，提比略·格拉古所提出的土地法案实际上是 200 多年前通过的《李锡尼-赛克斯都法》[③]的翻版。我认为，这不符合实际情况，它们之间有着明显的区别。

第一，背景不同。在公元前 4 世纪中叶，罗马还仅仅占有中部意大利地区，实力还不很强，四周强邻众多，经济也较为落后，罗马的主要问题是为生存而战。到公元前 2 世纪末叶，罗马已完成了对地中海的征服，成了地中海地区的霸主，过去的竞争对手已不复存在，解决罗马内部的矛盾日趋重要。

第二，动因不同。促使李锡尼、赛克斯都改革的主要原因是债务问题。李维对此有过明确的分析，他说，国外愈是平静，"贵族的横暴和平民的痛苦也愈厉害，特别是那些债务，愈是逼着要偿还，也就愈加无从还起。平民们根本无法偿债。当他们被判定败诉时，就只能以自己清白名声和身体来满足他们的债主，以代替偿债。情形恶劣得不仅使平民

---

① 普鲁塔克：《提比略·格拉古传》，9。

② 阿庇安：《内战史》，1，10。

③ 许多人怀疑《李锡尼-赛克斯都法》的存在，认为在当时不可能存在占地超过 500 犹格的人。但大量证据表明这种怀疑是多余的。首先，因为在当时罗马刚刚从维爱取得了 30 万犹格的土地，除了一部分被以每人 4 犹格分配给平民外，仍有近一半的土地没有分配。其次，记录这一事件的文献资料很多，如公元前 357 年李锡尼违反了自己的法律而被罚款（李维：《罗马史》，7，16，9）；公元前 298 年，一些人因拥有超过法律规定的土地而被罚款（李维：《罗马史》，10，13）；公元前 293 年和公元前 193 年，在罗马又出现了同样的事件（李维：《罗马史》，10，47，4；35，10，11）。此外，迦图、阿庇安、普鲁塔克、瓦罗等古典作家也都提到这一法律的存在。

中比较低微的人遭此厄运，即使他们中的领导人也一样沦落下去"[1]，"可怕的债务压迫正提供了一个变革的绝好机会"[2]。而造成提比略·格拉古改革的原因则很复杂，它既有兵源不足的原因，也有小农破产和部分公民对现有的公有地分配不满等原因。

第三，目的不同。《李锡尼-赛克斯都法》出台的目的仅仅是对富有者加以限制，反对富有者多占、乱占公有地，不让他们无限制地占有公有资产，从而维护公民整体经济上的统一性。而提比略·格拉古的法案则不同，它不但要限制贵族富豪对公有土地的大量兼并，而且还专门设立机构来负责审理富人们多占土地的问题，以国家的力量把富人们多占的公有地夺回来，然后再将其分配给无地或少地的农民。

第四，内容不同。《李锡尼-赛克斯都法》除了限制公民占有大量土地外，还有债务法和执政官选举法，土地法只是其中的一部分。而提比略·格拉古的法案就只有土地改革法一项。

第五，涉及范围不同。李锡尼、赛克斯都法所涉及的范围较小，仅仅是部分富有公民。而提比略·格拉古的法案所涉及的范围则较大，而且也比较复杂，它不仅涉及罗马平民的利益，而且还涉及许多罗马富人和意大利富人的利益。[3] "他们集合成群，痛哭流涕，责难贫民不应分享他们的耕地、葡萄园和住宅。有些人说他们已经把地价付给他们的邻居了。难道他们的金钱会和土地一块儿丧失了吗？另外一些人说，他们祖先的坟墓在那些土地上，那些土地是他们的父辈分给他们的产业。另一些人说，他们妻子的嫁妆花费在这些土地上，或者说，这些土地已经作为嫁妆赠予他们的女儿们了。高利贷者拿出以这些土地作为抵押的债务证据来。各种痛哭流涕和愤慨的词句都可以同时听到。"[4] 正因如此，所以富人们对提比略·格拉古法特别害怕，也特别憎恨。"他们不能和过

----

① 李维：《罗马史》，6，34。
② 同上书，6，36。
③ 阿庇安：《内战史》，1，7。
④ 同上书，1，10。参见［古罗马］阿庇安：《罗马史》下卷，9~10页，北京，商务印书馆，1985。

去一样，不理会这个法案了。他们集合成群，百般阻止法案的通过。"①
富人们一方面攻击提比略·格拉古，声称他的目的是利用重分土地来扰
乱罗马政体，鼓动一个总的革命；另一方面又积极拉拢提比略·格拉古
的同僚保民官屋大维，希望他行使否决权，阻止提比略·格拉古法案的
通过。提比略·格拉古力图劝说屋大维放弃使用否决权，为达到这一目
的，他甚至应允用自己私人的钱来赔偿屋大维的地价，但遭到了屋大维
的拒绝。于是他决心利用保民官的权力来对抗反对派。起初，他禁止高
级官吏处理国家事务，封闭国库所在地撒图努斯神殿，力图以此来停止
国家机构的一切活动。与此同时，他又实行史无前例的宪法修改，以
"屋大维反对人民利益"为理由，向公民大会提出了建议：要求人民立即
解除屋大维人民保民官职务，选举其他更称职的人来替代他。这个建议
得到了 35 个特里布斯的一致同意，屋大维的保民官职务被解除。屋大
维被免职以后，提比略·格拉古的土地法案很快获得通过，成为法律
(Lex Sempronia)。提比略·格拉古本人、他的 18 岁的弟弟盖约·格拉
古和他的岳父阿庇乌斯·克劳狄乌斯被公民大会选举为三人委员会成
员，具体负责对公有土地的调查和分配工作。

　　从表面上看，提比略·格拉古似乎已经取得了决定性的胜利。但实
际上并非如此。由于意大利土地关系的复杂性，三人委员会调查和分配
土地的工作遇到了极大的困难。而这些困难又随着改革的深入有所增
加，变得更难处理。其中主要有：

　　第一，小农的资金问题。土地法只谈到把土地给予最贫困的公民，
但是没有规定给他们一些建设资金，以解决土地的经营问题。如果这一
问题不能解决，那么土地改革的计划就会全部落空。当时正值位于地中
海东岸的帕加马国国王阿塔劳斯三世(Attalus Ⅲ)去世，他临死前曾留
下遗嘱将他的王国赠给罗马人民。② 提比略·格拉古马上提出《亚细亚

---

　　① 阿庇安：《内战史》，1，10。

　　② 参见李维：《罗马史》，概要，58；斯特拉波：《地理学》，13，4，2；普鲁塔克：《提
比略·格拉古传》，14；阿庇安：《米特里达梯战争》，62；查士丁尼：《法学总论》，36，4，5。

行省管理法案》。法案建议立即接受阿塔劳斯三世的遗产，由公民大会全权负责管理这一亚洲领地，把阿塔劳斯的金库资金分配给接受土地的贫穷农民以作为其补助资金①，使他们得以购置一定的农具和必要的种子。这一法案提出后，立即遭到了贵族派的强烈反对。

第二，保民官的任期问题。按照罗马的体制，保民官为一年一选。但是，要完成这么庞大而又复杂的土地改革，提比略·格拉古一年的任期显然是不够的。为了确保他本人免于被弹劾，确保改革顺利进行，提比略·格拉古决定再度竞选下年度的保民官。这在罗马历史上是没有前例的。不过，选举的时间对提比略·格拉古极为不利。按照惯例，一般的选举都安排在秋季进行，而这次元老院却故意将其安排在夏季，也即许多农民都忙于农作不能进城参加选举之际，从而使提比略·格拉古的支持力量大为减少。选举举行了两天。当投票正在进行时，双方发生了械斗。结果，提比略·格拉古及其追随者300多人在争斗中被杀，他们的尸体被抛入第伯河内。

元老院对提比略·格拉古的追随者进行了残酷的镇压，但迫于舆论等方面的压力，并没有马上取消三人委员会及土地法。提比略·格拉古被杀后，土地委员会补充了盖约·格拉古的岳父克拉苏斯为新的委员。克拉苏斯和克劳狄乌斯死后又补选弗尔维乌斯·弗拉库斯和巴庇利乌斯·卡波为委员。提比略·格拉古的主要反对者也以与三人委员会合作为荣，他曾自夸自己是"第一个为了农夫的利益而将大群放牧者赶离公有土地的人"②。对于三人委员会当时的活动情况，我们可从下述碑文中略知大概。

公元前131年，"提比略·格拉古之子盖约·塞姆普罗尼乌斯·格拉古，盖约之子阿庇乌斯·克劳狄乌斯·普尔契，普市里乌斯之子普布里乌斯·李锡尼乌斯·克拉苏斯三人委员会在弗尔米斯（Formis）附近裁

---

① 普鲁塔克：《提比略·格拉古传》，14；李维：《罗马史》，概要，58。
② 《拉丁铭文集》第1卷，638号。

定和分配土地"①。

公元前 123 年，"马尔库斯之子马尔库斯·弗尔维乌斯·弗拉库斯，提比略·格拉古之子盖约·塞姆普罗尼乌斯·格拉古和盖约之子盖约·巴庇利乌斯·卡波三人委员会在埃克拉努姆附近裁定和分配土地"②。

稍后的石碑碑文也提到过这件事。例如，公元前 82 年或公元前 81 年，"代行政长官马尔库斯·特莱提乌斯·瓦罗·鲁古路斯根据元老院的命令主持了在庇撒努姆和法努姆被普布利乌斯·李锡尼乌斯、阿庇乌斯·克劳狄乌斯和盖约·格拉古三人委员会分配和裁定过的土地碑界的重建工作"③。这一碑文充分说明三人委员会曾在庇撒努姆和法努姆一带开展过有效的工作。

另外，从李维的记载中我们可以知道，公元前 131—前 125 年 6 年间，罗马的公民人数增加了 75 913 人。④ 这肯定与三人委员会的工作有关。

公元前 123 年，提比略·格拉古的弟弟盖约·格拉古当选为保民官。他继续执行提比略·格拉古的土地法，但因其将重点放在其他方面，所以效果不如提比略·格拉古明显。

小格拉古改革失败后不久，也即公元前 121 年，罗马制定了一个法律，允许占有土地的人出卖他们有争执的土地。富人们于是大胆地收买贫民的份地，或者找出各种借口以暴力掠夺他们的份地。此后，大约公元前 119 年，人民保民官斯柏里乌斯·托里乌斯提出一个法律，规定：分配国有土地的工作应该停止，但是土地应当属于那些现在占有它的人。占有者应当交付地租给人民，从地租收入得来的金钱应当被分配⑤。这一法律进一步明确了承租人的权利。不久以后，由于另一位保民

---

① 《拉丁铭文集》第 1 卷，640 号。
② 同上书，643 号。
③ 同上书，719 号。
④ 据李维记载，公元前 131—前 130 年，罗马的公民人数为 318 823 人，而到公元前 125—前 124 年的公民人数却增至 394 736 人。参见李维：《罗马史》，概要，59～60。
⑤ 阿庇安：《内战史》，1，27。

官的建议，这种地租也被废除，意大利的所有公有地除一小部分得到保留以外，其余的大部分都成了私有地产。格拉古的法律完全成了废纸。

### (三)提比略·格拉古改革失败的原因

对于提比略·格拉古改革失败的原因，史学界历来看法不一，论述各异。概括起来主要有以下两种观点。

第一种观点认为公元前 2 世纪后期，罗马正处于奴隶制经济高度发展的时期，土地兼并和小农的破产是历史的趋势，所以格拉古兄弟土地改革的失败，"与其说是由于反对者的阻挠，不如说是罗马奴隶制经济的发展使然"，"与其说在于反对派，毋宁说在于经济，公元前 2 世纪末，在奴隶制的全盛时期，不可能人为地使小农经济复活，而生活本身便扫除了土地改革中的那些空想的因素"[①]。或者说，"在当时奴隶制已经充分发展和高利贷猛烈发展的情况下，恢复和保持小土地所有制已经不可能"[②]了，故必然失败。或者说，提比略·格拉古改革以土地问题为中心，其着眼点是恢复小农经济和公民民主，"逆历史潮流而行，因而为历史的发展所否定"[③]。

很显然，上述观点都是认为提比略·格拉古改革失败的原因是由于当时罗马奴隶制高度发展，在这种情况下，提比略·格拉古想用土地改革的方法来恢复小农经济违背历史潮流，必然受到历史的惩罚，为历史的发展所否定。

另一种观点把提比略·格拉古改革失败的原因归结为主观和客观两方面，认为"从客观方面看，他们(指改革者)的政敌——元老贵族的势力过于强大。……从主观方面来看，改革派不但比较软弱，而且缺乏斗争策略"[④]。

这些看法不能说没有一些根据，也不能说没有一定的道理。但把它放在当时的历史条件下进行考察，我们便会发现，这些观点都存在着很

---

① ［苏］科瓦略夫：《古代罗马史》，492 页，北京，生活·读书·新知三联书店，1957。
② 《世界上古史纲》编写组：《世界上古史纲》下册，257 页，北京，人民出版社，1981。
③ 吴于廑：《格拉古改革》，载《历史教学》，1964(3)。
④ 王达天：《评格拉古兄弟改革》，载《华东师范大学学报》，1982(5)。

大的缺陷，或没抓住改革失败的主要原因，或在分析改革失败原因时不够全面。下面我们就逐个对上述两种观点进行剖析。

我们来看第一种观点。公元前 2 世纪以来，随着罗马共和国的海外扩张，罗马奴隶主阶级急剧地强大起来。他们仗势侵占"公有土地（ager publicus）"，用各种手段兼并小土地所有者的土地。要在这个时期限制土地集中，解决农民的土地问题，困难确实不少。那么，是否因此就能得出罗马在当时就无法解决小农的土地问题这一结论呢？我看未必。理由是罗马当时的生产力水平和奴隶制的发展程度还不可能完全排斥和阻碍小农经济的再生。

为了说明这一问题，我们有必要先研究一下公元前 2 世纪中叶罗马的奴隶制状况。

罗马是古代典型的农业国，土地是其最重要的生产资料，经营农业是古代罗马人眼中崇高的职业。公元前 2 世纪的农学家迦图对此说得非常清楚，他说："我们的祖先在赞扬一个好人时，就称赞他是一位种地好手，一位好农民。凡是受到这样赞誉的人，就被认为受到了最大的称赞。"[1]而罗马的法律也千方百计阻止贵族弃农重商。公元前 218 年，罗马颁布《克劳狄法》，明文规定禁止元老阶层较大规模地从事工商业活动。但无论如何，在公元前 2 世纪，意大利中部还是盛行中型庄园的地区。大量使用奴隶劳动的现象还很少见。这我们可从当时人迦图所留下的《农业志》中看得很清楚。

迦图认为，在拥有各种耕地且位置优越的 100 犹格土地里，葡萄园应放在最重要的位置，如果它能生产出上等葡萄酒的话，第二是灌溉菜园，柳林园第三，橄榄园第四，草地第五，谷田第六，采伐林第七……[2]庄园中作物的混合经营，实际上证明了其庄园的中等规模。因为由于技术和经济上的原因，葡萄园等的经营不允许大规模的土地集中。

迦图还认为，理想的庄园有 240 犹格的橄榄园或 100 犹格的葡萄

---

① 迦图：《农业志》，1。
② 同上书，1，7。

园。一般来说，240 犹格的橄榄园上的劳动力应有管家 1 人、女管家 1 人以及其他园丁 11 人，共计 13 人。而 100 犹格的葡萄园应有管家 1 人、女管家 1 人以及其他园工 14 人，共计 16 人。[1]

庄园上的这些劳动者主要是奴隶，他们是庄园中的日常工作者。除了奴隶以外，庄园还使用许多自由民劳动力。迦图曾提到耕作谷田和葡萄园的分益佃农、收集橄榄和榨橄榄油的雇佣工人，他们长期或短期地在庄园里干活。这部分人对于庄园经济的发展起着很大的作用。正因为如此，所以迦图在选择庄园时，最重视的条件就是在庄园附近必须有大量的自由劳动者。[2]

从迦图描写的农庄面积和人员配置中，我们能够看出公元前 2 世纪中部意大利庄园的一些情况：第一，面积一般为 100～240 犹格；第二，日常奴隶一般为十几名，但他们是庄园的主要生产者；第三，自由人劳动占很大比重，农忙时，这一现象更加明显。像这样的庄园，罗马贵族马尔库斯·朱里尼乌斯·布鲁图斯和盖约·莱利乌斯等在意大利中部也拥有。

19 世纪末，考古学家又在意大利中部发掘出了公元前 2 世纪左右的 33 处庄园遗址。其中有 32 处是中等规模的庄园，最著名的是波司科列阿尔维拉。它在维苏威山的山坡上，规模为 1 000 平方米。库吉森通过维拉的遗址分析了庄园的经济结构，明确指出，它是中等规模的奴隶制维拉。

由此看来，公元前 2 世纪的意大利中部是中等规模的奴隶制维拉占主导地位的地区。

意大利北部，特别是波河流域，由于在汉尼拔战争期间所受破坏较小，一直到帝国时代，小农经济还占主导地位，奴隶制始终没有得到很大发展。

在意大利南部，此时大牧场正在形成之中，它的比重，在整个意大

---

[1]　迦图：《农业志》，1，10～11。
[2]　同上书，1。

利范围内不占主要地位。况且，促使这些大牧场发展的最重要原因就是可以用少量的投资和不多的奴隶。据共和末叶的农学家瓦罗计算，每700～800头牲口只要有8人至10人看管就行了。<sup>①</sup> 足见在大牧场中，奴隶的使用是很少的。

现代学者一般都承认，大地产是使用奴隶劳动的主要场地。而罗马的大地产拉蒂芬丁在公元前2世纪还没有形成。因为拉蒂芬丁(Latifundia)一词首先是由公元前1世纪的农学家瓦罗提出来的，而且在他的著作中也仅用过一次。比瓦罗稍早的西塞罗等都不知道它。众所周知，西塞罗是一位见识很广、非常熟悉专门术语的人。他非常清楚"每一个多少有些名望的人的住所，他们所占有的田庄，他们的朋友以及他们的邻居，因此，无论走过意大利的哪一条道路时，他都能随便说出并且指明他友人的土地和庄园"<sup>②</sup>。但他根本没使用过"Latifundus"这一术语。就是瓦罗本人也没有对大地产的经营组织方式给予足够的重视。在他的《论农业》中，他所强调的还是中型庄园的经营。这充分表明，在公元前1世纪的瓦罗时代，大地产还是不常见的现象。某些苏联学者在研究了公元前1世纪意大利的经济情况后，明确指出："大地产在公元前1世纪意大利流行得并不广，它是不常见的现象，并且在很大程度上是一种新的现象。"<sup>③</sup>大地产的流行程度在公元前1世纪尚且如此，那么公元前2世纪就更不用说了。

综上所述，我们不难看出，在提比略·格拉古时代，奴隶劳动还没有在社会生产中占据重要地位，它不可能完全排除自由劳动。因此，过分夸大奴隶劳动在当时的比重，并以此来论证提比略·格拉古失败的原因的做法是值得商榷的。

实际上，造成公元前2世纪小农破产的因素，并不只是奴隶制的竞争，而主要的还是罗马的对外战争。

---

① 瓦罗：《论农业》，2，10。
② 普鲁塔克：《西塞罗传》。
③ 库吉森：《论共和国末期意大利大地产流行的程度》，载《史学译丛》，1957(5)。

从公元前 3 世纪末叶以来，罗马贵族为了掠夺更多的财富，就疯狂地向外扩张。战争的结果便是农民脱离生产。按照罗马共和时代的法律规定，公民的服役期限为 29 年，即从 17 到 46 岁。到 46 岁以后，可以退役为后备兵，直到 60 岁才完全免除兵役。在 46 岁以前也可退役，但必须参加过 16 到 20 次步兵战或 10 次骑兵战。据统计，自公元前 225—前 123 年，罗马军队中服役年限超过 16 年的士兵占士兵总数的 30%，服役年限达到 25 年左右的占 25%。[①] 服役期限如此之长，实际上已经使罗马小农变成了职业士兵。李维曾记录了一位名叫斯普里乌斯·李古契乌斯(Spurius Liguicus)的老兵的一次演说，从这里我们能够看到公元前 2 世纪罗马老兵阶层的大致情况。据这位老兵说，他曾于公元前 200 年参加了马其顿地区的战争，历时 3 年；接着他又于公元前 197—前 195 年，参加了在西班牙的战争。公元前 195—前 188 年，他又在希腊作战达 7 年之久。公元前 188—前 184 年，他又在西班牙任军团第一百人队长。这位老兵继续说，他共参加了 22 次战役，服役 16 年以上，受过 31 次嘉奖。[②] 从公元前 225 年开始，罗马士兵在全部男性公民中所占比例一直很高，这我们可以从下表中看得很清楚。[③]

表 7-1　罗马士兵所占公民比例数据表

| 年代(公元前) | 公民人数的估计 | 公民军队数的估计 | 全体男性公民中士兵所占的比例(%) |
|---|---|---|---|
| 225 年 | 300 000 | 52 000 | 约 17 |
| 213 年 | 260 000 | 75 000 | 约 29 |
| 203 年 | 235 000 | 60 000 | 约 26 |
| 193 年 | 266 000 | 53 000 | 约 20 |
| 183 年 | 315 000 | 48 000 | 约 15 |

---

[①] K. Hopkins, *Conquerors and Slaves*: *Sociological Studies in Roman History*, Cambridge & New York, Cambridge University Press, 1978, p. 34.

[②] 李维:《罗马史》，42，32~35。

[③] K. Hopkins, *Conquerors and Slaves*: *Sociological Studies in Roman History*, Cambridge & New York, Cambridge University Press, 1978, p. 33.

续表

| 年代（公元前） | 公民人数的估计 | 公民军队数的估计 | 全体男性公民中士兵所占的比率（％） |
|---|---|---|---|
| 173 年 | 314 000 | 44 000 | 约 14 |
| 163 年 | 383 000 | 33 000 | 约 9 |
| 153 年 | 374 000 | 30 000 | 约 8 |
| 143 年 | 400 000 | 44 000 | 约 11 |
| 133 年 | 381 000 | 37 000 | 约 10 |
| 123 年 | 476 000 或 366 000 | 32 000 | 约 7 或 9 |
| 113 年 | 476 000 或 366 000 | 34 000 | 约 7 或 9 |
| 103 年 | 400 000 | 50 000 | 12.5 |
| 93 年 | 400 000 | 52 000 | 13 |
| 83 年 | 1 030 000 | 143 000 | 约 14 |
| 73 年 | 1 030 000 | 171 000 | 约 17 |
| 63 年 | 1 030 000 | 120 000 | 约 12 |
| 53 年 | 1 030 000 | 121 000 | 约 12 |
| 43 年 | 1 480 000 | 240 000 | 约 16 |
| 33 年 | 1 600 000 | 250 000 | 约 16 |

　　士兵在全体男性公民中所占的比率如此之高，在前工业化国家中实属罕见。[①] 所以，马克思在《资本论》第三卷中指出："罗马贵族不断进行战争，强迫平民服兵役，阻碍了他们的劳动条件的再生产，因而使他们沦为贫民（在这里，贫困化，即再生产条件的萎缩或丧失，是主要的形式）而终于破产。"[②]

　　"除了战争以外，小生产者是保持还是丧失生产条件，取决于无数偶然的事故，而每一次这样的事故，都意味着贫困化，使高利贷寄生虫

---

　　① J. O. Lindsay ed., *The New Cambridge Modern History*, Vol. 7, *The Old Regime, 1713-1763*, Cambridge, Cambridge University Press, 1957, p. 179; p. 305; C. W. Crawley ed., *The New Cambridge Modern History*, Vol. 9, Cambridge, Cambridge University Press, 1965, pp. 32-64.

　　② 《马克思恩格斯全集》第二十五卷，677 页，北京，人民出版社，1974。

得以乘虚而入。对小农民来说，只要死一头母牛，他就不能按原有的规模来重新开始他的再生产。这样，他就坠入高利贷者的摆布之中，而一旦落到这种地步，他就永远不能翻身。"①马克思说："这种形式的高利贷资本，实际上会占有直接生产者的全部剩余劳动，而不改变生产方式……这种高利贷资本使这种生产方式陷入贫困的境地，不是发展生产力，而是使生产力萎缩，同时使这种悲惨状态永久化……因此，一方面，高利贷对于古代的和封建的财富，对于古代的和封建的所有制，产生破坏和解体的作用。另一方面，它又破坏和毁灭小农民和小市民的生产，总之，破坏和毁灭生产者仍然是自己的生产资料的所有者的一切形式。……高利贷不改变生产方式，而是像寄生虫那样紧紧地吸在它身上，使它虚弱不堪。高利贷吮吸着它的脂膏，使它精疲力竭，并迫使再生产在每况愈下的条件下进行。"②罗马的情况就是如此。李维曾经记录了一位百人队长的破产过程，他这样写道：

> 当这位百人队长在萨宾战争中服役时，田里的庄稼遭到了敌人的蹂躏，田庄也被烧毁，他所有的财产被抢劫一空，他的牲畜被驱走。正当他走投无路时，战争的捐税又来催逼他，他陷身于债务之中。这种债务又因为利息很重而大大地增多。结果是他祖上留下来的田庄被剥夺，后来又剥夺了他别的财产。最后又像一场瘟疫一般侵染到了他的身体上来。他被债主带走，陷身于奴隶状态，被送入地牢，受尽苦刑。过着求生不能、求死不得的生活。说完此话，他便将背上被鞭子笞打的新伤给大家看。③

这样的事在罗马可以说到处可见。公元前 326 年，罗马虽然废除了因债务而引起的人身奴役法，但高利贷业一直兴盛不衰。苏拉和恺撒都有过限制或规定高利贷利率的法律。

更何况，部分小农破产是一个历史现象，并不是只在公元前 2 世纪

---

① 《马克思恩格斯全集》第二十五卷，678 页，北京，人民出版社，1974。
② 同上书，674～675 页。
③ 李维：《罗马史》，23。

才有，其实早在共和早期和中期就已存在，它根本不是奴隶制的专有物。

历史表明，奴隶制并不是造成小农破产的唯一因素，更不是决定因素。因为小土地所有者能够用极紧张的工作和限制需要等办法在很长的时间里经受住来自奴隶制庄园的竞争压力。所以，用奴隶制经济的发展和它对小农的排挤来解释提比略·格拉古改革失败的原因是站不住脚的。

众所周知，在生产力低下的奴隶社会，对社会产生作用的绝不只有奴隶制一种因素，而往往有许多种。在众多的经济因素中，小农经济又占着重要的地位。小自耕农作为整体，始终存在。马克思指出："在过去任何时代，消灭单个分开的经济——这是与消灭私有制分不开的——是不可能的，因为还没有具备这样做的物质条件。"[①]在一定的条件下，一部分小农会失去土地，但在另一条件下，一部分小农又会重新获得土地。所以，要在提比略·格拉古时代恢复小农经济并不是不能办到的。这是因为：第一，从根本上说，个体农民所有制和个体经营方式适合古代社会低下的生产力水平；第二，主要代表上层贵族利益的国家对于小土地所有者也存在着很大的依赖性。

有些学者为了论证提比略·格拉古改革是奴隶制发展的必然结果，就不顾一切地夸大意大利奴隶制的发展程度，认为在公元前 2 世纪 30 年代，意大利的公有地已被奴隶主霸占完毕，根本没有土地可分。实际上，这完全是一种臆断。因为从现存的史料中，我们能够发现，在当时罗马政府确实控制着大量公有地。其中很著名的就是在坎佩尼亚的公有地，它一直要到恺撒时代才被政府分给老兵和贫民。[②]据著名史学家苏埃托尼乌斯估计，到恺撒时期，坎佩尼亚大约有 20 万犹格的公有土地。按每家 30 犹格计算，就可以满足 6 000 多公民的土地需要。正因为有公有地，所以李维乌斯·德鲁苏斯(Livius Drusus)才敢在公民大会上提

---

① 《马克思恩格斯选集》第一卷，116 页，北京，人民出版社，1995。
② 苏埃托尼乌斯：《圣朱理乌斯传》，20。

出在意大利建立 12 个殖民地的建议。[①] 李维告诉我们，在汉尼拔战争之后，大农场主擅自在公有土地上放牧，以至于国家从违法者手中得到了相当大的一笔罚金。[②]

此外，罗马小农自身也有顽强的生命力，具有不屈不挠的斗争精神。马克思在 1855 年 3 月 8 日写给恩格斯的信中说："不久前我又仔细研究了奥古斯都时代以前的(古)罗马史。国内史可以明显地归结为小土地所有制与大土地所有制的斗争，当然这种斗争具有为奴隶制所决定的特殊形式。"[③] 而这贯穿于共和国时代的大、小土地所有制的斗争，正是上述生命力的具体表现，而且它确实产生了一定的作用。大家知道，公元前 287 年以前，罗马史上的主要矛盾是贵族和平民之间的矛盾，其中主要问题之一就是如何解决土地问题。平民通过与贵族的斗争，终于获得了许多土地。如公元前 393 年，在平民的压力下，政府同意把从维爱夺来的土地分配给平民，每人 7 犹格。又如公元前 367 年，公民大会通过了《李锡尼-赛克斯都法》，规定平民都有权占有和使用"公有地"。这实际上也就扩大了罗马公民的范围，造就了一大批小自耕农阶层。因为根据罗马法律，只有享有罗马公民权的人，才能分得国有土地。此后，小土地所有者争夺土地的斗争规模更大，他们往往参加民主派反对贵族派的运动，有的甚至参加大规模的奴隶起义，以武力夺取土地。公元前 73—前 71 年，大批自由农民参加斯巴达克所领导的奴隶起义便是明证。

总之，我们在分析公元前 2 世纪末叶罗马小土地所有制时，应该看到小土地所有制落后的一面，但同时也应看到其合理的一面，看到国家对小土地所有者的保护和帮助，并促使他们再现的一面。正因为后面这些因素的存在，所以，要恢复和发展小农经济并不是毫无可能的。

至于前面提到的第二种观点，乍看起来比较全面，但实际上也存在着较大的缺陷。这种缺陷主要表现为误用证据和类比不当。

---

① 参见普鲁塔克：《盖约·格拉古传》。
② 李维：《罗马史》，33，42，10；35，10，12。
③ 《马克思恩格斯全集》第二十八卷，438 页，北京，人民出版社，1973。

首先，这种观点把提比略·格拉古改革的反对派仅仅看作元老贵族，这完全是错误的。一方面，反映这次改革的主要史料，如阿庇安的《内战史》和普鲁塔克的《提比略·格拉古传》等都没有说到反对改革的就是元老贵族。在许多场合，他们都使用"富人们（Οι πλουσιοι）"的字样。在这些富人中固然有许多元老贵族，但也有一些是投资土地的骑士和放高利贷者。这些人在海外用包税和放高利贷的方法，搜刮了大量财富，他们把大批财富投资于土地，大规模地租种公有荒地或掠夺小自耕农的产业。所以坚决反对提比略·格拉古的改革。至于一部分已经致富的放高利贷者，也反对禁止土地买卖，反对没收超额土地，反对退回穷人因负债而抵押的土地，对提比略·格拉古的土地法不满。另一方面，即使元老阶层也并不是完全反对改革的，它主要分为两派。公元前218年，克劳狄法颁布后，大部分元老都把资财投资于土地，大土地所有者在元老院中确实占有极强的势力，正如普鲁塔克所说："富有阶级在元老院中占有很大的优势。"①而提比略·格拉古改革，正是损害了一部分元老贵族的利益，要把他们通过各种手段侵占的公有土地收归国有，然后再分配给贫民。这对他们来说，当然是难以容忍的。他们对提比略·格拉古的土地法自然是"怀恨在心"，百般攻击或阻止这一法案的通过。但我们也知道，元老中并不都是富有者，更何况，他们中的许多人还是改革的提倡者和支持者，只要仔细研究过这段历史的人，就会发现，在公元前2世纪中叶以后，最初提出土地改革法案的并不是提比略·格拉古集团，而是元老贵族成员盖乌斯·莱利乌斯等。即使提比略·格拉古的土地法案也是他在与一些元老，如大祭司长克拉苏斯、任执政官的法学家缪西乌斯·斯卡伏拉，以及首席元老阿庇乌斯·克劳狄乌斯等商议后，并在他们的支持下提出的。阿庇乌斯·克劳狄乌斯还是后来分配土地的三人委员会委员之一。因此，认为提比略·格拉古改革失败的原因在客观上是"元老贵族的强大"是缺乏证据的。

同时，还应当指出，持这种观点的学者往往以恺撒和屋大维为例，

---

① 参见普鲁塔克：《提比略·格拉古传》。

同提比略·格拉古加以类比，认为只有"以暴力作后盾"，改革才能成功。其实，恺撒和屋大维之所以能以暴力推翻共和制度，关键是因为他们都拥有掌握着一支愿意为之效劳的军队等一系列有利条件。而提比略·格拉古就不具备这样的条件。所以，把改革失败的原因归之为改革者比较软弱且缺乏斗争策略是不恰当的。

那么，提比略·格拉古改革失败的原因究竟是什么呢？

众所周知，在分析任何一个社会问题时，史学工作者的绝对要求，就是要把问题提到一定的历史范围之内加以考察。我们在分析提比略·格拉古失败的原因时也应如此。

我认为，要说明提比略·格拉古改革失败的原因就必须首先了解当时罗马的主要阶级、阶层在改革中的态度。

人们一般认为，小农是提比略·格拉古改革的坚决支持者和参与者。但实际上并非如此。意大利小农不但成分复杂，而且对改革的态度也并不一致。一部分小农（如波河流域的小农）可以勉强度日或比较富裕，对改革运动比较冷淡。另一部分沦为城市贫民的小农，有的依附于大奴隶主，成为他们的被保护人，有的则主要靠国家或私人赈济为生，他们这些人在政治斗争中尾随于大奴隶主之后，为之保镖效劳。这种寄生性的生活，使他们和乡村平民的愿望很少相同，他们的最主要的要求就是"面包和竞技场(Frumentum et Circus)"。而对此，提比略·格拉古并未提出相关的主张。所以，他们对改革还是持观望态度。小农中处境艰难的乡村平民，坚决要求分配土地，积极支持改革运动。但这部分小农也由于各种原因，如交通不便、农业生产的季节性等，未能由始至终参加全部运动。况且改革者制订的政策很不严密，部分土地所有权又涉及与意大利人的关系，所以，政府在执行土地法的过程中，出现了很大的混乱。据阿庇安说："当土地再丈量的时候，土地所有者不得不放弃他们的果木或农场建筑物，以与一无所有的地皮相交换。另外一些人从耕地转到荒地，或沼泽地带。"又由于公、私土地不易查核，因此"没有别的办法，只有普遍地翻转过来，所有的人都从他们自己的地方迁出，居住到别人的土地上"①。这种混乱局面，实际上使社会生产遭到了某种破坏，损害了一部分贫苦农民的利益，促使他们从改革派中分化出来，或对改革持中立态度，或直接反对改革，从而大大地削弱了改革派的力量。

公元前 2 世纪以来，罗马在对外战争过程中，形成了一个新兴的富有等级——骑士，他们主要经营金融、商业、高利贷和包缴行省税收等。根据当时的情况，骑士又可分为两部分，一部因为已经把从海外搜刮来的大量财富投资于土地，所以他们坚决反对提比略·格拉古的土地法案；另一部分则还处于起步阶段，在政治上还没有实际权利，经济上的发展又受到当权者的阻挠。正如波利比乌斯所说，当权者"可以使那些掌管公共财物的人沾光，也可以使他们吃亏，反正所有的事情都是归他们管的"②。而这些掌管公共财物的人大部分都是骑士。所以，他们与罗马贵族有尖锐的矛盾。但提比略·格拉古并未把这支力量争取过来。③ 虽然到改革后期，改革派曾提议让骑士担任以前只有元老才能担任的法官职位，但为时已晚。

改革之初，有一部分元老贵族从国家的利益出发，也曾酝酿和同情过改革，但当改革日益激进，并危及自身利益时，他们就脱离改革势力，逐渐与元老中的顽固分子结合起来，阻止和反对改革。新贵小西庇阿集团在这方面的表现最为明显。据说，当盖约·格拉古在公民大会上问及小西庇阿对提比略·格拉古改革的看法时，小西庇阿坦率地说，他不赞成提比略·格拉古的激进改革。④

至于人数众多的意大利人，他们则是改革的强烈反对者。为了说明这一问题，我们必须先了解一下罗马公有地的使用情况。罗马人在征服

① 阿庇安：《内战史》，18。参见［古罗马］阿庇安：《罗马史》下卷，17 页，北京，商务印书馆，1985。
② 任炳湘选译：《罗马共和国时期》上册，52 页，北京，商务印书馆，1962。
③ 反对派则不同，他们千方百计地拉拢骑士，常常利用各种方法，使骑士离开平民，与元老结盟。参见萨鲁斯提乌斯：《朱古达战争》，42。
④ 参见普鲁塔克：《提比略·格拉古传》；西塞罗：《论职责》，1，22，76。

意大利的时候，占领了许多土地，一部分被分配给公民或移民耕种；另一部分被出租给自由人耕种。对于被出租的土地，法律规定承租者每年都得向国家缴纳所产谷物的 1/10、果物的 1/5 作为实物税。因为原先罗马政府允许任何愿意耕种的人去耕种那些未分配的土地，许多人被鼓舞着去耕种那些和他们的田地相毗连的土地。[①] 在承租者中显然意大利人占有很大的比重。而在第二次布匿战争以后，这一比重将更大。因为迦太基军队对意大利中、南部长期蹂躏，大片谷田被焚烧，葡萄园和果木园被砍伐，有 400 多个村庄被毁灭，居民中能逃难出来的则流亡四方。许多人离开意大利跑到希腊，并在那里久居不归。到战争结束时，意大利南部大希腊的许多名城，如他林敦、卡普亚等，一片荒凉，十室九空，只剩下几百个饥饿至极的穷人，踯躅于断壁颓垣之间。在这次战争中，罗马人口损失了 1/3。在战争初期，罗马到达服役年龄的壮丁约为 28 万人，到公元前 209 年时减至 23.7 万人。战争还造成了农田荒芜，数量高达 320 万犹格。面对当时的惨景，罗马政府开始把大量的荒地租给意大利人，让他们耕种使用。但是现在提比略·格拉古却提出重分包括这些土地在内的公有地，这势必触及意大利人的利益，废弃了罗马人原来与意大利人订立的协议，使曾经想繁荣"优等"意大利种族的提比略·格拉古，走上了与其宗旨背道而驰的道路。正如西塞罗所言，格拉古改革"把同盟者和拉丁人煽动起来，盟约遭到破坏，极不安分守己的三人委员会每日花样翻新，仁人富者凋零破败"，"提比略·格拉古违反了与我们同盟和拉丁人的条约权"[②]。因此遭到意大利人的强烈反对，给土地法的实施增添了许多新的阻力。而这一情况又反过来为土地改革的反对派找到了只有元老院才能处理意大利事务的借口，乘机剥夺了三人委员会解决土地问题的权力。萨鲁斯提乌斯在其《朱古达战争》一书中认为，联合同盟者和拉丁城市是反对派反对提比略·格拉古改革的一项

---

① 参见阿庇安：《内战史》，1，18。

② 西塞罗：《论共和国》，1，19，31。

重要措施。①

更为严重的是，反对派得到了许多元老贵族的支持。道理很简单，"因为贵族在较高的程度上代表共同体，所以他们是公有地的占有者，并且通过自己的保护民等等来利用公有地（后来便逐渐地据为己有）。"② 他们常常利用手中掌握的政治、经济、军事和外交大权，竭力阻挠改革。例如，当提比略·格拉古一提出他的土地法案，这批贵族就诱使保民官屋大维对此行使否决权，企图以此来阻止法案的通过。而当这一阴谋失败，土地法在意大利开始实行时，他们又百般地干扰和破坏三人委员会的工作。三人委员会的活动经费受到了由反对派掌权的政府部门的严格限制，提比略·格拉古向他们提出的合理要求，如用政府的一笔公款来设置三人委员会的办公营帐等，都遭到了拒绝。他本人的日常开支也仅限于每日 9 个奥波尔（以罗马币计，为 9 塞斯退斯）。更为恶劣的是，反对派，特别是以大祭司长纳西卡为首的部分贵族，竟利用无赖之徒指控提比略·格拉古，说他在公民大会上撤销屋大维保民官职务是对保民官神圣权力的严重侵犯。此外，反对派还常常造谣滋事，诬蔑改革者。例如，公元前 133 年夏天，当帕加马国王阿塔劳斯三世遗嘱将其王国赠给罗马时，反对派就在罗马散布谣言，说帕加马使者给提比略·格拉古带来了阿塔劳斯国王的紫袍和王冠，诬称提比略·格拉古有称王的野心。最后，反对派竟没有经过元老院和公民大会同意，用暴力杀死了提比略·格拉古等改革者 300 多人，剥夺了公民大会授予三人委员会的权力，使委员会陷于"无事可做"的困境，加速了改革的失败。

从上文的分析中，我们可以看到，改革失败的主要原因就在于阶级力量对比不利于改革派。就改革派来说，他们既不能争取到多数的群众，也没有较好地解决城市平民与乡村平民、罗马公民与意大利同盟者的关系。所以，自始至终支持和参加提比略·格拉古改革的人极其有限。而反对派方面则不同，他们不但形成了以反对土地法为共同目标的

---

① 萨鲁斯提乌斯：《朱古达战争》，42。
② 《马克思恩格斯全集》第四十六卷，上册，479 页，北京，人民出版社，1979。

统一战线，而且还有组织、有计划地反对改革，使改革的政策很难在全国推行。

其次，我们再来分析一下改革者所制订的政策。提比略·格拉古改革的主要目的是想限制公民间过分的贫富分化，解决无产贫民的土地问题。因此，提比略·格拉古改革政策的核心是土地法。应该说，这项政策是相当温和的而且很不全面。这主要表现为：第一，土地限额较高。土地法规定，主人占有的最高公有地限额相当于 10 个 100 犹格的葡萄园、4 个 240 犹格橄榄园的面积，承认主人对 1 000 犹格公有土地有合法的占有和使用权。在当时罗马尚处于中等庄园盛行的时代，这一数额显然是很高的。第二，通过这一法律，富人们"不用任何花费便无可争辩地取得了 500 犹格耕种得很好的自由土地的所有权。若有儿子的话，每个儿子又可得到一半这样的土地"①。因此，土地法对大奴隶主来说还是非常宽容的。它表明，提比略·格拉古既不想严重地损害大土地所有者的利益，也未曾想完全恢复小农经济。这样，就不可避免地会使改革的内容出现漏洞，在实践中很难把握。例如土地法规定，土地占有者若有两个儿子，可多占 500 犹格公有地。这样，部分土地所有者就可以使用过继儿子，或把他们的土地转让给自己的亲属等办法，把多占的土地保留下来，使其免受法律的制裁。又如，提比略·格拉古在提出土地法后，又没有及时制订能保证土地法顺利实行的其他配套政策，例如改革派并没有对在改革中获得土地的小农给予一定的生产资料，如工具、种子等，以帮助他们发展生产。再如，对于公有地上已有的私人投资，如葡萄园和住宅建筑等，法律也没有做出相应的处置，更没有制订合理的补偿措施。这些都是造成提比略·格拉古改革失败的重要因素。

因此，改革派所订政策的严重缺陷和不严密性，则是改革失败的又一原因。

再次，我们来考察一下公元前 2 世纪末叶意大利的土地占有情况。在当时，意大利的土地所有制主要是国有和私有两种。国有土地由于年

---

① 阿庇安：《内战史》，1，11。

久失察，大奴隶主又巧取豪夺，私自占有现象严重。他们常常化公为私，使国有和私有土地互相混淆，很难区别。更为严重的是，不同土地所有者的土地犬牙交错，相当数量的中等奴隶主和小自耕农的土地又互相交织，就更加加大了国有土地辨别的难度。此外，在国有土地的使用者当中，成分也十分复杂，他们中既有罗马人，又有意大利人，而且都不愿把财产登记簿交出来帮助三人委员会实施土地法。三人委员会虽然采取过一些措施，鼓励大家告密，但因此又产生出许多麻烦的诉讼案件，"凡一块与旧有田地相毗连的新田地被买进来后，或被合股购买者所分掉了的地方，因为这块田地的丈量问题，整个地段必须经仔细核查，它是怎样卖掉的，怎样分掉的。不是所有土地所有者都保存了他们的田契或份地的证据，就是那些已被找出来的地契，内容也是相当含糊的"①。对于如此复杂的土地使用情况，三人委员会显得力不从心、无能为力。因此，可以这样说，罗马当时复杂的土地占有和使用状况是改革失败的重要原因。

最后，提比略·格拉古无视传统的做法也是改革失败的重要原因。在改革之初，他没有征求元老院的意见，便将土地法案直接交付公民大会投票。②当另一保民官屋大维用否决权来阻止法案通过时，他再次召集人民投票，褫夺这位保民官的权力。在罗马，这是一个史无前例的违法行为。和西塞罗同时代的马尔库斯甚至认为这件事是提比略·格拉古改革失败的主要原因。他指出："提比略·格拉古不就是因为他蔑视别的保民官的否决，甚至将其职权褫夺掉，从而造成自己毁灭的吗？要不是他自己在同僚使用否决权反对他时擅加摈斥，又有谁敢推翻他呢？"③此外，当新的小所有者需要钱为他们的农庄添置农具的时候，提比略·格拉古再次侵犯了元老院的权力。他向人民提出了一条法案，把从小亚

---

① 阿庇安：《内战史》，1，18。参见［古罗马］阿庇安：《罗马史》下卷，17页，北京，商务印书馆，1985。

② 普鲁塔克：《提比略·格拉古传》。阿庇安：《内战史》，1，7；1，18。

③ 西塞罗：《论法律》，3，19。

细亚征来的附加税分配给刚刚得到土地的贫民和待在城里的穷人。[①] 避开元老院而将公共的钱财分配给平民，这是一个颠覆性举措，是对整个元老院制度的挑战。因为按罗马法律，元老院"控制国库，一切收入和支出都由它安排"，"如无元老院的决议，财务官们不得支付任何款项"[②]。提比略·格拉古无视传统的另一做法，是他企图通过选举谋求保民官的连任。这一系列破坏惯例的做法，使一部分原先支持或持观望态度的公民倒向了反对派，从而加速了改革的失败。

总之，我认为，造成提比略·格拉古改革失败的主要原因，并不在于单纯的奴隶制发展，也不在于元老贵族的强大，而主要是由于以下因素：第一，改革派自身力量的弱小；第二，改革派制定的政策不够严密；第三，罗马土地占有和使用状况的复杂性；第四，在改革过程中，提比略·格拉古所采取的无视传统、破坏惯例的做法。正是由于这些因素的综合，才使这次改革遭到了失败。

**(四)提比略·格拉古改革的意义**

提比略·格拉古改革是罗马历史上的一件大事，古往今来，对此改革的评论很多，标准各异。因此，要对改革做实事求是的评价，首先必须确定评价历史事件的标准，看其是否对当时的生产力有促进作用。过去，有许多史学家对提比略·格拉古改革持否定态度，认为它是以解决土地问题为主，恢复小农经济的改革运动，所以"逆历史潮流而行"。我是不大同意这种看法的。

首先，我认为在当时，提比略·格拉古提出了以解决土地问题为主的法案，并着手在意大利实行这一法案，这不能算作逆历史潮流而行。因为土地问题在罗马共和国的历史上虽然有所演变和调整，但它始终是这一时期社会斗争的中心问题。而提比略·格拉古改革恰恰抓住了解决这一社会问题的关键，并部分地解决了这一问题。这与以后盖约·格拉古、恺撒和屋大维的改革并无二致。所不同的，无非就是由于历史条件

---

① 李维：《罗马史》，概要，58。

② 波利比乌斯：《通史》，6，11～18。

不同，解决这一问题的方法不同而已。若不看清罗马共和国时代社会矛盾的焦点所在，不顾当时的历史条件，盲目地把恺撒、屋大维的改革说成是顺历史潮流而行，而把提比略·格拉古改革说成是逆历史潮流而行，这是不合理的。

更何况，提比略·格拉古改革的对象是罗马的国有土地，是被富人们非法占有的土地，即 ager publicus occapalorius（占用公有土地），而并非属于罗马公民本身和意大利人的私有地。公有土地（ager publicus）本身就有公共利益的意思，"occapalorius"这个词意味着临时占用而非所有权的归属。所以，从理论上讲，提比略·格拉古完全有理由重新分配公有土地。

其次，提比略·格拉古改革虽然还存在着许多缺陷，但由于改革者的努力，还是使部分改革措施得到了实行。使 8 万多小农获得了土地，部分地调整了罗马公民之间的生产关系，提高了他们的生产积极性。这不能不说是一种进步。而且改革者的行动实际上已经开始冲击与罗马势力日益不相适应的国家机构，客观上为加强罗马统治阶级的力量，扩大罗马的统治基础打下了基础。

总而言之，提比略·格拉古改革从总体上来看是应该予以肯定的。它是在新的历史条件下，力图解决新的社会问题即土地问题的首次尝试。改革的结果，客观上抨击了以元老贵族为首的寡头政治，开了民主派反对贵族派的先例。改革派所颁布的土地法不但在当时起了一定的作用，而且对后继者产生了极大的影响。恺撒和屋大维的改革实际上就是提比略·格拉古改革的继续和发展。如果我们把恺撒和屋大维比作帝国大厦的建设者的话，那么提比略·格拉古就是这座大厦的奠基者。

## 二、盖约·格拉古改革评析

盖约·格拉古是提比略·格拉古的弟弟、公元前 123—前 122 年的保民官。他任职期间，对罗马的政治和经济制度做了一系列改革。过去，我们常常将他们兄弟俩的改革合称为格拉古兄弟改革，实际上，因他们所处的时代不同，其改革的目标、内容等都有很大的区别。笔者在此拟对盖约·格拉古的改革做详细的评析，以更加明确他与其兄长在改革上的不同和相同之处。

大致说来，盖约·格拉古的经济改革包括以下四个方面：

第一是土地法（Lex Agraria），即将公共土地分配给贫穷的公民。[①]这条法律应该说是对提比略·格拉古的土地法的继续，但和提比略·格拉古的土地法却有不同。它们的不同之处在于，盖约·格拉古在将公共土地分配给贫民时，还责成他们每人向国库缴纳一笔租金。[②]另外他所分配的公有土地并非来自对原占有者的剥夺。因此，他的土地法的实施并没有其兄长的反响大。

第二是移民法（Lex Sempronia de Coloniis Doducendis）。向意大利其他地区移民，建立移民地，并非起源于盖约·格拉古改革，它早在共和初年就已存在。[③]不过，为经济发展的目的而建立移民地还属盖约·格拉古首创。

卡普亚、他林敦和迦太基本来都是西部地中海经济很发达的地区。第二次布匿战争时，由于他林敦、卡普亚都一度倒向迦太基而与罗马作战，因此均遭到了罗马人的惩罚，迦太基城更因第三次布匿战争而被夷为平地。这三地的经济每况愈下。为了促使这些地区经济的发展，盖约·格拉古提出了在卡普亚和他林敦建立两个殖民地的法案[④]，并得到了通过。移民法规定派往移民地的人员一般由罗马最殷实的公民组成（the most respectable people）。[⑤]不久，盖约·格拉古的同僚、另一

---

① 普鲁塔克：《盖约·格拉古传》，5。李维的记载比较简单，他说："盖约通过了他的兄长已经通过的土地法。"参见西塞罗：《论土地法》，1，21。

② 普鲁塔克：《盖约·格拉古传》，9。

③ 阿庇安：《内战史》，1，7。

④ T. Frank, *An Economic Survey of Ancient Rome*（*ESAR*），Baltimore，The Johns Hopkins Press，1933，Vol. 1，p. 245.

⑤ 普鲁塔克：《盖约·格拉古传》，9。学界一般认为，盖约的这一措施是为了恢复和发展他林敦等地的商业作用。

名保民官鲁布利乌斯(Rubrius)又提出了一个法案,要在被小西庇阿所毁灭的迦太基的旧地建立一个殖民地。盖约·格拉古刚好抽签抽中去建立殖民地。按规定,罗马只派遣较少量的人到那里去,但盖约·格拉古将它扩大至 6 000 人,并全从意大利征集(chosen from the whole of Italy)①,殖民者每人可获取 200 犹格的土地②。在意大利境外建立殖民地,这在罗马历史上还是第一次。他使殖民地越出了意大利。这些政策对于南意大利和迦太基地区的经济开发,应该说有很大帮助。

第三是粮食法(Lex Frumentaria)。盖约·格拉古粮食法的颁布可能与那时罗马城缺乏粮食有关。而造成粮食缺乏的原因主要有二:一是第一次西西里奴隶起义刚刚结束。经过这次起义,以盛产粮食闻名的西西里省遭到了严重的破坏。二是位于北非的阿非利亚行省连遭蝗灾,粮食产量明显下降。③ 这两省的粮食状况对于罗马城的粮食供应影响巨大,在某种程度上,它们直接关系到罗马国家的安危。为了限制粮食价格波动,稳定城市市民的生活,盖约·格拉古提出了粮食法。粮食法规定,国家将按每摩底 $20\frac{1}{3}$ 阿司的价格向在罗马的罗马公民每月分发粮食(frumentariam 〈legem〉 ut senis et triente frumentum plebi daretur)。④ 同时,为保证粮食来源的稳定性,为保证罗马城的粮食安全,法令还规定在罗马附近建立粮仓(norreum)⑤,储存粮食,以防粮荒的出现。粮仓建设对于稳定罗马的首都地位有十分重要的意义。

---

① 普鲁塔克:《盖约·格拉古传》,10~11;阿庇安:《布匿战争》,136;《内战史》,1,24。

② 阿庇安:《内战史》,1,24。阿庇安:《布匿战争》,136。"罗马人民因为穷困而发生暴动,因此,决定派遣 6 000 移民到阿非利加去。"

③ 李维:《罗马史》,概要,60;奥罗西乌斯:《罗马史》,5,11,1~3。德国学者 Fritz M. 赫彻尔赫姆把地中海地区的粮价做了总体研究,认为公元前 160 到前 140 年是地中海地区粮价的低落期。公元前 138 年,粮价开始上涨,到公元前 127 年达到了顶峰。公元前 120 年又回到了公元前 138 年的水准。Fritz M. 赫彻尔赫姆认为盖约粮食法的产生纯粹是地中海粮价上涨的结果。参见 Fritz. M. Heichecheim, "On Ancient Price Trends from the Early First Millennium B. C. to Heraculus I," *Finanzarchiv*, Vol. 15。

④ G. Rickman, *The Corn Supply of Ancient Rome*, Oxford, Clarendon Press, 1980, p. 159.

⑤ *Ibid.*, pp. 251-252.

应该说，以低价向公民分发粮食在罗马历史上并不少见。例如，据李维记载：

> （公元前 203 年），这年……粮食价格低廉，不仅是因为太平、全意大利四通八达，而且也是因为从西班牙送来了数量庞大的谷物。显贵营造官 M. 瓦莱列乌斯·法尔杜斯（M. Valerius Faltus）和 M. 法比乌斯·布提乌斯（M. Fabius Buteus）沿村把这些谷物以每摩底 4 阿司的价格分发给人民（annus... annonae vilitate fuit, praeterquam quod pace omnis Italia erat aperta, etiam quod magnam vim frumenti ex Hispania missam M. Valerius Falto et M. Fabius Buteo aediles curules quaternis aeris vicatim populo discripserunt）。[①]

> （公元前 201 年），罗马取得第二次布匿战争的伟大胜利，显贵营造官鲁西乌斯·瓦勒里乌斯·弗拉库斯（L. Valerius Flaccus）和鲁西乌斯·昆图斯·弗拉米努斯（L. Quintus Flamininus）举办了两天演出，并"非常公平地把普布里乌斯·西庇阿从阿非利加运来的粮食，以每摩底 4 阿司的价格分发给人民，使他们称心如意（frumentique vim ingentem quod ex Africa P. Scipio miserat quaternis aeris populo cum summa fide et gratia diviserunt）"。[②]

> （公元前 200 年），此年，粮价也很低廉，显贵营造官 M. 克劳狄乌斯·马尔切努斯（M. Claudius Marcellus）和 Sex. 阿利乌斯·倍杜斯（Aelius Paetus）以每摩底 2 阿司的价格把从非洲带来的大量粮食分发给人民（annona quoque eo anno pervilis fuit；frumenti vim magnam ex Africa advectam aediles curules M. Claudius Marcellus et Sex. Aelius Paetus binis aeris in modios populo diviserunt）。[③]

> （公元前 196 年），在这一年，显贵营造官 M. 弗尔维乌斯·诺

---

① 李维：《罗马史》，30，26，5～6。
② 同上书，31，4，4～6。
③ 同上书，31，50，1。

皮利奥尔(M. Fulvius Nobilior)和 C. 弗拉米尼乌斯(C. Flaminius)
把 100 摩底小麦以每摩底 2 阿司的价格分发给人民(eo anno aediles
curules M. Fulvius Nobilior et C. Flaminius tritici deciens centena
milia binis aeris populo discripserunt. Id C. Flamini honoris causa
ipsius patrisque advexerant Siculi Romam: Flaminius gratiam eius
communicaverat cum college)。①

　　这里的 Populus 显然是指罗马公民。有西方学者提出："这些公共
分配在公元前 196 年以后就不见了。"②其实，这不过是当时的历史家没
有直接记录罢了。因为后来还有许多友好国家和行省不时向罗马供应粮
食，如公元前 191 年迦太基和马西尼撒就向罗马提供了大量的谷物。公
元前 190 年、公元前 181 年和公元前 171 年西西里、撒丁的第二什一税
粮都支援过罗马③，所以分配粮食在罗马并未终止④。正因如此，我们
对于当时人迦图的不满就能理解了。据普鲁塔克记载，迦图总是希望罗
马人不要不合时宜地坚持谷物的分配办法。他常用这句话作为开场白：
"同胞们，跟肚皮争辩确是一件难事，因为它没有耳朵。"⑤不过，在公
元前 123 年以前，从未有过以国家财政来压低粮价供给公民的做法，而
且大部分分配也是暂时的。而盖约·格拉古的粮食法却第一次把这种低
价分配永久化、固定化。

　　我们不知道按这个法律每个公民能分得多少粮食。可能一个家长
(paterfamilias)每月能得到 5 摩底，因为这个数目已被公元前 78 年和公
元前 73 年的法律所证实。关于廉价粮食的供应对象，普鲁塔克认为是

---

　　① 李维：《罗马史》，33，42，8。

　　② John Briscoe, *A Commentary on Livy Books xxxi-xxxiii*, Oxford, Clarendon, 1973;
G. Rickman, *The Corn Supply of Ancient Rome*, Oxford, Clarendon Press, 1980, p. 150.

　　③ 李维：《罗马史》，36，4，5～9；37，2，12；37，50，9。公元前 190 年、公元前
181 年和公元前 171 年都有西西里撒丁的什一税粮支援罗马。

　　④ Peter Garnsey, Tom Gallant and Dominic Rathbone, "Thessaly and the Grain Supply
of Rome during the Second Century B. C. ," *The Journal of Roman Studies*, Vol. 74, 1984,
pp. 30-44.

　　⑤ 普鲁塔克：《马尔库斯·迦图传》，8。

贫穷的公民[1]，但实际上也包括富裕的公民。有关这方面的证据，我们可以从西塞罗记载的关于 L. 卡普尼乌斯·庇索·弗鲁吉（L. Calpurnius Piso Frugi）[2]的著名逸事中看得很清楚。西塞罗这样写道：

> 著名的庇索，被人称为弗鲁吉，一直都反对粮食法。当法案通过后，尽管他享有执政官级的头衔，但他还是领取粮食。当格拉古的支持者注意到庇索正站在人群中间，就大声问他，既然你反对粮食法，你又为何要来领取粮食。他回答说："我不愿意让你们的领袖格拉古在全体公民间瓜分我的财产。不过，如果你们要这样做，我也将领取我的一份。"[3]

上述表明，盖约·格拉古粮食法分配的对象是所有罗马公民，但可以肯定受惠最多的还是贫穷的公民。因此这一法律也遭到了贵族派的极力批评。贵族派认为盖约·格拉古是用这种慷慨施舍（Largitio）的方法来收买选票。[4] 西塞罗认为，盖约·格拉古的粮食法所采用的慷慨施舍是在耗竭国库，损害国家利益。[5] 但不管怎样，粮食法一直存在了数十年[6]，成了后来国家无偿地把粮食分给最贫苦的城市居民这种做法的开创者。格拉古兄弟事业的继承者和后期共和国的煽动者们终于做到了粮食的无偿分配。这种做法在推动城市平民道德败坏和流氓无产阶级的成长上起了很大的作用。[7]

第四是筑路法（Lex de Viis Muniendis）。阿庇安指出，盖约·格拉

① 普鲁塔克：《盖约·格拉古传》，5。
② L. 卡普尼乌斯·庇索·弗鲁吉为公元前 149 年的保民官。
③ 西塞罗：《图斯库努姆的辩论》，3，48。
④ 西西里的狄奥多鲁斯：《历史集成》，35，25。
⑤ 西塞罗：《论职责》，2，72。西塞罗认为，适度施舍谷物对国家来说，切实可行。对平民来说，也是必需的。这对百姓和国家都有利。
⑥ 人们一般认为，盖约·格拉古的粮食法保持到公元前 100 年，也即《萨图尔尼乌斯法》对粮食价格提出修改为止。但从西塞罗报道"吉纳乌斯之子，马尔库斯·屋大维乌斯的威望和讲话有助于在公民大会上否决盖约·格拉古的粮食法"这件事看，盖约·格拉古的粮食法可能在公元前 95—前 90 年之间还在生效。参见西塞罗：《致布鲁图斯信》，2，22。
⑦ ［苏］科瓦略夫：《古代罗马史》，482 页，北京，生活·读书·新知三联书店，1957。

古在全意大利修筑了许多很长的道路。① 在筑路过程中他既是指挥又是经理,他所修的道路不仅整齐美观,而且宽畅笔直,道路的两旁每隔一定距离竖立一根石柱,用来做路标。② 这些道路的修建一方面给包工的骑士提供发财的机会,使许多包工头和工匠都感激他③,在他的周围经常有一群包工头和工匠④;另一方面也大大地改善了意大利的交通运输,保证了罗马与各地的联系,促进了罗马经济与商业的发展,从而加强和巩固了罗马对意大利各地区的统治。

为了满足国家财政的需要,增强国家的财力,以便更好地为其政治改革服务,盖约·格拉古决定在新设不久的亚细亚行省采取包税制的方式征收什一税。

亚细亚行省原为帕加马(Perganum)王国,地处小亚细亚北部。公元前3世纪初臣服于塞琉古王国。公元前263至前262年,帕加马总督尤米尼兹一世在撒狄附近大败塞琉古王国的军队,使帕加马摆脱塞琉古王国的统治而成为独立国家。在阿塔劳斯一世统治期间(公元前241—前197),帕加马国势强盛,曾打败小亚中部的第勒斯人,还一度统治了小亚细亚的大部分地区。阿塔劳斯一世在位末期制定了亲罗马的外交政策。这使帕加马得到了许多好处,但同时也使帕加马陷于罗马的控制之下。阿塔劳斯三世时(公元前138—前133)帕加马与罗马的关系更加密切。他死后,在遗嘱中将其王国赠给罗马,罗马在这里建立了亚细亚行省。

这一行省建立之初,税收一般由行省总督或行省城市长官征收,税区不大,制度不全,收税成员严重不足,从而造成税收效果很差。亚细亚行省法(Lex Sempronia de Provincia Asia)正好解决了上述问题。根据这一法律,亚细亚行省的什一税交由骑士包收。包税人根据合同预付现款,并因此取得了在行省征税的权力。这一立法在罗马历史上开创出

---

① 阿庇安:《内战史》,1,23。
② 普鲁塔克:《盖约·格拉古传》,6~7。
③ 阿庇安:《内战史》,1,23。
④ 普鲁塔克:《盖约·格拉古传》,6。

售整个行省包税合同的先例，此后征收亚细亚行省什一税便成了罗马包税人的专利。这一制度的实行，从政治上限制了罗马元老贵族的权力，提高了骑士阶层的地位，为骑士阶层的迅速崛起打下了基础。从经济上防止了行省官员对税收的截留，扩大了税区的面积，从而大大地增加了国家的收入。[①] 我们尽管不知道亚细亚行省当时的税款总额，但从弗兰克的统计中，我们还是能够知道亚细亚行省对罗马的作用。据弗兰克计算，公元前 63 年，罗马国库的正常收入为 50 000 000 狄纳里乌斯，仅亚细亚行省及其附近的岛屿的税收一项就达 15 000 000 狄纳里乌斯，占罗马国库全年收入的 30％。[②] 由此可见，盖约·格拉古的亚细亚行省法对罗马社会的意义。

除了上述改革以外，盖约·格拉古还提出了一系列政治改革法案。总之，盖约·格拉古的改革，无论在内容上、影响上，还是在改革的力度上都比其兄提比略·格拉古的改革大得多、强得多。可以毫不含糊地说，盖约·格拉古的改革指明并决定了当时的罗马未来 100 年改革的方向，在罗马史上具有极其重要的地位。

# 三、恺撒的土地政策

恺撒是罗马共和国末期伟大的政治家和国务活动家，有人把他的成功归功于对高卢的征服和一支效忠于他的军队。其实这种说法是不准确的，至少是不全面的。因为在共和末叶掌握军队的将军不只恺撒一人，庞培手中握有的军队就不比恺撒少。至于元老院控制的军队就更多了。

---

① 对于亚细亚行省居民而言，这一改革无疑是加重了他们的负担。所以，当公元前 88 年，本都国王米特里达梯侵入亚细亚的时候，受到了亚细亚人民的热烈欢迎。他们把米特里达梯当作"解放者"，敬奉为狄奥尼索斯神，并参与了屠杀罗马人和意大利人的活动。参见阿庇安：《米特里达梯战争》，22；瓦莱利乌斯·马克西姆斯：《值得纪念的言行》，9，2，4；普鲁塔克：《苏拉传》，24。

② T. Frank, *An Economic Survey of Ancient Rome* (ESAR), Baltimore, The Johns Hopkins Press, 1933, Vol. 1, pp. 228-230.

我认为恺撒之所以能够成功，原因是他有一系列顺乎民心、军心的政策。土地政策就是恺撒所有成功政策中最重要的一项。

早在公元前 59 年，也即恺撒第一次当选为执政官的时候，他就向元老院提出了分配土地以救济贫民的法案。该法案建议分配一块名叫斯退拉斯的平原和坎佩尼亚的土地。前者是前人专门献给神的，后者是意大利肥沃的土地之一，是为公家利益而租的。[①] 恺撒希望这些土地中的任何一块都不被以武力从占有者手中夺走，也不按主持分配的人所定的价格被赎买，而是希望占有者自愿地将它让出来，并且按编制公民财产调查表时所规定的价钱赎买。赎买的钱由国库支付。这些钱有的来自庞培所缴获的战利品，有的是以前收来的赋税。恺撒认为，这些钱是公民们冒着生命危险挣来的，是他们的劳动所得，因此应该用在公民身上。[②] 这些土地主要分配给那些至少有 3 个孩子的父亲们。[③]

恺撒把土地法案提交给元老院后，遭到了大多数元老的反对。本来他是很不愿意去请求人民的援助的，但元老院的侮辱和蛮横，迫使他把法案提交给公民大会通过。元老的代表、另一位执政官毕布鲁斯以观察天象没有发现吉兆为借口，一直拖延公民大会的召开。最后，毕布鲁斯甚至宣布，这一年中的所有的日子都不适于公民大会的召开。恺撒无奈，只好指定一个日子召开公民大会，以投票表决他的土地法案。在庞培和克拉苏的支持下，恺撒的土地法案终于变成了法律。这以后，又成立了分配土地的二十人委员会，庞培、克拉苏、瓦罗等都是其中的成员。

这一法律的实施，首先得到了庞培和庞培手下的老兵们的欢迎，从而加强了恺撒与庞培之间的关系，为他们以后建立更多的联系打下了坚实的基础。其次，这一措施更加拉近了恺撒与贫困平民之间的关系，使恺撒获得了众多的追随者。阿庇安认为，仅有 3 个孩子的人就有 2

---

① 苏埃托尼乌斯：《圣朱理乌斯传》，1，20；阿庇安：《内战史》，2，10。

② 狄奥·卡西乌斯：《罗马史》，36。

③ 阿庇安：《内战史》，2，10；苏埃托尼乌斯：《圣朱理乌斯传》，1，20。西塞罗：《致阿提库斯书》，2，9；2，16，1；1，17，1。

万人①，这些人和庞培的老兵一起构成了恺撒的重要支持力量。

恺撒与庞培派内战结束之后，恺撒第一件需要做的事就是奖赏他的退伍士兵。首先，他在意大利建立了许多殖民地，"但地块不连成片，为的是不致赶走任何原来土地上的主人"②。恺撒的这种思想早在公元前47年就已形成。这我们可从恺撒在平定第一军团兵变的演说中看得很清楚。他说："我一定分配土地给全体士兵们，不是和苏拉一样，从现有的土地占有者的手中夺来土地分配给士兵们，使现在的土地所有者和过去的土地所有者混合在一个殖民地内，使他们彼此永远成为敌人，而我决定把公有土地和我自己的土地给予士兵们，同时我也一定要购买必需的工具。"③到公元前46年，恺撒终于把他的诺言变成了现实。其次，他还在高卢、西班牙、阿非利加、伊利里乌姆、阿卡亚、伊庇鲁斯、亚细亚、俾提尼亚—本都等行省建立了至少40个殖民地，恺撒的新的殖民群体不仅包括那些可能一直被要求再次服兵役的老兵，而且也包括罗马城的8万名身无分文的平民。④

向海外建立殖民地和解决老兵的土地问题，并非恺撒所创。早在公元前124年，盖约·格拉古就提出过向迦太基等地建立殖民地的方案，但遭到了罗马公民和元老院的强烈反对。公元前100年，平民保民官撒图尔尼努斯(L. Appuleius Saturninus)为了解决马略老兵的土地问题也曾提出法案，规定凡是在马略军中服役7年的老兵(从公元前107年出征努米底亚开始算起)都可以在罗马国家获得一块土地，每家100犹格。为了满足上述数额，他们决定在行省建立殖民地，首先在那尔旁·高卢，然后在阿非利加、努米底亚等地。这一法案很快得到了实施。其中有两个军团的老兵在阿非利加和努米底亚最肥沃的土地上得到了土地。

　　① 阿庇安：《内战史》，2，10。
　　② 苏埃托尼乌斯：《圣朱理乌斯传》，1，38。
　　③ 阿庇安：《罗马史》，2，94。见［古罗马］阿庇安：《罗马史》下卷，180页，北京，商务印书馆，1985。
　　④ 苏埃托尼乌斯：《圣朱理乌斯传》，1，42。据载：公元前44年前，恺撒在离迦太基遗址很近的地方，建立了大约3 000移民的移民地。见［古罗马］阿庇安：《罗马史》上卷，303页。

不过，这两次改革，无论从规模上或影响上都没有恺撒的土地改革效果大，实行得彻底。从严格意义上说，它们还是临时性行为。

殖民地建立后，恺撒按照罗马的模式制定了组织殖民地政府的标准。东方的殖民地，如科林斯等，成了在众多希腊人地区里实行罗马体制的前哨基地。西方的殖民地则成了帝国防务的重要堡垒和恺撒潜在的支持力量。在随后的世纪里，这些殖民地都成了在当地传播罗马文化的有效工具。

# 四、屋大维对老兵的土地安置政策

屋大维在安置老兵方面基本上沿袭了恺撒的政策。不过因两人所处的时代不同，他们所采取的方法也略有不同。

屋大维是恺撒的养子，恺撒被刺后，他从希腊返回罗马，立志为恺撒报仇。公元前43年秋，屋大维、安敦尼和雷必达在穆提那附近的拉文尼乌斯河中的一个荒凉小岛上开会，并最后达成协议：屋大维辞去执政官的职务，在这一年的剩余时间里由文提狄乌斯做执政官；通过法律，建立一个新的行政长官职位，以平定内部的纠纷，雷必达、安敦尼和屋大维三人担任新的行政长官，任期五年，有执政官权。这就是著名的后三头联盟。

后三头结盟后，为了打败布鲁图斯等共和派，满足士兵们获取战利品的欲望，他们允诺，在击败共和派后，士兵们"除其他礼物外，可以有18个意大利城市作为殖民地——这些城市在财富、地产和房屋的豪华上都超过其他城市，这些城市将分配给他们（土地、建筑物和一切），像它们是在战争中从敌人手中攻下来的城市一样。这些城市中有名的是卡普亚、利吉姆、维努西亚、贝尼温敦、努塞里亚、阿里密浓和维波。这样，意大利最美丽的地区被划分出来给予士兵了"[1]。

---

① 阿庇安：《内战史》，4，3。

　　公元前 42 年，经过腓力比之战，后三头彻底战胜了共和派。此后，安敦尼被派往东方，负责恢复东方的秩序。屋大维回意大利，给老兵分配自治市的土地。到达意大利后，屋大维实行了以牺牲原所有者来满足老兵需要的强制移民法，结果遭到了原土地所有者的强烈反对。已经划为殖民地的 18 个意大利城市"要求全意大利都应分摊这项负担，或者让这些城市和其他城市一起抽签，那些放弃土地的人应当论价得到赔偿。但当时没有钱，他们成群结队，老的和少的，妇女和儿童，都来到罗马广场和神庙，痛哭流涕说，他们这些意大利人没有做过什么错事，因而不应当从他们的田园和庐舍里被驱逐出来，如同那些在战争中被征服的人民一样"①。罗马人民也与这 18 个城市的意大利人一起，悲伤痛哭，"特别是当他们想到，战争的进行和胜利的奖赏的颁发都不是为了共和国的利益，而是为了反对他们自己和为了改变政体；建立殖民地的目的，在于使民主政治永远不再抬头——殖民团体是由被雇佣者所组成的，由统治者安置在那里，使他们随时可以满足统治者所要达到的要求"②。这种反对更因"士兵们横行霸道地侵犯他们的邻人，夺取比给予他们的份地更多的土地"③而加剧。那些被剥夺土地财富的邻居们都集中于罗马，"他们大声疾呼，反对屋大维，说建立殖民地比宣布公敌更为恶劣，因为宣布公敌的矛头只准对着敌人，而建立殖民地对付的则是无辜的人"④。

　　面对如此强大的阻力，屋大维并不屈服，而是继续推行他的政策，进行他的土地分配，结果赢得了士兵们的大力支持和拥护。据说，屋大维使 34 个军团分得了土地，使他们得到了他们以与庞培作战为借口而从神庙中收集来的金钱。⑤ 屋大维之所以能在佩鲁西亚取得胜利，之所

---

　　① 　阿庇安：《内战史》，5，12。参见［古罗马］阿庇安：《罗马史》下卷，431 页，北京，商务印书馆，1985。

　　② 　同上。

　　③ 　同上书，5，13。

　　④ 　阿庇安：《内战史》，5，14。在这次被剥夺土地的人中有维吉尔和贺拉斯等。

　　⑤ 　其中 28 个为参加腓力比战役的军团。

以能打败塞克斯图斯·庞培、消灭安敦尼，都与屋大维的殖民政策有关。[①]

公元前 30 年，屋大维最后打败安敦尼，成为罗马帝国的唯一主人。此后，他先后两次向老兵分配土地。不过，这两次分配土地与以前有明显的不同。对此，屋大维自己曾有过详细的记述，他说："在我第四次任执政官期间[②]，以及后来在马尔库斯·克拉苏和占卜者格奈乌斯·兰图卢斯任执政官期间[③]，我把一些自治市的土地划分给了我的士兵，为此，我向各自治市偿还了银钱。我为意大利人的地产所付出的银钱总数约 6 亿塞斯退斯；为行省的土地付出约 2 亿 6 千万塞斯退斯。到我为止，所有在意大利或行省为士兵建立殖民地的人，我是第一个，也是唯一的一个采取这种偿还行为的人。"[④]奥古斯都一生为安置老兵建立了不少于 75 个殖民地，其中大部分在西部行省。

为了保证殖民地老兵的政治地位和经济实力，"他设计了一种投票方法，让地方元老院成员[⑤]在每个殖民地投票选出罗马政府官职的候选人，并将选票密封，在临近选举之日送至罗马，这样，至少在某种程度上给予了意大利与罗马同样的权利和尊严。为了保障高等阶级的人口得到不断的补充和促使平民人口的增加，他容许任何城市推荐的那些人得到骑士军职"；任命他们充任只对骑士等级开放的军职，如步兵大队长（tribunus cohortis）、骑兵大队长（praefectus alae）和军团长官（tribunus legionis）[⑥]；公元前 29 年，也即他第 5 次任执政官时，他又从战利品中发给在殖民地定居的士兵每人 1 000 塞斯退斯。这笔赠款是在他举行凯旋式时发放的，接受者约 12 万人[⑦]。

---

① 阿庇安：《内战史》，5，22。

② 公元前 30 年。

③ 公元前 14 年。

④ 《奥古斯都自传》，16。参见李雅书选译：《罗马帝国时期》上册，8 页，北京，商务印书馆，1985。

⑤ decuriones 为自治市和殖民地议会议员。

⑥ 苏埃托尼乌斯：《圣奥古斯都传》，46。

⑦ 同上。

　　公元 6 年，奥古斯都建立了以遗产税①和拍卖税②为主要财源的军队特殊财库（Aerarium Militare）③，以专门支付退伍士兵的津贴。国家根据每个人的军衔规定他们的服役期和服役期满后的奖酬。④ 至此，罗马基本上结束了自马略和萨图尔尼乌斯以来以土地安置退伍老兵的历史。这是罗马土地私有制进一步发展并走向稳定的必然产物。

---

　　① 遗产税（Vicesima hereditatum），公元 6 年由奥古斯都设立，征自所有获得 10 万塞斯退斯以上遗产的无嗣或未婚的罗马公民，税率为遗产数的 5%。

　　② 拍卖税（Centesima rerum venalium），征自拍卖物品的意大利罗马公民，税率为拍卖品价值的 1%。

　　③ 奥古斯都在建立军队财库时，曾出资 1.7 亿塞斯退斯私产作为创建基金。

　　④ 苏埃托尼乌斯：《圣奥古斯都传》，49。

# 第八章　罗马对行省的治理

　　罗马经过几个世纪的征战，到公元前 3 世纪中叶，终于征服了意大利。此后，罗马便一改原先保守的习惯，开始走上了向地中海地区扩张的道路。公元前 264—前 241 年，罗马通过第一次布匿战争将迦太基人赶出了西西里。第一次布匿战争后不久，罗马人又从迦太基人手中夺取了撒丁尼亚和科西嘉。公元前 206 年，罗马占领了西班牙的东部和南部。此后，经过公元前 149—前 148 年的第三次布匿战争，罗马彻底消灭了迦太基，将迦太基城夷为平地。公元前 146 年，罗马以科林斯人违抗罗马统治为由，将其夷为平地。到公元前 2 世纪中叶，罗马已经在整个地中海地区取得了绝对优势，地中海周围的所有国家和地区几乎都被纳入了它的势力范围，罗马在地中海地区的影响如日中天，势不可挡。

　　对于被征服的地区，罗马不是将其全部合并，也不是将其全部分割打散，而是采用下述两种方法进行治理：一种是沿用在意大利所使用的以条约建立同盟（Socii）、友邦（Amici）和保护国（Clientela）等方式，这多半是针对前希腊化世界的城市和国家，如西西里的叙拉古和巴尔干半岛诸城、小亚国家加利西亚、卡帕多基亚、俾提尼亚、本都、地中海东岸叙利亚诸城、埃及、昔列尼、罗德斯岛、克里特岛、努米底亚以及伊利里乌姆等。不过，这些"同盟国"和"友邦"也只是一种暂时的过渡形态，到公元前 1 世纪以后，它们中的大部分也陆续变成了行省。另一种方式是采用建立行省的方式，委派罗马官吏进行治理。① 从公元前 3 世

---

　　① 除了征服以外，也有一部分行省来自遗嘱赠送，如亚细亚行省就是由帕加马国王阿塔劳斯三世赠送给罗马人的。

纪中叶到前 2 世纪末，罗马先后在意大利之外建立了 10 个行省。① 公元前 1 世纪 60 年代开始，罗马再次进入扩张和建省的高潮。庞培、恺撒、奥古斯都及其后继者都是罗马开疆拓土的功臣。他们先后征服了本都、叙利亚、山北高卢以及多瑙河南岸地区，建立了许多新的行省，其中著名的有本都-俾提尼亚、叙利亚、山北高卢、埃及、默西亚、潘诺尼亚、诺里库姆和雷提亚等。不过，行省的组织和政治地位在公元前 3 世纪后半叶到前 2 世纪已经初步奠定了。未来的奥古斯都只是在这基础上加以改造而已，但这一改造却奠定了罗马行省数百年的安定与繁荣。

# 一、早期罗马行省的建立

行省（Provincia）的名称原意是管辖，或指"辖区"②。当两个执政官中有一个外出打仗，把意大利交给另一个管辖时，意大利就成了后者的 Provincia，即管辖范围。在管辖区内，执政官可以行使行政权和司法权。由于最初的省属于军事区，所以由罗马派去的总督都拥有军权。

罗马在海外先设立的行省是西西里省、撒丁尼亚-科西嘉省。当时罗马共和国的政府机构本身就很简单，只有一年一任、人数很少的官员行使其管理职责。海外设立行省后，很自然的办法就是增选几位有兵权的官员去镇守。罗马最初是把行政长官的人数由 2 人增至 4 人，多选的 2 人分别被派到西西里和撒丁尼亚去担任行省总督。据李维记载，最初被派到西西里岛和撒丁尼亚的行政长官是盖乌斯·弗拉米尼乌斯（Gaius Flaminius）和马尔库斯·瓦列里乌斯（Marcus Valerius）。③ 公元前 197

---

① 这 10 个行省分别是西西里（公元前 241），撒丁尼亚和科西嘉（公元前 231），山南高卢（公元前 203），远、近西班牙（公元前 197），伊利里乌姆（公元前 167），马其顿（公元前 146），阿非利加（公元前 146），亚细亚（公元前 129），山北高卢（公元前 120）。

② Provincia 一词来自拉丁文"vincere"，意为战胜。最初被叫作"Provincia"的也就是那些被管辖的地区，后来则专指因"战胜而获得"的意大利以外的地区。这些地区和它所有的一切器具、耕畜、土地、财产和人，都被罗马人视为"罗马人民的财产（Praedium Populi Romani）"。

③ 李维：《罗马史》，概要，22；查士丁尼：《学说汇编》，1，2，2。

年，罗马人为加强对新增设的两个西班牙行省的管理，又增选了两位行政长官，充任西班牙总督。马其顿和阿非利加成为行省后，罗马总督的选用模式有所变化，改为从刚卸任的执政官和行政长官中委任。他们被称为执政官级总督(Proconsul)，或行政长官级总督(Propraetor)，后来的行省总督多是以这种身份到任的。

当选的执政官和行政长官在罗马任职一年后就到外省担任总督，但仍保留执政官和行政长官的级别和待遇。这种做法无论对于国家，还是对于高级官员本人都是有益的。元老院决定哪些省派执政官级总督，哪些省派行政长官级总督。至于谁到哪个省去，一般情况是由官员自己挑选和协商或者抽签决定。总督的任期一般为1年，军情需要时可延长至2~3年甚至更长。例如，公元前190年，两西班牙总督和撒丁尼亚的总督任期就被延长了1年。又如，西西里总督维列斯因为当时在意大利发生了大规模的斯巴达克起义，所以一直在西西里任职达3年(公元前73—前71年)。再如，恺撒不但是3个行省的总督，而且任职时间长达8年。行省总督手下有财务官及一些幕僚，人员不多，行省享有高度的自治。

行省总督的职责是保卫本省的安全，抵御外敌和镇压内乱，处理日常司法诉讼。

总之，在行省初建时期，总督的权力还不大，总督手下的办公人员也非常有限，他们对当地事务的影响并不明显。

# 二、行省的居民和税收

罗马的行省因为大多是靠征服得来的，因此行省的居民都处于被征服者的地位。对于行省中某些早先与罗马有过同盟条约的城市，如西西里的麦散那和叙拉古，那尔旁·高卢的马西利亚等，罗马人允许它们保留同盟国的地位，保留自己的政府，居民不纳贡赋。这些特别城市以外的其他地方的居民都要缴纳贡赋，但罗马尽量不干预其内政。比较落后的地区，由部落首领主持地方行政。任何地区发展到一定程度后，罗马往往就给他们以自治权。但除个别人外，罗马从未给行省居民以公民权。

行省居民和意大利居民最基本的区别在于：行省居民要纳贡赋，但不服兵役。而意大利居民则不用纳税但必须为罗马提供军队。一般来说，在行省中维持治安和驻防边境的部队都是从意大利征来的。不过，在特殊情况下，罗马人也征用一些本地或外地居民。例如，在西班牙战争中，西庇阿就曾征用大批土著居民到他的部队中，参加其军事行动。[①] 对最落后贫穷而无钱纳赋税的部族，罗马偶尔也征用人役。

对于行省居民纳税，历来都有不同的看法。有人说罗马把行省看作罗马人民的财产，纳税是罗马人行使其财产权的一种表现。西塞罗则把行省的税收说成是"加于被征服者身上的战争赔偿费"[②]。还有人说纳税是为了补偿罗马驻军和行政费用。不管哪种理由，行省居民的身份总是一致的，他们处于臣属地位，是臣民，没有公民权，无权当兵，但要纳税。至于行省的其他权力，罗马一仍旧例。各行省保持高度自治，罗马很少干预当地事务，行省居民在本地享有自由的空间。即使是行省收税也基本上保持了被征服以前的各国旧制。为了说明这一点，我们很有必要援引西塞罗在《反维列斯》一文中所说的一段话。西塞罗说：

> 西西里和其他行省在纳税制度上存在着这样的差别：在其他行省，或者规定一种叫作贡赋（Stipendium）的地租，比如在西班牙和迦太基，这种地租是对我们胜利的犒劳，对当地人来说则是一种战争赔款；或者土地被监察官出租，比如在亚细亚，人们根据《塞姆普罗尼乌斯亚细亚法》这样做。我们基于对西西里人的友谊和对罗马权力的信心，接受了西西里的一些城市，允许它们保持从前的法律制度，它们可以像服从先前的统治者一样服从罗马。少数西西里的城市是由我们的先人通过先前的一场战争征服的，这些土地虽然变成了罗马的领土，但已经被归还给了西西里人。实际上，监察官经常将它们出租。（在西西里的所有城市中）有2个与我们结盟，它

---

① 参见阿庇安：《在西班牙的战争》。
② 西塞罗：《反维列斯》，2，3，4。

们不用缴纳什一税……有 5 个城市虽然未与我们结盟，但它们属于自由城市，处于免缴什一税之列。……其他西西里城市则必须缴纳什一税，在罗马征服西西里以前，西西里人就是这样做的。①

按古代惯例，税收以土地税为主。罗马在西西里和撒丁尼亚收什一税，年年按收成计算，征实物。不过罗马人对西西里的统治比迦太基要轻，迦太基人不但要向其殖民地征税，而且还要征兵。因为迦太基在军事上实行雇佣兵制，所以支付给军队的钱只能从西西里等地掠夺。据测算，迦太基每年从西西里等地勒索的钱财数额达 12 000 他连特，此数是雅典在全盛时期从提洛同盟那里勒索的数额的 20 多倍。在亚细亚行省，罗马人则征货币。除私有地者外，在各省还有许多罗马公有地，租佃公有地者也要交地租和赋税。

除了土地税，从公元前 146 年开始，罗马还在阿非利加增收人头税。另外还有其他税，如在公地上牧放牲畜也要按头抽税，在口岸征收入境税，矿山和码头也得征收使用费，等等。

行省的税收，一般采用整块包收的办法。有些地区在合并时就规定了税额，由当地部族头领或本地原有的城乡管理人员按时缴纳一笔钱给罗马财务官。没有预先定额的地区，则由罗马人和当地人协商规定税收额总数，由地方集团或个人承包，他们先把承包的税款直接交到罗马国库，承包人再从纳税人手中收回税款和应得的利息。包税人经常掌握大量税款。西塞罗曾坦率地说："为我们承包税收的等级是其他等级的主要依靠。"②由此可见，包税人在征税方面的作用。

据 T. 弗兰克计算，罗马在公元前 200—前 157 年，总计收入为 610 600 000 狄纳里乌斯，其中战争赔款为 152 100 100 狄纳里乌斯，战利品为 109 500 000 狄纳里乌斯，行省税收为 130 000 000 狄纳里乌斯，公元前 178—前 157 年的西班牙开矿收入为 50 000 000 狄纳里乌斯，也就是说来自被征服者和行省的收入总数达 441 600 100 狄纳里乌斯，占

---

① 西塞罗：《反维列斯》，2，3，6。
② 西塞罗：《支持马尼里乌斯法》，6~7。

总收入的 2/3 以上。<sup>①</sup> 此后，行省税收的比重又有了提高。据统计，从
公元前 150—前 90 年，行省税收加上间接税约占当时国库总收入的
90%。<sup>②</sup> 行省对罗马的影响也越来越大。仅以亚细亚省为例，因为米特
里达梯战争，就使在亚细亚经营的许多罗马人损失了大量的财产，并使
罗马出现了严重的资金短缺，导致信贷危机。<sup>③</sup> 由此可见行省经济在罗
马经济中所处的地位。

　　除上述种种经常的税收外，行省居民还须负责供应宿舍、给养、柴
草、饲料给总督的官员和驻军。<sup>④</sup> 在产粮区西西里和撒丁尼亚，为供罗
马城或罗马对外用兵之需，政府有时也征收附加粮，即第二个什一税。
但规定这种附加粮要按市场价格收购。<sup>⑤</sup> 罗马还曾特别规定西西里的粮
食不准出口到意大利以外，因为到公元前 2 世纪西西里已经成为罗马的
重要粮食基地了。

　　此外，行省和同盟还不时将粮食等物品运往罗马或罗马人所需要的
地区。有关这方面的材料，在李维的《罗马史》中保留得很多，现摘录
如下：

　　　　（公元前 200 年），马西尼撒亲自监督装运货物，并把这些货物
　　连同 20 万摩底小麦、20 万摩底大麦一起运往在马其顿的罗马
　　军队。<sup>⑥</sup>

　　　　（公元前 198 年夏天），有 200 匹马、10 头象以及 20 万摩底小
　　麦从马西尼撒统治区送给驻扎于希腊的（罗马）军队。<sup>⑦</sup>

　　① T. Frank, *An Economic Survey of Ancient Rome*（ESAR），Baltimore，The Johns
Hopkins Press，1933，Vol. 1，p. 141.
　　② *Ibid.*，p. 229.
　　③ 西塞罗：《支持马尼里乌斯法》，6～7。
　　④ 西塞罗：《致阿提库斯书》，5，21。阿提卡他连特为古代雅典的货币单位，1 阿提卡他
连特等于 6 000 德拉克玛。据西塞罗记载，在西里西亚比较富裕的城镇为了不让士兵住在他们
那里过冬，常常向总督支付一大笔钱财，如塞浦路斯人民就得付 200 阿提卡他连特。
　　⑤ 西塞罗：《反维列斯》，2，3，163。
　　⑥ 李维：《罗马史》，31，19，4。
　　⑦ 同上书，32，37，2。

在这一年(公元前 196 年),显贵营造官 M. 弗尔维乌斯·诺皮利奥尔(M. Fulvius Nobilior)和 C. 弗拉米尼乌斯(C. Flaminius)把 100 万摩底小麦以每摩底 2 阿司的价格分发给人民。西西里人已经把这些粮食送给罗马,以表示他们对盖约·弗拉米尼乌斯和他的父亲的敬意。为此,他与他的同僚在公民间获得了很高的声望。[①]

大约在这个时候(公元前 202 年),西西里和撒丁尼亚给罗马运来了许多粮食,一度使罗马的粮价非常低廉,以至于商人们宁愿用谷物来支付水手们的工资。[②]

对于作为礼物的粮食,罗马人总是按售价购买。下面两个例子可以清楚地说明这一点。公元前 191 年,迦太基和马西尼撒要免费(gratis)向罗马提供粮食,但是元老院并未同意。他们声明,只有当国家有购买这批粮食的经费时,才能接受这批礼物。[③] 又如,公元前 123 年,西班牙总督西庇阿从西班牙运来粮食,元老院根据盖约·格拉古的建议,决定在罗马卖出这批粮食,并将卖粮所得的钱送回西班牙的城市。这一措施在行省赢得了很大的声誉。[④]

不过,也确实有行省应罗马之邀而向罗马提供物品的例子。如帖撒利人就向罗马提供过粮食,这我们可从 1976 年发现的拉利萨碑文中看得很清楚。这一碑文这样写道:

> 我们的朋友,人品优秀、出身高贵、素与我国友善的昆图斯之子——罗马市政官昆图斯·凯西里乌斯·麦铁路斯,亲自来到了我们的议事会,他首先追述了他的祖先以前对我国所做过的好事,然后声明他目前当选为本届罗马市政官,而当前该国正发生饥馑。故此要求我国的公共财务部门尽可能向元老院和人民供给大量谷物。
>
> 议员们对于昆图斯和他的祖先,以及罗马元老院和人民以前对

① 李维:《罗马史》,33,42,8。
② 同上书,30,38,3~9。
③ 同上书,36,4,5;44,1,2。
④ 普鲁塔克:《盖约·格拉古传》,6。

我国的服务记忆犹新，故此决定按昆图斯的要求，把430 000筐(Kophina)小麦送往罗马，供元老院和人民之需，并责成长官帕特拉伊奥斯(Petraios)与其同僚行政长官和议事员一起，负责在各城市间分派上述谷物。

每一城市须把已分配给它的谷物运往港口，或德摩特莱奥斯(Demotraios)港或法莱拉(Phalera)港或德迈特里阿斯(Dernetrias)港；其中320 000筐(Kophina)小麦由潘拉斯吉俄太斯人(Pelasgiatas)和费底俄底斯人(Phthiotis)以及爱斯底阿奥底斯人(Hestaiotis)和帖撒利俄底斯人(Thessaliotis)运送，须分别于阿弗里奥斯月(Aphrios)及提奥斯月(Thyos)20 日之前送到(港口)。其余的110 000筐小麦须于弗里考斯月(Phyllikos)15 日之前到达，帕特拉伊奥斯为此事的大总管，每一城市须按摊派给他的谷物数量负担装船费。

关于谷物往罗马运送的问题，由于帖撒利人没有船，所以他们也决定由昆图斯负责。使用他认为最合算的合同把粮食的运输承包出去。至于运输中所需费用则由负责押运前往罗马的使者从谷物价格中支付。

如果昆图斯不能派出船只，而是派出人员去承租船只，那么大总管帕特拉伊奥斯与那些被任命的人要负责把谷物运到罗马，大总管应负责派人押送。大总管和他的同僚将负责支付费用，并安排(谷物)的运送，这些费用将由大总管在各城市之间摊派。

如果任何城市到指定的日期，还不把谷物运到港口，则应予以罚款，每筐(Kophina)小麦的罚金为 2 斯带担尔(Staters) 9 俄勃莱斯(Oboles)。大总管和由他任命的那些人可选择用任何方法从该城和该城居民的财产中收集这一笔罚款。他们自己则可以免除因其收集方法而遭到的起诉或罚款。①

在公元前 2 世纪末叶以前，罗马在各行省很少建立殖民地，所以各

---

① 杨共乐选译：《罗马共和国时期》下册，36 页，北京，商务印书馆，1998。

省居民无须出让土地供罗马殖民。罗马在西班牙、高卢等地的殖民地大多是长期驻军造成的。只有到盖约·格拉古以后，尤其是到了恺撒和奥古斯都时代，罗马的海外殖民地才得以发展起来。

# 三、罗马行省统治的缺陷

直到公元前 2 世纪为止，罗马在意大利的统治是成功的。但对行省的统治却显得缺乏经验，有些混乱。原因很简单，因为罗马人把各行省看成了罗马财富的来源地。[①] 波利比乌斯证明，早年间的行省官员普遍是诚实正直的。他这样写道："在希腊人中，除去其他事情之外，那些身兼公职的人，纵使他们拥有 10 位会计员和同样数目的公章，以及两倍于此的证人，也不能保管住 1 个塔兰特的钱财。而罗马的地方官却能掌管巨额财款，严格认真地行使自己的职责，原因就在于他们曾对神起过誓。其他国家中很难找出一个不将手伸向公共财产并且在这方面记录清白之人。而在罗马人中，却只能找到极个别在这方面被查出行为不轨的人。"[②] 但自从公元前 2 世纪罗马征服东方的巴尔干、小亚、叙利亚等地之后，财富大增，贪污腐化之风也随着罗马财富的增长而在罗马政坛迅速蔓延。

按照罗马的习惯，公职人员在国内向来是没有报酬的，而他们在罗马从事政治活动却需要大量钱财，往往参加一次竞选就会债台高筑。罗马人在意大利以外的地区任职却不同，往往可享受国家拨给的办公费和差旅费。遇到胜利的战争，他们又可得到一份丰厚的战利品。至共和末叶，到行省任职则变成了罗马上层人士补偿过去所花的费用和准备以后的费用的源泉。总督带头搜刮，手下热衷效仿。公元前 123—前 122

---

① 在罗马人看来，行省是被征服者，行省人的地位相当于 deditidi 或 capitulants，即投降者，被看作"异邦人（peregrinus）"。

② 波利比乌斯：《通史》，6，56。

年，盖约·格拉古在撒丁尼亚省就任财务官。当他回到罗马时，就当众宣布："他是在军队中唯一一个满着钱袋去，空着钱袋回的人；别人都是喝光了带到撒丁尼亚去的酒，然后带回了装满金钱的酒桶。"[①]由此可见，形行省搜刮也成了当时的弊病。

罗马官员聚敛钱财的手段繁多，花样层出不穷。受贿行贿、制假造假、出卖官职、贪赃枉法、加捐加税等处处可见，形同常规。

维列斯是公元前73—前71年西西里的总督，在职期间对西西里人民巧取豪夺，无恶不作，致使整个西西里民不聊生，苦不堪言。在他统治西西里的3年中，利奥底努斯的农夫数目从83人降至32人，莫杜卡的农夫从183人降至86人，赫比塔的居民从252人降至122人，爱奇利乌姆则从250人降至80人。在西西里最肥沃的区域竟然有59%的地主宁愿放弃自己的耕地，而他自己则在3年任职期间搜刮了7 000万塞斯退斯钱财以及大量的古玩和艺术品。他自己公然宣称：他在3年中赚回了3份家私，"一份是替自己赚的，一份是替他的朋友和保护人赚的，还有一份是准备用于被控时贿赂法庭的"[②]。

公元前61年，恺撒在就任远西班牙总督时也债台高筑，欠债总数达800他连特。[③]但他在西班牙任职仅一年就腰缠万贯，成了大富翁。他不但还清了所有债务，而且赚到了大笔政治活动经费。普鲁塔克写道："恺撒在做了深受民众爱戴的事情之后，便离开了行省。他本人在行省发了财，并且在征服期间使自己的士兵也都富了起来。"[④]苏埃托尼乌斯说得更具体，他说："恺撒在西班牙当总督的时候，曾接受过我们同盟者的金钱；他向他们索取金钱以为还债之用，又曾在路西塔尼亚劫掠过好几个城市，其借口是它们对他表示敌意，但其实它们并没有违抗他的命令，并且是打开城门欢迎他的。他在高卢劫掠过各种积存着许多贵重礼物的庙宇和圣殿。他破坏各种城市，主要是为劫掠它们的财产，

---

① 普鲁塔克：《盖约·格拉古传》，2。
② 西塞罗：《反维列斯》，1，14。
③ 普鲁塔克：《克拉苏传》，7。
④ 参见普鲁塔克：《恺撒传》。

而不是因为它们有违法行为。他将获得的许多黄金在意大利和其他行省低价出售，并将每磅黄金的价格减到 3 000 塞斯退斯。"[1]

对于行省居民而言，除了贪财的官员以外，最可恨的还是享有特权的包税人、放高利贷者和罗马商人。

按照罗马法规，罗马行省的居民每年都要向罗马缴纳直接税和间接税。这些税收常常由包税人承包。罗马政府不予干预。包税人凶狠无比，不择手段，他们所收的税往往比上缴的税多得多。由于手中掌握大笔现金，包税人常常会同商人做投机买卖，用公款在收获季节低价买进粮食，在缺粮季节或在缺粮地区高价售出，进一步搜刮行省居民。包税人也经营高利贷，放贷月息高达四分，收账时和收税一样可以得到总督的保护，行省居民苦不堪言。到共和末年，这种情况已相当严重。李维对此曾评论说："哪里有包税商，哪里就会出现无法无天的事，哪里的居民就失去了自由。"[2]

内战时期，罗马行省的受害程度更甚。交战双方为了获取更多军需，都纷纷向行省居民敲诈勒索，搜刮钱财。庞培派代表人物西庇阿对亚细亚行省的搜刮就是最好的例证。据记载："他们不但用最残暴的勒索手段在全行省榨取钱财，而且还想出各种各样的剥削方法来满足他们的贪欲。人头税加到了每一个奴隶和儿童身上，屋柱税、门户税、粮食、士兵、武器、桨手、弯机和运输船无一不在需索之列。无论哪一种征法，只要能找到一个名目，就可以被用来作为敛钱的理由。不但城市，几乎连村庄和堡垒，也都被派了手持军令的催税人。"[3]两年的内战以及与此同时将领们对行省的搜刮，不但给行省人民带来了巨大的不幸，而且也严重地破坏了行省的经济，城市因税收而债台高筑，乡村因战乱而田地荒芜，内战几乎把行省搞到了山穷水尽、财尽民困的地步。

行省的总督、包税人和军事首领的劣迹时常也遭到行省居民的反对

---

① 苏埃托尼乌斯：《圣朱理乌斯传》，54。

② 李维：《罗马史》，14，8，4。

③ 恺撒：《内战记》，3，32。参见[古罗马]恺撒：《内战记》，113 页，北京，商务印书馆，1986。

和抗议。行省居民经常将实行勒索的行省总督上告到罗马。在罗马也有一些代表行省利益的人。他们常常是对某省的征服立过功的将领。例如，在西西里行省，有当初征服叙拉古的马尔西路斯家；在那尔旁·高卢，有法比乌斯·马克西姆斯家；在西班牙，有塞姆普罗尼乌斯·格拉古家和迦图家，等等。元老院也深知行省的弊病，对无法无天的总督也有一定的惩治措施，但由于罗马派系林立，各种斗争错综复杂，所以得以免除或逃避惩罚的行省官吏也比比皆是。

## 四、奥古斯都对罗马行省制度的改革

自从公元前 133 年开始，罗马进入了内战时期，内战给罗马人民尤其是行省人民带来了深重的灾难。公元前 30 年，屋大维击败安敦尼，终于结束了旷日持久的战争。战争结束后，屋大维在建立元首制政权的同时，又着手进行意大利和行省的政治和经济建设，并取得了前所未有的成就。其中以行省建设的成就最为突出。

在奥古斯都统治时期(公元前 27—公元 14)，罗马的领土相当辽阔，如果我们把隶属于罗马的各公国和各王国都包含进罗马帝国之内，则它囊括了欧、亚、非三大洲地中海周边的所有地区，即东起黑海，西至直布罗陀海峡，西北达西班牙和高卢海岸，东南到尼罗河三角洲与巴勒斯坦地区。据传统估计，公元 1 世纪罗马帝国的总人口大约为 5 000 万到 6 000 万，占当时世界人口的 1/5 或 1/6。[①] 而在这众多的人口中，行省人口就占了 3/4。[②] 行省数量也由原先的十几个增加到 24～25 个，对行省制度加以改革，适当调整行省政策，改变共和时期行省管理的混乱状态，以便巩固元首制的统治，可以说是摆在奥古斯都面前的最重要和最

---

① K. Hopkins, *Conquerors and Slaves：Sociological Studies in Roman History*，Cambridge & New York，Cambridge University Press，1978，p. 1.

② M. Cary & H. H. Scullard, *A History of Rome：Down to the Reign of Constantine*，New York，St. Martin's Pr.，1979，p. 339.

迫切的任务。从公元前 27 年开始，奥古斯都对行省进行了一系列改革。这些改革主要包括：

第一，将帝国行省分成两大类，即元首省（Province Princeps）和元老院省（Province Senatus）。在共和国的时候，罗马的行省主要由元老院负责。公元前 1 世纪 40 至 30 年代内战期间，三头们夺走了元老院的这一特权。公元前 27 年，屋大维又为元老院恢复了这一权力，然而，他并不是将所有的行省都交还给元老院，而是将行省分成两部分，一部分归自己管辖，另一部分归人民管辖。他自己管辖的地区必须驻扎军队，属于这种地区的行省称恺撒的行省。归人民管辖的地区为不需武力和易于统治的地区，属于这种地区的行省称人民的行省。① 苏埃托尼乌斯认为，屋大维这样做的原因是因为每年更换总督不利于有效地治理那些比较强大的行省。② 但实际上更重要的目的恐怕是为了"剥夺元老院的军权，使之无实力，他自己则可以独揽大权"③。当然，奥古斯都将一部分行省划归元老省，这也是由于在当时罗马没有一整套完整的官吏体制，恺撒之败、奥古斯都实行"元首政治"，都与这一原因有很大的关系。在这一情况下，奥古斯都显然只能部分地利用共和旧制来为其统治服务。

在后来元首制的发展过程中，由于对外征服和管理的需要，行省的划分又有了许多变化。首先是在莱茵河地区、多瑙河地区和不列颠新征服的地区新设了多个行省；其次是将旧有的领土较大的行省划分成若干个小行省，分省原则仍以军队的需要为准。例如，高卢被划分成阿奎塔尼亚（Aquitania）、路格杜纳西斯（Lugdunensis）、贝尔吉卡（Belgica）和那尔旁·高卢 4 个省，其中那尔旁·高卢划归元老院。远西班牙被划分为贝提卡（Baetica）和路西塔尼亚（Lusitania）两省，其中贝提卡给元老院。原属元老院的伊利里乌姆省由于在多瑙河用兵转为元首省，后改为

① 在奥古斯都时只有一个元老院行省驻扎军团。参见塔西佗：《历史》，4，48。
② 苏埃托尼乌斯：《圣奥古斯都传》。
③ 狄奥·卡西乌斯：《罗马史》，12。

潘诺尼亚和达尔马提亚两省，都属元首。至于新征服的省显然都归元首。至奥古斯都逝世时，元老院所属的行省主要有阿卡亚、阿非利加、亚细亚、贝提卡、俾提尼亚、克里特、马其顿、西西里、塞浦路斯、加里亚和那尔旁·高卢。奥古斯都死后，行省的归属在元老院和元首之间还有变化，但基本上以军权的有无为原则。

第二，加强对行省总督的管理和监督。在奥古斯都时期，元老院省总督的人选基本沿用共和时代的办法，仍从卸任的执政官和行政长官中任命，但强调正途出身，必须经历正式晋升阶梯。元老院人选在合格候选人中抽签选派，任期1年，对已婚而且子女较多的人选予以优待。①阿非利加和亚细亚省的总督由元首指定卸任执政官充任，其他元老院省由卸任行政长官充任，但间隔期必须满5年。

元首省的总督由元首亲自挑选，身份是元首的使臣和代理人（Legati），期限随元首的旨意而定，一般为3年，最长达24年。埃及为特别区，由元首亲自控制，派人代理。

元老院省的总督统称为"Proconsul"，理由是他们的职责更为和平；元首省的总督称"Propraetor"，理由是这一官职最初设置与战争有关。同时，他把执政官和行政长官的头衔只保留在意大利。这样，实际上也就是把行省放到了与意大利平起平坐的地位。

行省总督有优厚的薪金，实行"高薪养廉"，防止贪污。他们的薪俸分成三级，分别为年薪10万、20万和30万塞斯退斯。②总督以下的小事人员也形成正式的官署，官员都是有行政经验和专门知识的专业人员，基本上改变了共和时代让只顾谋私利的包税商代办一切的情况。

元首拥有至上特权③，可对元老院省和元首省的总督加以控制，元

---

① 共和末期以来，罗马上层社会不结婚、不生育子女之风盛行。为鼓励元老结婚和多生子女，奥古斯都多次颁布优待多子女元老的立法。公元9年，《朱理亚-帕底亚法》规定，凡有3个子女的父亲可享受一系列优待，其中包括在法定年龄之前担任官职、缩短升官所需间隔年限、豁免某些义务等。

② 狄奥·卡西乌斯：《罗马史》，15。

③ 即 imperium maius，奥古斯都于公元前23年获此权力。

首可经常派监察御史到各省巡查。监察御史为元首亲信，唯元首命令是从。行省总督慑于监察御史的监视，胡作非为之风有所收敛。提比略时代被控告的总督较多，被控告者多属于元老院省总督，因为元首省总督受监督更严，往往不等其罪行发展到严重程度，便已被免职。被控告者都会受到高等法庭审判，其处分主要有罚款、没收财产、开除出元老院以及流放等。

第三，实行税收改革。行省的税收包括直接税和间接税两种。直接税是罗马帝国赖以生存的经济支柱。共和时期，行省的直接税主要是什一税和贡金税。奥古斯都将行省直接税划分为土地税和人头税。并重申在行省、殖民地居住的罗马公民以及在各省殖民地安家的退伍军人及其后代，只要有公民权就可不纳土地税和人头税。但行省、自治市新获得罗马公民权的人们必须如以前身为省民时一样，缴纳这两种税。

为了杜绝包税人与不法总督勾结勒索省民，奥古斯都重新规定，取消在行省直接税方面的包税办法，由政府直接征税。[①] 元首省由监察御史负责征收，元老院省则由财务官专门征收。监察御史一般是经过考验的公正廉洁的人，有一个好名声。许多人一经任命，就永远留用。直接税征收办法的改进大大限制了包税商的活动范围，对缓解行省居民的负担起了很大的作用。

至于间接税，[②] 奥古斯都时期基本没有改变，还和以前一样由罗马的骑士团体或包税人承包征收。

奥古斯都时期，税收的数值因为资料不足很难统计。起初可能元首省税收归元首私人金库（Patrimonium），元老院省税收归国库（Aerarium），但并非绝对如此，因为各省都要为保卫国家缴纳一定税收，亦即缴纳一些军费。所以元首必从元老院省收一部分税。塔西佗说过，元老院省中有元首的代理人，但他们也受行省的监督。提比略时期有一位被

---

① 早在公元前1世纪40年代，恺撒就已经对税制进行了改革。公元前48年，恺撒取消了亚细亚什一税的包税制。关于恺撒对西西里是否采取了类似措施，史学界有不同看法。

② 间接税包括港口税、被释奴隶税、地方摊派的实物税（供地方政府官员使用）和新元首登基税等。

派往亚细亚收税的财务代理官就因收税不当被治罪。[①] 元老院省社会安定，生活富裕，经济相对发达，收入按理较多，但事实却并非如此，国库常常处于空虚状况。奥古斯都时代曾几次从元首私人金库拨钱给元老院主管的国库[②]，以弥补国家的财政不足。

奥古斯都的行省政策，基本上奠定了罗马行省管理制度的基础。它结束了共和时期行省管理上的混乱局面，缓和了意大利居民与行省居民间的激烈对抗，使帝国的统治趋于稳固，对帝国的稳步发展有十分积极的意义。

---

① 塔西佗：《编年史》，4，15。
② 狄奥·卡西乌斯：《罗马史》，53，16～21。

# 第九章 所有制的变革与罗马社会形态的演变

马克思在其《政治经济学批判》导言里，详细地分析了生产、分配、交换、消费四个环节，认为它们不是"同一的东西"，"它们构成一个总体的各个环节，一个统一体内部的差别"[①]。在这四个环节中，生产是最重要的部分，起着主导和决定性的作用。生产关系则是其不可或缺的形式。在生产关系中，所有制形式又起着举足轻重的作用，它体现着现实人们之间最本质的社会关系，决定着劳动者和生产资料的结合方式，"实行这种结合的特殊方式和方法，使社会结构区分为各个不同的经济时期"[②]。人类历史上各种经济形态的区分，主要是以生产资料所有制的不同形态为标志的。所以，从所有制的变革中能够看到一个社会本质的变化。

马克思和恩格斯对所有制形式的变革是相当重视的。早在 19 世纪 40 年代中叶，他们就对部落所有制、古代公社所有制和国家所有制以及封建的或等级的所有制做过探讨。他们认为："第一种所有制形式是部落[Stamm]所有制。它与生产的不发达阶段相适应，当时人们靠狩猎、捕鱼、牧畜，或者最多靠耕作为生。在后一种情况下，它是以有大量未开垦的土地为前提的。在这个阶段，分工还很不发达，仅限于家庭中现有的自然形成的分工的进一步扩大。因此，社会结构只限于家庭的扩大：父权制的部落首领，他们管辖的部落成员，最后是奴隶。潜在于

---

① 《马克思恩格斯选集》第二卷，17 页，北京，人民出版社，1995。
② 《马克思恩格斯全集》第二十四卷，44 页，北京，人民出版社，1972。

家庭中的奴隶制，是随着人口和需求的增长，随着战争和交易这种外部交往的扩大而逐渐发展起来的。

"第二种所有制形式是古典古代的公社所有制和国家所有制。这种所有制是由于几个部落通过契约或征服联合为一个城市而产生的。在这种所有制下仍然保存着奴隶制。除公社所有制以外，动产私有制以及后来的不动产私有制已经发展起来，但它们是作为一种反常的、从属于公社所有制的形式发展起来的。公民仅仅共同享有支配自己那些做工的奴隶的权力，因此受公社所有制形式的约束。这是积极公民的一种共同私有制，他们面对着奴隶不得不保存这种自然形成的联合方式。因此，建筑在这个基础上的整个社会结构，以及与此相联系的人民权力，随着私有制，特别是不动产私有制的发展而逐渐趋向衰落。分工已经比较发达。……

"随着私有制的发展，这里第一次出现了这样的关系，这些关系我们在考察现代私有制时还会遇见，不过规模更为巨大而已。一方面是私有财产的集中，这种集中在罗马很早就开始了[李奇尼乌斯（即李锡尼——著者注）土地法就是证明]，从内战发生以来，尤其是在王政时期，发展得非常迅速；另一方面是由此而来的平民小农向无产阶级的转化，然而，后者由于处于有产者公民和奴隶之间的中间地位，并未获得独立的发展。"①

1857—1858 年，马克思在讨论资本主义生产以前的各种形式时，又对资本主义以前的三种形式，即亚细亚的所有制形式、古代所有制形式和日耳曼的所有制形式进行过认真的研究。在相当长的时间内，学术界对于亚细亚的所有制形式争论很多，对于日耳曼的所有制形式也没有达成一致的意见。但对于古代所有制形式则少有争议，几乎所有的人都把它确定为是希腊罗马的奴隶制形式。这显然是一种误读。而这一误读确实给中国史和世界史的研究带来了很大的混乱，造成了许多不良的影响，严重地阻碍了人们对人类社会发展规律的探索与研究。因此，正确

① 《马克思恩格斯选集》第一卷，68～69 页，北京，人民出版社，1995。

理解马克思的"古代所有制形式"和"奴隶所有制形式",认真探讨罗马国家早期的所有制形式以及所有制形式的转换,无论对世界史(尤其是罗马史)研究,还是对中国史研究都有十分重要的意义。

# 一、罗马的古代所有制

罗马也和世界上其他地区的社会一样,原始所有制是其最早的所有制形式。"我们可以设想,游牧,总而言之流动,是生存方式的最初的形式,部落不是定居在一个固定的地方,而是在哪里找到草场就在哪里放牧(人类不是天生定居的;只有在特别富饶的自然环境里,人才有可能象猿猴那样栖息在某一棵树上,否则总是象野兽那样到处游荡),所以,部落共同体,即天然的共同体,并不是共同占有(暂时的)和利用土地的结果,而是其前提。"①这种自然形成的部落,乃是人类占有他们的客观生活条件和再生产这种生活自身以及从事物质生产活动的最基本的前提。

不过,随着人类过渡到定居农业,"这种原始共同体就将依种种外界的(气候的、地理的、物理的等等)条件,以及他们的特殊的自然习性(他们的部落性质)等等,而或多或少地发生变化"②。古代所有制社会就是原始部落更为动荡的历史生活、各种遭遇以及变化的产物。正因为它从原始社会发展而来,所以,它必然带有原始公社的某些因素,社会共同体必须作为其存在的第一个前提。

在罗马,早期共同体的实体是公社,公社本身及其条件表现为生产的基础。公社的范围规定着这种所有制的范围。"公社(作为国家),一方面是这些自由的和平等的私有者间的相互关系,是他们对抗外界的联合;同时也是他们的保障。"③"公社制度的基础,既在于它的成员是由

---

① 《马克思恩格斯全集》第四十六卷,上册,472页,北京,人民出版社,1979。
② 同上。
③ 同上书,476页。

劳动的土地所有者即拥有小块土地的农民所组成的，也在于拥有小块土地的农民的独立性是由他们作为公社成员的相互关系来维持的，是由确保公有地以满足共同的需要和共同的荣誉等等来维持的。"①在这里，公社成员的身份是其占有土地的前提，"但作为公社成员，每一个单个的人又是私有者。他把自己的私有财产看作就是土地，同时又看作就是他自己作为公社成员的身分；而保持他自己作为公社成员，也正等于保持公社的存在……虽然公社（在这里它已经是历史的产物，因而不仅在事实上，而且在人们的意识里都是一个产生出来的东西）在这里表现为土地财产的前提，也就是说，表现为劳动主体把劳动的自然前提看作属于他所有这种关系的前提，但是，这种'属于'是由他作为国家成员的存在作媒介的，是由国家的存在……作媒介的"②。在罗马，"财产是魁里特（Quiretes，指罗马公民——著者注）的财产，是罗马人的财产；土地私有者只是作为罗马人才是土地私有者，但是，作为罗马人，他一定是土地私有者"③。

正如乡村是欧洲中世纪的起点一样，城市则是古代的起点。古代的居民以城市为中心安排自己的生活。城市既是古代居民的主要居住地，也是古代所有制的重要支撑点。马克思和恩格斯早在 1845—1846 年写作的《德意志意识形态》一文中就明确说过："古代的起点是城市及其狭小的领域，中世纪的起点则是乡村。"④马克思在其《资本主义生产以前的各种形式》一文中则讲得更加清楚，他指出，"在古代世界，城市连同属于它的土地是一个经济整体"⑤，"古典古代的历史是城市的历史，不过这是以土地财产和农业为基础的城市"⑥。在同一著作中，马克思还指出："这第二种形式（指古代所有制形式——著者注）不是把土地作为

---

① 《马克思恩格斯全集》第四十六卷，上册，476 页，北京，人民出版社，1979。

② 同上。

③ 同上书，477 页。Quiretes 一词来源于 Quirinus，指罗马人民。参见查士丁尼：《法学总论》，1，2，2。

④ 《马克思恩格斯选集》第一卷，70 页，北京，人民出版社，1995。

⑤ 《马克思恩格斯全集》第四十六卷，上册，481 页，北京，人民出版社，1979。

⑥ 同上书，480 页。

自己的基础，而是把城市即已经建立起来的农村居民（土地所有者）的居住地（中心地点）作为自己的基础。"①马克思的这些论述清楚地告诉我们，古代城市是古代所有制形式的基础。这种所有制本身不可能越出古代城市的范围。当然，这种城市与中世纪产生的生产和消费型城市有着很大的不同。中世纪的城市是地域国家的一部分，古代的城市在早期等同于国家，是农村居民的重要聚居地。中世纪的城市从乡村发展而来，古代早期的城市是和乡村同为一体的，是"经济整体"；中世纪的城市是自由的象征，与乡村处于对立状态，而古代早期则没有城乡间的对立。在古代所有制的形式下，农民们白天出城耕作，晚上进城休息。"集中于城市而以周围土地为领土；为直接消费而从事劳动的小农业；作为妻女家庭副业的那种工业（纺和织），或仅在个别生产部门才得到独立发展的工业［Fabri（古罗马的匠人）等等］"②，便是以这种所有制为基础的社会的主要特征。

在古典古代，农业是社会的基础，是最重要的谋生手段，在当时的经济生活中处于举足轻重的地位。亚里士多德在其《政治学》一书中指出，在古代世界，谋生的主要途径有以下五种：首先是畜牧业，其次是农业耕作，再次是做海盗，还有捕鱼和狩猎。但他认为其中最主要的还是农业。③ 马克思在其《政治经济学批判》导言中也有过精辟的论述，他说："在从事定居耕作（这种定居已是一大进步），而且这种耕作像在古代社会和封建社会中那样处于支配地位……"④早期雅典、罗马的情况就是如此。在农业为主的社会里，土地自然是人们最基本和最主要的生产资料，它是人类伟大的实验场所，是提供劳动工具和劳动材料的仓库，是社会的住处和基础。在古代所有制里，土地的归属一般分为两种形式，一种是公有地，另一种是私有地。公有地和私有地这两种形式同时并存。马克思指出："个人把自己看作所有者，看作自己现实条件的

---

① 《马克思恩格斯全集》第四十六卷，上册，474 页，北京，人民出版社，1979。

② 同上书，476 页。

③ 参见亚里士多德：《政治学》(Aristotle, *Politics*)，4，4，1291a。

④ 《马克思恩格斯选集》第二卷，25 页，北京，人民出版社，1995。

主人。个人看待其他个人也是这样，并且，根据这个前提是从共同体出发，还是从组成公社的各个家庭出发，个人或是把其他个人看作财产共有者即公共财产的体现者，或是把其他个人看作同自己并存的独立的所有者即独立的私有者，而在这些独立的私有者之外，原来囊括一切和包罗所有人的公共财产本身，则作为特殊的公有地①与这些数量众多的土地私有者一起存在。"②马克思在另一处更明确地指出："在古代民族那里（罗马人是最典型的例子，表现的形式最纯粹，最突出），存在着国家土地财产和私人土地财产相对立的形式，结果是后者以前者为媒介；或者说，国家土地财产本身存在于这种双重的形式中。"③在这里，"土地为公社所占领，是罗马的土地；一部分土地留给公社本身支配，而不是由公社成员支配，这就是各种不同形式的公有地；另一部分则被分割，而每一小块土地由于是一个罗马人的私有财产，是他的领地，是实验场中属于他的一份，因而都是罗马的土地；但他之所以是罗马人，也只是因为他在一部分罗马土地上享有这样的主权。"④这种公有地与私有者并存的国家的特殊经济制度与氏族所有制形式有着本质的不同，这不仅因为公民私有地独立于公有地而成为私有财产，而且因为公有地实质上是"积极公民的一种共同私有制"⑤。公民是作为共同体的成员而成为私有者的。

在古代所有制下，从事生产的主要力量不是奴隶，也不是农奴，而是自由的土地所有者和手工业者。马克思对此曾有过认真的研究，指出："小农经济和独立的手工业生产，一部分构成封建生产方式的基础，一部分在封建生产方式瓦解以后又和资本主义生产并存。同时，它们在原始的东方公有制解体以后，奴隶制真正支配生产以前，还构成古典共同体在其全盛时期的经济基础。"⑥马克思又说："自耕农的这种自由小

---

① 指古代罗马的国有土地。
② 《马克思恩格斯全集》第四十六卷，上册，471页，北京，人民出版社，1979。
③ 同上书，481页。
④ 同上书，478页。
⑤ 《马克思恩格斯选集》第一卷，69页，北京，人民出版社，1995。
⑥ 《资本论》第一卷，388页，北京，人民出版社，2004。

块土地所有制形式，作为占统治地位的正常形式，一方面，在古典古代的极盛时期，形成社会的经济基础；另一方面，在现代各国，我们又发现它是封建土地所有制解体所产生的各种形式之一。"①在这里马克思十分明确地告诉我们，小农经济和独立的手工业生产是原始的东方公有制解体以后，奴隶制真正支配生产以前，古典社会全盛时期的经济基础。马克思的这一论断与早期罗马的实际情况是完全相符的。② 建立在小农经济这一经济基础之上的显然不可能是奴隶制社会。许多学者也看到了这一点，但他们又常常混淆古典时期的小农经济和封建时期的小农经济的关系，把古典时期界定为前封建社会或封建社会。其实，它们之间还有着明显的区别。古典时期的小农经济是以公社作为前提的。"公社成员的身份在这里依旧是占有土地的前提，但作为公社成员，每一个单个的人又是私有者。他把自己的私有财产看作土地，同时又看作就是他自己作为公社成员的身分；而保持他自己作为公社成员，也正等于保持公社的存在，反过来也一样，等等。虽然公社（在这里它已经是历史的产物，因而不仅在事实上，而且在人们的意识里都是一个产生出来的东西）在这里表现为土地财产的前提，也就是说，表现为劳动主体把劳动的自然前提看作属于他所有这种关系的前提。"③但是，这种"属于"是由他作为国家成员的存在做前提的，是由国家的存在做媒介的。公社成员间的血缘成分还相当严重。

在古典所有制下，生产的目的并不表现为财富的创造，而主要是人的生产。马克思指出："根据古代的观点，人，不管是处在怎样狭隘的民族的、宗教的、政治的规定上，毕竟始终表现为生产的目的。"④"在古代人那里，财富不表现为生产的目的，尽管卡托（又译迦图——著者注）能够很好地研究哪一种土地耕作法最有利，布鲁土斯（又译布鲁图斯——著者注）甚至能够按最高的利率放债。人们研究的问题总是，哪

---

① 《马克思恩格斯全集》第二十五卷，909页，北京，人民出版社，1974。
② 参阅本书第一章。
③ 《马克思恩格斯全集》第四十六卷，上册，476页，北京，人民出版社，1979。
④ 同上书，486页。

一种所有制形式会造就最好的国家公民。"①正因如此，所以德国学者尼布尔说："当占卜官的预言使努玛相信神认可了他的当选的时候，这位虔诚的国王首先关心的不是神庙的礼拜，而是人。他把罗慕洛（又译罗慕鲁斯）在战争中获得的并交给他占领的土地分配了，创设了境界神的祀典。所有古代的立法者，首先是摩西，他们支持善行、公正和美德的法规所以取得成就，都是建立在让尽可能多的公民取得土地所有权的基础上，或者，至少要保证尽可能多的公民有世袭的土地占有权。"②

　　既然古代所有制发展的基础是单个公社成员对国家的原有关系（或多或少是自然形成的或历史地产生但已变成传统的关系）的再生产，以及他对劳动条件和对劳动同伴等关系上的一定的、对他来说是前定且客观的存在。因此，这种基础从一开始就有明显的限定性。无论是单个公社成员自身的变化，还是共同体自身的发展；无论是共同体客观环境的变化，还是共同体和其他共同体之间关系的变化都会对这一发展基础产生影响。另外，在古代所有制内部，本身存在着公社所有制与公社成员私人所有制之间的矛盾。这对矛盾的发展自然会对古代所有制本身的存在产生严重的影响。总括起来，造成这种所有制解体的原因主要有以下几个方面。

### （一）生产的发展和生产力的提高

　　马克思主义认为："历史过程中的决定性因素归根到底是现实生活的生产和再生产。"③"根据唯物主义观点，历史中的决定性因素，归根结蒂是直接生活的生产和再生产。但是，生产本身又有两种。一方面是生活资料即食物、衣服、住房以及为此所必需的工具的生产；另一方面是人自身的生产，即种的蕃衍。"④在实行古代所有制的地方，其目的就在于把形成共同体的个人作为所有者加以保存，即再生产出来。"也就是说，这样一种客观存在方式既形成公社成员之间的关系，同时又因而

---

① 《马克思恩格斯全集》第四十六卷，上册，485 页，北京，人民出版社，1979。
② 同上书，477 页。
③ 《马克思恩格斯选集》第四卷，695 页，北京，人民出版社，1995。
④ 同上书，2 页。

形成公社本身。但是，这种再生产必然既是旧形式的重新生产，同时又是旧形式的破坏。例如，在每一个人均应占有若干亩土地的地方，人口的增长就给这样做造成了障碍。要想消除这种障碍，就得实行移民，要实行移民就必须进行征服战争。结果就会有奴隶等等。例如公有地也会增加，因而也会有作为共同体代表的贵族等等。"①同时，随着原有土地上生产力的提高（在旧的传统的土地耕作方式之下，这种发展恰好是最缓慢的），就会出现新的劳动方式，新的劳动组合。"而这又会破坏共同体旧有的经济条件。在再生产的行为本身中，不但客观条件改变着，例如乡村变为城市，荒野变为清除了林木的耕地等等，而且生产者也改变着，炼出新的品质，通过生产而发展和改造着自身，造成新的力量和新的观念，造成新的交往方式，新的需要和新的语言。"②可见，旧共同体的保存包含着被它当作基础的那些条件的破坏，这种保存会向对立面转化。

### （二）生产方式的变化

"生产方式本身越是保持旧的传统（在农业中，传统的方式是保持得很久的，而在东方的那种农业与工业的结合中，保持得更久），也就是说，占有的实际过程越是保持不变，那么，古代所有制形式以及建立在此基础上的共同体本身，也就越是固定。凡是公社成员作为私有者已经同作为城市公社以及作为城市领土所有者的自身分开的地方，那里也就出现了单个的人可能丧失自己的财产的条件，也就是丧失使他既成为平等公民即共同体成员，又成为所有者的那种双重关系。"③马克思认为，"在东方的形式中④，如果不是由于纯粹外界的影响，这样的丧失几乎是不可能的，因为公社的单个成员对公社从来不处于可能会使他丧失他同公社的联系（客观的、经济的联系）的那种自由的关系之中。他是同公社牢牢地长在一起的。其原因也在于工业和农业的结合，城市（乡村）和

---

① 《马克思恩格斯全集》第四十六卷，上册，493~494 页，北京，人民出版社，1979。
② 同上书，494 页。
③ 同上。
④ 即亚细亚的形式。

土地的结合。"①但在古代人(希腊人和罗马人)那里,虽然工业被认为是有害的职业(是释放的奴隶、被保护民、外地人干的事情),但生产劳动的这种发展(即这种劳动作为只是为农业和战争服务的自由人的家庭劳动,或者作为为宗教祭祀和共同体服务的工业,如建造房屋、修筑道路、兴建庙宇等,而从单纯从属于农业的状况中摆脱出来),是必然要完成的,这是由于同外地人交往,由于有奴隶,由于要交换自己的剩余产品,等等;这种发展使那种成为共同体的基础的,因而也成为每一个客观的个人(即作为罗马人、希腊人等的个人)的基础的生产方式发生解体。

**(三)奴隶制的发展**

古代所有制是在生产力极度低下的状况下产生的,所以建立在此基础上的共同体必然是小国寡民的共同体,共同体的公民们都在面积狭小的区域内劳作、生产。但在他们"把生产的自然条件——土地(如果我们立即来考察定居民族)——当做自己的东西来对待时,会碰到的唯一障碍,就是业已把这些条件当作自己的无机体而加以占据的另一共同体。因此战争就是每一个这种自然形成的共同体的最原始的工作之一,既用以保护财产,又用以获得财产"②。战争的频繁也就促进了古希腊罗马早期共同体军事组织模式的建设。军事是古希腊罗马早期共和国政治中的最重要的内容。这可从梭伦和塞尔维乌斯的改革内容中看得非常清楚。据亚里士多德和普鲁塔克记载,梭伦改革的重要内容之一就是修改宪法。按新宪法规定,全体雅典自由民,一律按财产的多少分为4个等级。凡收入在500麦斗(1麦斗约合52.3升)以上者列为第一等级;凡收入在300~500麦斗者列为第二等级;凡收入在200~300麦斗者列为第三等级;凡收入在200麦斗以下者一律列为第四等级。四个等级既是担任高级行政职务的前提,又是军队组织的基础。第一、第二等级提供骑兵,第三等级提供重装步兵,第四等级提供轻装步兵或在海军中

---

① 《马克思恩格斯全集》第四十六卷,上册,493~494 页,北京,人民出版社,1979。

② 同上书,490 页。

服役。① 大约在公元前 6 世纪中叶，在罗马出现了塞尔维乌斯改革，这次改革与梭伦改革有惊人的相似之处。塞尔维乌斯也是把居民按财产多寡分为 6 个等级，并把它作为征兵的基础。财产在 10 万阿司以上的列为第一等级，可以编成 80 个百人队；财产在 75 000～100 000 阿司之间的列为第二等级，可组织 20 个百人队；财产在 50 000～75 000 阿司者，为第三等级，也可组织 20 个百人队；财产在 25 000～50 000 阿司者属第四等级，同样可出 20 个百人队；财产在 11 000～25 000 阿司者，为第五等级，可出 30 个百人队；财产在 11 000 阿司以下者属第六等级，只象征性地出一个百人队。② 然而，经常性的战争并没能保存共同体本身，维持共同体利益，相反，却慢慢地腐蚀甚至破坏了共同体的根基。在战争中战败的一方，由于已经失去了自身存在的空间和公民，失去了自己的财富，因而也就失去了维持其继续存在的前提；而战胜的一方，也由于从战败者手中获得了许多土地、财产，从他们手中夺取了作为生产条件之一的人而发生变化，与古代所有制完全对立的奴隶制和农奴制出现了，"而奴隶制和农奴制又很快就败坏和改变一切共同体的原始形式，并使自己成为它们的基础。"③因此，"奴隶制、农奴制等等总是派生的形式，而决不是原始的形式，尽管它们是以共同体为基础的和以共同体下的劳动为基础的那种所有制的必然的和当然的结果"④。

在罗马，造成古代所有制衰亡和奴隶制占主导地位的主要原因还是战争。在古代，战争有防御的性质，但同时也有生产的职能。它与农业、手工业一样，是罗马人获取财富的重要手段，虽然这种手段有些残忍。

首先，成功的对外战争改变了罗马的生产结构，给罗马带来了大量

---

① 参见亚里士多德：《雅典政制》，7，3～4；普鲁塔克：《梭伦传》，18，1～2。

② 参见李维：《罗马史》，1，42～44；哈利卡纳苏斯的狄奥尼修斯：《罗马古事纪》，4，18～20；西塞罗：《论共和国》，2，22。户口调查时对无产者(Proletarii)的定义不是按他们的职业，而是依他们的后裔为准，罗马人常常把这些人称作"对国家只贡献儿子的人"。

③ 《马克思恩格斯全集》第四十六卷，上册，491 页，北京，人民出版社，1979。

④ 同上书，496 页。

的可以替代自由劳动力的劳动力——奴隶。虽然我们不能对大征服时期被带入罗马的奴隶人数做出准确的统计，但从下述具体事实中我们可以知道被带入罗马的奴隶是相当多的。公元前 198 年，布匿战俘与在塞提亚、诺尔巴和普列涅斯特的布匿人质合谋发动暴动，人数不少。[①] 公元前 197 年，有 5 000 名马其顿战俘被带入罗马。[②] 公元前 195 年和公元前 184 年的西班牙战俘很可能被送往西班牙的国家矿山。[③] 公元前 189 年、前 177 年，分别有一大批撒美战俘和 5 000 多伊利里乌姆人被带到罗马。[④] 公元前 177 年，罗马侵占撒丁尼亚时俘获的人更多，达 8 万余人，以致在罗马竟出现了一句"像撒丁尼亚人那样便宜（Sardi veneles, alius alio nequior)"的谚语。[⑤] 公元前 167 年，罗马劫掠伊庇鲁斯，大约有 70 个城市遭洗劫，15 万伊庇鲁斯人被卖为奴。公元前 146 年，迦太基被毁，约 25 000 名妇女、3 万名男子被罗马人出卖为奴。公元前 102—前 101 年，马略的军队杀死条顿人及森布里人达 34 万，俘虏 14 万人。据普鲁塔克记载，恺撒经营高卢九年，共屠杀高卢人 100 万，俘获高卢人 100 万。[⑥] 可以说几乎每年都有大量的奴隶涌入罗马（见表 9-1）。

表 9-1　罗马战俘为奴情况表

| 战俘为奴的情况 | 民　族 | 日期（公元前） | 资料来源 |
| --- | --- | --- | --- |
| 色提亚、诺尔巴、西尔契的奴隶 | 迦太基或亚细亚人 | 198 年 | Liv. 32，26，5 |
| 普列那斯特的 500 人 |  | 198 年 | Liv. 32，26，15～17 |
| 5 000 人 | 马其顿人 | 197 年 | Liv. 33，10，7 |
| 7 个堡垒之居民 | 西班牙人 | 195 年 | Plut. Cat. Maj. 10；Liv. 34，16，10；21，5 |

---

①　李维：《罗马史》，32，26。

②　同上书，33，10。

③　同上书，34，16～29；39，42。

④　同上书，38，29；42，54～63。

⑤　李维：《罗马史》，41，28。据李维记载，盖乌斯·塞姆普罗尼乌斯·格拉古斯在撒丁尼亚杀死和俘获的人达 8 万。

⑥　普鲁塔克：《恺撒传》，15。

| 战俘为奴的情况 | 民　族 | 日期（公元前） | 资料来源 |
|---|---|---|---|
| 撒美居民 | 希腊人 | 189 年 | Liv. 38，29，11 |
| 科尔比奥居民 | 西班牙人 | 184 年 | Liv. 39，42，1 |
| 穆提拉和法非里亚居民 | 伊利里乌姆人 | 177 年 | Liv. 41，11，8～9 |
| 8 万被杀和被俘人员 | 撒丁尼亚人 | 177 年 | Aur. Vict. Vir. 3，57，2；<br>Liv. 41，28，8；<br>Fest. 322<br>M；Cic. Epist. 7，24，2；<br>Varro. Sat. Men. 78 |
| 米来的居民 | 帖撒利人 | 171 年 | Liv. 42，54，6 |
| 底比斯居民 | | 171 年 | Liv. 42，63，12 |
| 15 万伊庇鲁斯居民 | 伊庇鲁斯人 | 167 年 | Liv. 45，34，5 |
| 罗马有许多马其顿奴隶 | | 167 年后 | Cic. Tusc. 3，53 |
| | 达尔马提亚人 | 155 年 | Zon. 9，25 |
| 9 500 人 | 西班牙人 | 142—117 年 | Appian，Hisp. 68 |
| 科林斯的幸存者 | 科林斯人或他们的奴隶 | 146 年 | Oros. 4，23，7 |
| 5 万人 | | | Appian，Lib. 130 |
| 36 000 人 | | | Flor. 1，31，16 |
| 55 000 人 | | | Oros. 4，23，2 |
| 罗马有许多迦太基奴隶 | | | Cic. Tusc. 3，53 |
| 努米地亚的幸存者 | 西班牙人 | 133 年 | Appian，Hisp. 98 |
| 6 万森布里人和 9 万条顿人 | 高卢和日耳曼人 | 102 年 | Liv. Epit. 68 |
| 考林达居民 | 西班牙人 | 98 年 | Appian，Hisp. 99 |
| 雅典奴隶 | 希腊或亚细亚人 | 86 年 | Appian，Mithr. 38 |
| 米提类尼 6 000 人 | 希腊人 | 84 年 | Appian，Mithr. 61 |
| 本都的大多数居民 | 本都人 | 72 年 | Appian，Mithr. 78 |

| 战俘为奴的情况 | 民　族 | 日期(公元前) | 资料来源 |
|---|---|---|---|
| 53 000 阿杜契人 | 高卢人 | 57 年 | Caes. B. G. 2，33，7 |
| 除了元老以外的威杜伊人 | 高卢人 | 56 年 | Caes. B. G. 3，16，4 |
| 大部分那尔维伊人 | 高卢人 | 53 年 | Caes. B. G. 6，3，2 |
| 100 万战俘 | | | Plut. Caes. 15；Appian, Celt. 2 |
| 择瑙道提亚 | 美索不达米亚人 | 54 年 | Plut. Crass. 17 |
| 频德尼苏斯居民 | 西里西亚人 | 51 年 | Cic. Att. 5，20，5 |
| 6 000 亚历山大里亚人 | 埃及人 | 48 年 | Bell. Alex. 18，4 |
| 塔苏斯居民 | 西里西亚人 | 43 年 | Appian, B. C. 4，64 |

［参见 Marion Edwards Park, *The Plebs in Cicero's Day*：A Study of Their Provenance and of Their Employment, Cambridge, Cosmos Press Cdlection, 1918］

据德国学者贝劳赫统计，到公元前 1 世纪末，在拥有 600 万人口的意大利就有 200 万奴隶。[1] P. A. 布朗特认为，当时意大利的人口为 750 万，其中奴隶为 300 万。[2] 虽然各位学者统计的具体数字不同，但在认为扩张时期奴隶数量大批增加这一点上是相同的。成千上万的奴隶进入罗马，进入罗马的生产领域，这对于罗马的经济、政治都有重大的影响。

其次，战争造就了一个庞大的罗马帝国，罗马的地域面积迅速扩大。据测算，公元前 203 年，罗马的地域面积是 6 700 000 英亩；公元前 193 年为 9 200 000 英亩；公元前 173 年则达到 13 700 000 英亩土地。公元前 173 年国家领土数约是 20 年前的 2 倍。[3] 与此同时，战争也使罗

---

[1]　Julius Beloch, *Die Bevolkerung der Griechisch-Romischen Welt*, Leipzig, Verlag von Duncker & Humblot, 1886, p. 418；pp. 435-436.

[2]　P. A. Brunt, *Italian Manpower*：225 B. C. -A. D. 14, Oxford, Clarendon Press, 1971, p. 124.

[3]　Tenney Frank, "Mercantilism and Rome's Foreign Policy," *The American Historical Review*, 1913, Vol. 18, No. 2, p. 245.

马的国家收入急剧膨胀。自公元前 264 年以来的 100 年间，罗马人几乎征服了地中海地区的所有强国，其掠夺的金银财富之多，要求的赔偿金之高，都是古代世界所罕见的。据计算，公元前 2 世纪上半叶罗马的收入几乎比公元前 3 世纪中叶增加了 2 倍。在所有收入中，公元前 3 世纪中叶至前 2 世纪中的战争收入占据主导地位。这是因为罗马对迦太基、马其顿等富庶大国的战争多发生在这一时期。据记载，罗马在第一次布匿战争以后，就得到了 3 200 他连特白银，在第二次布匿战争后则获得了 10 000 他连特白银。此后，罗马人在对马其顿国王腓力普五世和塞琉古国王安提奥库斯三世的战争中又分别获得了 1 000 他连特白银和 15 000 他连特白银。公元前 189 年，西庇阿率军出征叙利亚王国，仅马格尼西亚一役，就为罗马人掳掠了 1 230 根象牙、金制环 234 只、白银 137 000 罗马磅、希腊银币 224 000 枚以及大量金银器皿。公元前 187 年，罗马为庆祝马尔库斯·弗尔维乌斯对安布拉西亚(Ambracia)的胜利而举行了凯旋式。据李维记载，在凯旋式上陈列的掠夺物有"重达 112 (罗马磅)的金冠，83 000 磅银子，243 磅金子，118 000 阿提卡的德拉克玛，12 322 腓力普币，758 个铜像，230 个大理石雕像，大量的盔甲、武器以及其他从敌人那里掠夺来的东西……"[1]公元前 168 年，罗马将领鲍鲁斯通过 3 天的皮德纳之战，就为罗马获得了 250 车掠夺物、300 只金制环以及 3 亿塞斯退斯的钱财。维莱伊乌斯·帕特古鲁斯认为，鲍鲁斯带给国库的钱财是 2 亿塞斯退斯。[2] 公元前 2 世纪中叶以后，行省税收成了主要收入。其中，西西里、亚细亚等省和西班牙银矿提供的较多。公民税及公民捐款在第一次和第二次布匿战争中起了很大的作用，但到公元前 167 年，由于战争收入和行省收入的大量流入，元老院宣布取消公民税。[3] 此后，意大利的罗马公民享受了 400 多年直接税的免税权。随着罗马公民自身含金量的提高，罗马公民权很快成为意大利人、

---

① 李维：《罗马史》，39，5。

② 维莱伊乌斯·帕特古鲁斯：《罗马史》，1，9，6。

③ 普林尼：《自然史》，33，17。

罗马行省居民追求的目标。与此同时，领土的扩大和奴隶制的发展也使得港口税和释放奴隶税有了明显的增加。正是在这些财富的基础上，罗马政府才得以大量发行银币，并使之很快成为地中海地区的通用货币。

此外，战争也加快了罗马公民集体的解体。公民间相对平均的状况遭到破坏。这我们可从战利品的分配中略知大概。在公元前 200 年左右，罗马军团的百人队队长获取的战利品仅为普通士兵的 2 倍。而到公元前 1 世纪中后叶，百人队长的战利品要比普通士兵多出 5 倍[1]，有时竟达 20 倍[2]。战争的结果，确实加重了罗马公民的负担，更为严重的是，它加速了罗马平民与其土地所有权的分离，从而严重地"阻碍了他们的劳动条件的再生产，因而使他们沦为贫民（在这里，贫困化，即再生产条件的萎缩或丧失，是主要的形式）而终于破产"[3]。同时，战争又促进了贵族势力的发展。通过战争，贵族们不但巩固了他们在国家中的地位，而且也积累了大笔钱财，使他们的仓库和地窖里都"藏满了掠夺来的铜即当时的货币"[4]。为了使这些货币创造出更多的财富，于是他们便肆无忌惮地侵占从战争中掠夺来的公有土地，兼并同胞公民的份地。对于已经兼并和掠夺来的土地，罗马贵族除了供自己享受以外，一般都采用购买来的廉价劳动力奴隶来耕作生产。这样，一种全新的生产模式奴隶制庄园便在罗马逐步地发展起来。

奴隶制的发展不但破坏了公民间原先的平等关系，而且也动摇了公民国家所赖以存在的基础——公民型小农经济。罗马早期国家终于在其成功的对外扩张以及随之而来的奴隶制的发展中开始走向灭亡。

---

① 阿庇安：《内战史》，4，100。
② 普鲁塔克：《庞培传》，33。在奥古斯都时代，百人队长薪金有时比士兵高出 60 倍。
③ 《马克思恩格斯全集》第二十五卷，677 页，北京，人民出版社，1979。
④ 同上。

# 二、古代所有制社会与奴隶所有制社会的区别

古代所有制与奴隶所有制，作为两种所有制形式，可以同时存在于某一社会之中，例如，在早期的罗马，除了占统治地位的古代所有制形式以外，也存在着奴隶制。同样，在奴隶所有制占主导地位的社会里，也能发现古代所有制的痕迹。但可以肯定，作为以古代所有制占主导地位的社会与作为以奴隶所有制占主导地位的社会，则不能同时成立。这是因为它们之间存在着结构性的冲突，存在着本质的区别。

第一，任何所有制形式都与当时社会的生产和生产力水平有关。可以说，有什么样的生产、生产状况就有什么样的所有制。就古典古代而言，古代所有制是在生产相当落后的情况下产生的，公社不但没有解体，相反还是它的基础和前提。私有关系还没有得到很好的发展。而奴隶制则不同，它是以生产的一定发展和财富的一定积聚为前提的，它本身就是私有制充分展开的产物。只有在生产发展到一定的阶段，并在分配的不平等上达到一定的程度时，奴隶制才能成为可能。恩格斯指出："为了能使用奴隶，必须掌握两种东西：第一，奴隶劳动所需的工具和对象；第二，维持奴隶困苦生活所需的资料。因此，先要在生产上达到一定的阶段，并在分配的不平等上达到一定的程度，奴隶制才会成为可能。要使奴隶劳动成为整个社会中占统治地位的生产方式，那就还需要生产、贸易和财富积聚有更大的增长。在古代的自发的土地公有的公社中，奴隶制或是根本没有出现过，或是只起极其从属的作用。在最初的农民城市罗马，情形也是如此；而当罗马变成'世界城市'，意大利的地产日益集中于人数不多的非常富有的所有者阶级手里的时候，农民人口才被奴隶人口所排挤。"[1]恩格斯又说："要强迫人们去从事任何形式的奴隶的劳役，那就必须设想这一强迫者掌握了劳动资料，他只有借助这

---

[1] 《马克思恩格斯全集》第二十卷，175 页，北京，人民出版社，1971。

些劳动资料才能使用被奴役者；而在实行奴隶制的情况下，除此以外，还要掌握用来维持奴隶生活所必需的生活资料。这样，在任何情况下，都要拥有一定的超过中等水平的财产。"①一个人要成为奴隶主，就必须拥有超过中等水平以上的财产，拥有供奴隶使用和消费的一定数量的生产和生活资料。在奴隶制发达时期，更应拥有购买奴隶的钱财，因为在大多数的情况下，在罗马，猎取奴隶和剥削奴隶是两个彼此分开的行业。奴隶主要获取奴隶，就必须购买奴隶，"就是说，只有通过对物的支配，对购买价格的支配，对奴隶的生活资料和劳动资料的支配，才能获得对人的支配"②。因此，在奴隶制占主导地位的社会里，商业、贸易必须有一定程度的发展。事实告诉我们，一个商业和贸易相当落后的社会是不可能进入奴隶制占主导地位的社会的。马克思对此说得相当精彩。他指出："在古代世界，商业的影响和商人资本的发展，总是以奴隶经济为其结果；不过由于出发点不同，有时只是使家长制的、以生产直接生活资料为目的的奴隶制度，转化为以生产剩余价值为目的的奴隶制度。"③

第二，就土地的所有状况而言，古代所有制下公、私兼有的所有制形式只能在相当狭小的区域之内实行，明显地受到公社和公民身份的限制。这里的土地私有制也并不是真正的土地私有制。人们还不能把它看成是"排斥其他一切人的、只服从于个人意志的领域"④。这种私有制，在很大程度上还从属于公社所有制的形式，其所有权主要还掌握在国家手中，国家有权分配或限制每一位公民的份地。所以，从严格意义上说，这些份地并不是真正的私有土地，而只是由国家控制、归公民长期使用的公有地而已。而且，这种公民私有地的存在，本身就是以国家这一共同体的存在为前提的，离开了共同体这一先决条件，它就无法存在。因此，它并不是，也不可能是随奴隶制发展起来的自由的土地私有

---

① 《马克思恩格斯全集》第二十卷，176 页，北京，人民出版社，1971。
② 同上书，202 页。
③ 《马克思恩格斯全集》第二十五卷，371 页，北京，人民出版社，1974。
④ 同上书，695 页。

制，即"抛弃了共同体的一切外观并消除了国家对财产发展的任何影响的纯粹私有制"①。

第三，就劳动者而言。众所周知，劳动者既是社会财富的主要创造者，也是决定社会性质的重要因素。在古代所有制下，劳动者是公民本人及其家庭成员。马克思认为，"组成共同体的那些自由而自给自足的农民之间保持平等，以及作为他们财产继续存在的条件的本人劳动"②，是公民共同体继续存在下去的前提。然而，在奴隶制下，劳动者则是奴隶。奴隶是商品，"奴隶就不是把他们自己的劳动力出卖给奴隶主，正如耕牛不是向农民卖工一样。奴隶连同自己的劳动力一次而永远地卖给奴隶的所有者了。奴隶是商品，可以从一个所有者手里转到另一个所有者手里"③。他们"具有交换价值，具有价值"④。他们连同自己的劳动力一次而永远地卖给了自己的主人。"按照古人的恰当的说法，劳动者在这里只是会说话的工具，牲畜是会发声的工具，无生命的劳动工具是无声的工具，它们之间的区别只在于此。"⑤罗马法学家和罗马法都对奴隶做了严格的界定，除罗马法学家外，罗马的其他学者对奴隶也有过不同的定义。例如，据瓦罗记载，一些人把农具分成三类，即能说话的工具、能发声的工具、无声的工具。奴隶属于第一类，牛属于第二类，车子属于第三类。⑥罗马法认为，奴隶是"违反自然权利沦为他人的财产"⑦，"奴隶或者是出生时是奴隶，或者是后来成为奴隶的"⑧。就法律地位而言，奴隶具有自身的一致性，即"一切奴隶的地位没有任何差别"⑨。

出于上述原则，奴隶的主人对奴隶握有生杀权和财产权。查士丁尼

---

① 《马克思恩格斯全集》第三卷，70 页，北京，人民出版社，1960。
② 《马克思恩格斯全集》第四十六卷，上册，476 页，北京，人民出版社，1979。
③ 《马克思恩格斯选集》第一卷，336 页，北京，人民出版社，1995。
④ 《马克思恩格斯全集》第四十六卷，上册，248 页，北京，人民出版社，1979。
⑤ 《马克思恩格斯全集》第二十三卷，222 页，北京，人民出版社，1972。
⑥ 见瓦罗：《论农业》，1，17。
⑦ 查士丁尼：《法学总论》(又译《法学阶梯》)，1，3，2。查士丁尼《法学总论》译文参见〔罗马〕查士丁尼：《法学总论——法学阶梯》，北京，商务印书馆，1989。下同。
⑧ 同上书，1，3，4。
⑨ 同上书，1，3，5。

法律规定:"奴隶处于主人的权力之下。这种权力源于万民法,因为我们可以注意到,无论哪个民族,主人对于奴隶都有生杀之权(vitae necisque potestas),奴隶所取得的东西,都属于主人。"①部分奴隶的财产即"Peculium",在法律上没有任何保障,奴隶的主人随时可以取用。如奴隶死亡或无子嗣时,这种财产即归主人所有。② 奴隶没有婚姻权。罗马法把两性奴隶之间或自由人与奴隶之间的结合称为同居(contubernium),法律上没有保障。因为奴隶不是人,没有人格(caput),也即没有自由权、公民权和家族权。所以,奴隶纵然可以代理奴隶主经营工商业,但在法律上却不能算作真正的代理人。

第四,就劳动者与生产资料的结合而言,在古代所有制下,劳动者与生产资料所有者是天然的统一。劳动者是公民,"他们把自己看作劳动的自然条件的所有者;但这些条件还必须不断地通过亲身劳动才真正成为个人的人格的、他的个人劳动条件和客观因素"③。但在奴隶制下却完全不同。马克思指出:"在这种关系中,劳动者本身、活的劳动能力的体现者本身,还直接属于生产的客观条件,而且他们作为这种客观条件被人占有,因而成为奴隶或农奴。"④马克思还说:"在奴隶制、农奴制等等之下,劳动者本身表现为服务于某一第三者个人或共同体的自然生产条件之一(这不适用于例如东方的普遍奴隶制;这仅仅是从欧洲的观点来看的);这样一来,财产就已经不是什么亲身劳动的个人对客观的劳动条件的关系了。"⑤在奴隶制下,奴隶是"要用别人的生产条件来劳动,并且不是独立的"⑥。他们"属于个别的特殊的所有者,是这种所有者的工作机"⑦。他们"同自身劳动的客观条件没有任何关系"⑧。因

---

① 查士丁尼:《法学总论》,1,8,1;《学说汇编》,1,6,1,1。
② 查士丁尼:《法学总论》,2,16;4,7,4。
③ 《马克思恩格斯全集》第四十六卷,上册,476页,北京,人民出版社,1979。
④ 同上书,499页。
⑤ 同上书,496页。
⑥ 《马克思恩格斯全集》第二十五卷,891页,北京,人民出版社,1974。
⑦ 《马克思恩格斯全集》第四十六卷,上册,462~463页,北京,人民出版社,1979。
⑧ 同上书,488页。

此，在这种"建立在作为直接生产者的劳动者和生产资料所有者之间的对立上的生产方式中，都必然会产生这种监督劳动。这种对立越严重，这种监督劳动的作用也就越大。因此，它在奴隶制度下所起的作用达到了最大限度"①。

第五，就生产目的而言，在古代所有制下，其生产的目的并不是发财致富，而是自给自足，把自己作为小块土地的所有者再生产出来，并以此资格作为公社的成员再生产出来。马克思指出："这种劳动的目的不是为了创造价值，——虽然他们也可能造成剩余劳动，以便为自己换取他人的产品，即（其他个人的）剩余产品，——相反，他们劳动的目的是为了保证各个所有者及其家庭以及整个共同体的生存。"②但在奴隶所有制下则不同，它的生产目的完全是获取利润，最大限度地从奴隶身上榨取更多的利润。正如凯尔恩斯在《奴隶劳动》中所言："管理奴隶的格言是：最有效的经济，就是在最短的时间内从当牛马的人身上榨出最多的劳动。"③

综上可知，古代所有制和奴隶所有制社会有着本质的不同，它们是两种完全不同的所有制形式。把古代所有制理解为希腊、罗马的奴隶制显然是错误的。

# 三、罗马奴隶制社会的特点

到共和末期帝国初期，罗马的奴隶制已经成了在当时占主导地位的生产关系，它不仅在生产上占据支配地位，而且还从根本上规定了其他经济成分的发展方向。罗马奴隶制的特征日趋明显。

## （一）罗马的奴隶具有多民族的特点

罗马奴隶主奴役的对象主要是外族奴隶。罗马的奴隶大部来自行省或被征服地区。法学家盖约·卡西乌斯曾明确指出："在我们的奴隶

---

① 《马克思恩格斯全集》第二十五卷，431～432 页，北京，人民出版社，1974。
② 《马克思恩格斯全集》第四十六卷，上册，471 页，北京，人民出版社，1979。
③ 《马克思恩格斯全集》第二十三卷，296 页，北京，人民出版社，1972。

里，哪一国的都有。他们中有与我们风俗习惯完全不同的，有宗教信仰完全不同的，也有完全没有宗教信仰的。"①根据奴隶的出生地点，我们可以把他们分为来自东方的奴隶和来自西方的奴隶两大类。来自东方的奴隶，主要有希腊人、马其顿人、色雷斯人、本都人、吕底亚人、叙利亚人、波斯人、阿拉伯人、安息人、犹太人、埃及人等。这些奴隶往往有较高的文化水平，有的甚至比奴隶主的文化水平还高。他们一般被用于家内，担任家内的各种工作，罗马的家庭教师大多由这些奴隶充任，他们是东方文化的传播者。来自西方的奴隶通常有高卢人、日耳曼人、西班牙人、达西亚人、北非人等，他们中的大多数都是没有什么文化的野蛮人。奴隶主用这些奴隶担任繁重的体力劳动或危险的工作，如农耕、开矿、放牧等，或把他们送到角斗场，让其充当角斗士。历代元首，如奥古斯都、克劳狄、尼禄等，有时也利用这些奴隶组成卫队，驻守在宫廷之内。② 罗马奴隶的多民族性，很显然，与罗马奴隶主从自身利益出发愿意使用外族奴隶有关。因为这样做可以更有效地防止奴隶的逃跑和反抗。当然，更重要的还是与奴隶来源的渠道有关。

罗马奴隶的来源很多，但最主要的是战俘。《查士丁尼法典》曾就奴隶一词做过很好的解释。法典指出："奴隶（Servi）一词是指将领们命令把俘虏出卖，奴隶们的生命于是得到解救而不被杀掉。奴隶又叫'Mancipia'，因为他们是被我们从敌人那里抓来的。"③当然，猎取奴隶与剥削奴隶是彼此分开的行业。奴隶劳动的剥削者要剥削奴隶，就必须购买奴隶，"就是说，只有通过对物的支配，通过对奴隶的购买价格、对奴隶的生活资料和劳动资料的支配，才能获得对人的支配。"④

就罗马而言，猎取奴隶的主要途径是战争。每次战争或战役后，罗

① 塔西佗：《编年史》，14，44。

② Mary L. Gordon, "The Nationality of Slaves under the Early Roman Empire," *The Journal of Roman Studies*, Vol. 14, 1924, pp. 93-111.

③ 查士丁尼：《学说汇编》，1，5，4，2；1，5，4，3。《法学总论》，1，3。拉丁文 "Mancipia"，由 "Manus（手）" 和 "Capere（抓）" 两词组成，意为用手抓来的（Manu capiuntur）。拉丁文 "Servus"（单数）或 "Servi"（复数）的词根为 "Servo"。

④ 《马克思恩格斯选集》第三卷，529 页，北京，人民出版社，1995。

马往往把被俘的士兵和被征服地区的居民变卖为奴。因为罗马法规定："如果我们的东西落到敌人（hostes）或落到与罗马没有结盟（foedus）关系的某个国家手里，则均变成他们所有；如果我们的自由人被他们抓获，则成了他们的奴隶。当他们的人落到我们手里时，情况也是如此。"①因此，罗马军队所到之处，总有大批奴隶贩子尾随其后，随时购买大批奴隶，然后运往罗马及各地奴隶市场出售，以获取厚利。② 除了罗马人发动的战争外，地中海地区其他部落或民族间、城市间的战争，也扩大了战俘奴隶的数量和市场。例如，据阿庇安记载，公元前 47 年，法那西斯在征服本都的阿密苏斯这一城市后，"就下令将其居民出卖为奴，把所有的男孩阉割为宦"③。所以，马克思说，奴隶市场本身就是"靠战争、海上掠夺等等才不断得到劳动力这一商品的"④。苏联学者施特耶尔曼曾经提出过一种观点，认为罗马进行的扩张战争，并不都是以掠夺俘虏为其目的，而仍以掠取土地、金银财宝以及其他物品为目的。罗马在和敌人作战时曾俘虏不少人，但罗马人一般用战俘来交换自己的被俘人员或让敌方赎回，有时甚至还无偿释放战俘，而只在对投降后又叛乱的敌人表示惩罚时，才把他们卖为奴隶。⑤ 她对战俘是罗马奴隶的主要来源这一看法表示怀疑，实际上这种怀疑是片面和多余的。道理很简单，进入罗马奴隶市场的战俘并非完全是由罗马人的战争所带来的。

罗马奴隶的另一个来源是奴隶贸易。罗马帝国地域辽阔，发展情况各不相同。许多地区盛行人口买卖。据说，有些高卢人为了一瓶酒就把孩子卖掉，而有些酋长也卖自己部落的人民，所以有大量的高卢人被卖到罗马去。据凯西·布兰特莱计算，每年大约有 15 000 名高卢人被卖

---

① 查士丁尼：《学说汇编》，49，15，5，2；49，15，24。战俘与奴隶是两个不同的概念，但在罗马时期，确实也有战俘与奴隶等同的事实。例如，恺撒在征服高卢时，就曾将一些俘虏分配给全军战士，每人 1 个。参见恺撒：《内战记》，7，90。

② 阿庇安：《在西班牙的战争》，14；《布匿战争》，17。

③ 阿庇安：《内战史》，2，91。

④ 《马克思恩格斯全集》第二十五卷，539 页，北京，人民出版社，1974。有关罗马战俘奴隶的具体情况，请参阅本书附录。

⑤ 参见马克垚：《罗马和汉代奴隶制比较研究》，载《历史研究》，1981(3)。

往意大利当奴隶。西塞罗提到的 L. 普布里契乌斯就是贩卖高卢奴隶的
商人。[①] 公元 1 世纪的历史学家塔西佗曾经描述过日耳曼人买卖奴隶的
情况。塔西佗在《日耳曼尼亚志》一书中写道，日耳曼人"居然若无其事
地从事赌博，就是在头脑清醒时也是如此，他们对输赢冒险极了，甚至
当赌本输光时，把自己的身体自由拿来孤注一掷。输家甘愿去做奴隶，
即使他比对方年轻力壮也情愿被缚着去拍卖。……但赢家也觉得靠赌博
赚来的奴隶是不光彩的事，所以常常将他们转卖出去。"[②]恩格斯说：
"除开家畜以外，奴隶是为了和罗马取得贸易平衡而能够大量从日耳曼
尼亚输出的唯一商品。"[③]罗马各地都有奴隶市场，而尤以地中海的德洛
斯（又译提洛）岛最为著名。根据斯特拉波的说法，有时那里出卖的奴隶
多达 1 万人。[④] 瓦罗指出，在罗马要成为一个奴隶的合法主人有六种方
式，这六种方式包括：通过合法的继承；在行政长官面前进行合法的转
让；通过实际的使用权；通过铜衡式买卖的正式程序，从一个有权出卖
的人那里买过来；在公开拍卖战利品时买到；从一个被剥夺了公民权的
人的货物当中或在他的财产被出售时买到。[⑤] 瓦罗认为，买到一个奴隶
后，照例有一份特有产跟着奴隶一同过来，而且卖者还要做出一项保
证，说明这个奴隶身体健康，未曾偷窃或危害过别人；如果买卖不是通
过铜衡式买卖实现的，那么或是卖者把卖价加倍，或是买者在双方事先
约定的情况下按原价偿付。[⑥]

　　海盗掠夺也是罗马奴隶的重要来源之一。海盗盘踞地中海已非一
日，早在公元前 8 世纪他们就经常打家劫舍，无恶不作，俨然是一个组
织庞大的海上王国。雅典霸权的兴起，曾一度使这里的海盗销声匿迹。

　　① 参见 Keith Bradley，*Slavery and Society at Rome*，Cambride，Cambridge University Press，1994，p. 36。
　　② 塔西佗：《日耳曼尼亚志》，24。见［古罗马］塔西佗：《阿古利可拉传　日耳曼尼亚志》，67 页，北京，商务印书馆，1985。
　　③ 《马克思恩格斯全集》第十九卷，514 页，北京，人民出版社，1963。
　　④ 斯特拉波：《地理学》，14，5，2。
　　⑤ 瓦罗：《论农业》，2，10。
　　⑥ 同上。

罗马称霸地中海以后因长期从事陆上事务，忽视海上防务，致使地中海的海盗死灰复燃。尤其是同盟战争以后，罗马内部内战频繁，地中海沿岸战乱迭起，更加剧了地中海海盗的猖獗。海盗的大本营在东地中海的西里西亚，地中海各岛的险要地区都有他们的巢穴。海盗们终年累月游弋在海上，抢劫商船，掠夺城市，有时甚至绑架沿海地区的达官豪富。仅在公元前 1 世纪 60 年代，被这些海盗抢劫去的船舰就已达 1 000 多艘，被他们攻占的城市也有 400 多座。海盗不仅劫掠财物和粮食，而且更加注重猎取船上的人员和沿海的居民，把他们运到别处贩卖为奴。甚至在共和末期时，恺撒都曾被海盗俘获并扣押过。[①]

罗马奴隶的再一个来源是债务奴隶。地中海地区是债务奴役十分流行的地区，在罗马公民内部虽然不存在债务奴隶制，但在非罗马公民的意大利人，以及各行省和附属国的广大居民间却存在着因欠债而沦为奴隶的事。公元前 104 年，森布里亚战争期间，罗马元老院准许马略在位于地中海东岸的民族中征集辅助兵。马略于是写信给俾提尼亚的国王尼科美提斯（Nicomedes），请求他的帮助，但尼科美提斯拒绝了马略的这一要求，理由是俾提尼亚国内的许多人都被罗马包税人当成奴隶转卖到帝国的其他地方去了。[②] 元老院随即颁布一项法令，明确规定，同盟国的公民不应在罗马行省充当奴隶，已卖至行省的，行省总督应立即将其释放。遵照元老院的指示，西西里总督涅尔瓦马上实施这一法令，结果没过几天在西西里就有 800 人获得自由。由此可见，债务奴隶在罗马附属国的流行程度。

此外，罗马奴隶生育的子女也是罗马奴隶的重要来源。[③] 在古代罗马，男女奴隶依照主人的指使同居后所生的子女，以及自由人与女奴所生的小孩，都被认为是女奴隶的主人的奴隶。[④] 确实，由生育而实现的

---

① 普鲁塔克：《恺撒传》，2；《克拉苏传》，7。

② 西西里的狄奥多鲁斯：《历史集成》，37。

③ M. I. Finley, *Slavery in Classical Antiquity*: *Views and Controversies*, Cambridge, W. Heffer, 1960, pp. 42-64.

④ 查士丁尼：《学说汇编》，1，5，5，1；《法学总论》，1，4。

奴隶劳动力的再生产是相当可观的。阿庇安甚至肯定地说，奴隶的繁殖速度相当惊人。① 据科尔涅里乌斯·那波斯证实，西塞罗的朋友 T. 庞波尼乌斯·阿提库斯（T. Pomponius Atticus）就依赖家生奴隶的劳动。② 贺拉斯在他的描写乡村生活的诗中，也把家生奴放在明显的位置。③ 帝国时期的农学家科鲁美拉主张，有 3 个孩子的女奴隶可以不再工作，有更多子女的可以被释放而获得自由。④ 尼禄时的文学家彼得罗尼乌斯曾在小说中描写过一个大地产主，其地产上 1 天可诞生 30 个男奴、40 个女奴。⑤ 这虽然是一种文学夸张的描写，但也反映了一些真实情况。在家中出生的奴隶被称为"凡尔纳（Vernae）"，一般价值较高，因为他们从小时起就已经习惯于奴隶式的唯命是从。⑥ 此外，弃婴有时也被收养或转卖为奴，父亲因贫穷也有将儿女出卖为奴的，有人甚至自卖为奴。⑦ 逃避军役者、纵火者、当场被抓住的盗窃犯，都会被罚为奴隶。

总之，到共和末期帝国初期，罗马城内已有了大量的外族奴隶。不仅奴隶主占有大量奴隶，就是奴隶自己也可以占有奴隶。帝国时代元首的私人奴隶，多半都占有奴隶。这些奴隶各有不同的方言，各有不同的生活习惯。罗马已变成了一个各族杂居的地区，而失去了原来纯拉丁民族的面貌。

**（二）罗马的奴隶被广泛应用于各生产部门**

到共和末年，罗马公民间的贫富分化已相当严重。贫者人数众多，生活无着落，他们只得依赖国家和私人赈济为生。而富者则腰缠万贯，骄奢淫逸，他们除了把自己的一部分财产用于消费和享乐以外，还把相

---

① 阿庇安：《内战史》，1，7。
② 科尔涅里乌斯·那波斯：《阿提库斯传》，13，3。
③ 贺拉斯：《抒情诗》，2，65。
④ 科鲁美拉：《论农业》，1，8。
⑤ 彼得罗尼乌斯：《萨蒂里孔》。
⑥ 瓦罗：《论农业》，2，10。
⑦ 查士丁尼：《法学总论》，1，3，4；《学说汇编》，1，5，5，1。根据公民法，自由不得让与，但也有例外。例如，一人与他人同谋，佯称自己是后者的奴隶，由后者将其出卖。如准许被出卖者以后恢复自由，此人就可与同谋者分享出卖所得的金钱。为了防止此类欺诈行为，法律规定不准其恢复自由。

当大的一部分资金投资于矿业、农业等生产部门，并用奴隶进行生产。

矿业是劳动密集型产业，也是罗马最早使用大规模奴隶劳动的部门。在罗马，最著名的矿区是西班牙矿区。这一矿区最早为迦太基人占领和经营。公元前 209 年，西庇阿占领新迦太基，接管矿山并使用布匿奴隶。公元前 195 年，老迦图重新组织矿山生产，开始由罗马人自己经营，这一措施给罗马人带来了巨大的财富。据斯特拉波记载，公元前 2 世纪 40 年代，新迦太基附近的罗马银矿每天所得的收入为 25 000 狄纳里乌斯。矿主们为了获取厚利，就不惜让众多的奴隶来到这里从事开采工作。据史书记载，到公元前 2 世纪中叶，仅在西班牙银矿从事劳动的奴隶就达 4 万人。[①] 此外，在意大利维尔契莱附近的维克图姆莱金矿中，有 5 000 多名奴隶长年在这里劳动。[②] 其他矿区，如开俄斯、派罗斯和希腊的大理石矿，葡萄牙的铜矿，巴诺里亚和达西亚等地的金属矿藏的开采工作一般也由奴隶或罪犯承担。从现有的资料中我们可以知道，从事矿井下劳动的奴隶是古代世界最悲惨的奴隶。"所有这些人都戴着镣铐，他们不停地工作，昼夜都不准有任何休息……只要监工略有不满，无情的皮鞭就会重重地打在他们身上。这些可怜的人没有受到丝毫的关顾，他们所穿的破衣连他们的身体都遮掩不住，无论什么人看到他们那凄凉、惨不忍睹的境遇，都会恻然悲伤。他们即使生病了，受伤了甚至残废了，都不许有片刻的停顿或休息。老年人的衰弱无力和妇女的孱弱，也不能得到丝毫的宽宥。他们都是在皮鞭下被强迫劳动，直到他们死了才算完。"[③]斯特拉波还记录了罗马水银矿的状况，"这里工作条件恶劣，矿井的空气据说极糟……所以矿工都很快地丧命"[④]。

在罗马，农业是经济的基础，也是大量使用奴隶劳动的最主要的部门。这是罗马奴隶制发达的一个重要标志。在罗马人看来，经营农业是最崇高的职业，与经商相比，它具有少担风险等特点。所以，富人们都

---

① 斯特拉波：《地理学》，3，147。

② 斯特拉波：《地理学》，5，1，12；普林尼：《自然史》，33，78。

③ 西西里的狄奥多鲁斯：《历史集成》，5，36。

④ 斯特拉波：《地理学》，12，3，40。

乐意把自己的资金投入农业，他们购买土地，兴建庄园，并使用外来奴隶从事耕作。但必须注意的是，在共和末年，在意大利流行的庄园，一直是迦图式的中等庄园。只有到帝国时期，罗马才出现了占地广阔的大庄园以及使用奴隶达数千人的大奴隶主。这些庄园的日常生产者大多都是奴隶，他们在监工的监督下从事劳动，受尽奴隶主的剥削和压迫。

　　罗马的乡村奴隶种类繁多，分工很细，仅查士丁尼的《学说汇编》第37卷就提到了35种，如表9-2所示：

表9-2　罗马的乡村奴隶种类

| 序号 | 种类 | 序号 | 种类 |
|---|---|---|---|
| 1 | auceps　捕野兽者 | 16 | figulus　砖瓦匠 |
| 2 | bubulcus　牧牛人 | 17 | focaria　女佣 |
| 3 | fossor　挖土者 | 18 | fullo　制毡工人 |
| 4 | ovilio　牧羊人 | 19 | molitor　筹备组织者 |
| 5 | pastor　牧人 | 20 | mulio　牧骡人 |
| 6 | putator　修剪树枝者 | 21 | ostiarius　看门人 |
| 7 | saltuarius　护林员 | 22 | paedagogium　训练童奴者 |
| 8 | venator　猎人 | 23 | scoparius　打扫者 |
| 9 | vestigator　搜索者 | 24 | suppellecticarius　装饰者 |
| 10 | villicus　管家 | 25 | topiarius　园丁 |
| 11 | ancilla　女仆 | 26 | villica　管家的妻子 |
| 12 | aquarius　运水人 | 27 | faber, qui villae reficiendae causa paratus sit 维修维拉的工匠 |
| 13 | atriensis　房屋看守人 | 28 | lanificae quae familiam rusticam vestiunt 为乡村奴隶制衣、纺织羊毛者 |
| 14 | cellararius　仓库管理员 | 29 | mancipia ad cultum custodiamae villae et quae ut ipsi patri familias in ministerio ibi essent 耕种、保卫维拉且服侍家主的奴隶 |
| 15 | diaetorius　仆从 | 30 | mulier villae custos perpetua 维拉的永久看守人 |

续表

| 序号 | 种类 | 序号 | 种类 |
|---|---|---|---|
| 31 | mulieres quae panem coquant quaeque villam servent 制作面包和照料维拉的奴隶 | 34 | rusticae causa parati sunt 制作乡村奴隶装备者 |
| 32 | quae pulmentaria rusticis coquant 为乡村奴隶制作食品的奴隶 | 35 | servus arte fabrica peritus 铁匠 |
| 33 | pistor et tonsor，qui familiae 面包师和理发师 | | |

最近，笔者对科鲁美拉《论农业》一书中所列举的乡村奴隶做了大致的统计(见表 9-3)。

表 9-3　科鲁美拉《论农业》书中所列乡村奴隶职务表

| 序号 | 职务 | 序号 | 职务 |
|---|---|---|---|
| 1 | Actor　地主管家 | 17 | Magister pecoris　牧首 |
| 2 | Arator　耕地者 | 18 | Magister singulorum officiorum　工头 |
| 3 | Arborator　园丁 | 19 | Messor　收割者 |
| 4 | Atriensis　房屋看守人 | 20 | Monitor　监督员 |
| 5 | Aviarius　家禽饲养员 | 21 | Olearius　榨油工 |
| 6 | Bubulcus　牧牛人 | 22 | Opilio　牧羊人 |
| 7 | Caprarius　牧羊人 | 23 | Pampinator　修剪葡萄者 |
| 8 | Capulator　浇铸工人 | 24 | Pastinator　为葡萄园松土者 |
| 9 | Cellarius　仓库管理员 | 25 | Pastor　家禽饲养员 |
| 10 | Ergastularius　监工 | 26 | Pastor gallinarum　饲养员 |
| 11 | Faenisex　刈割工 | 27 | Porculator　养猪工 |
| 12 | Fartor　家禽饲养员 | 28 | Procurator　代理人 |
| 13 | Fossor　挖淘工 | 29 | Promus　保管员 |
| 14 | Holitor　园林工 | 30 | Putator　修剪工 |
| 15 | Iugarius　马倌 | 31 | Stabularius　养马人 |
| 16 | Magister operum　监工 | 32 | Subulcus　放猪人 |

| 序号 | 职务 | 序号 | 职务 |
|---|---|---|---|
| 33 | Veterinarius　兽医 | 36 | Vindemiator 收集葡萄的人 |
| 34 | Villicus　管家 | 37 | Vinitor　种植葡萄的人 |
| 35 | Villica　管家婆 | | |

我们从这里可以清楚地看到农业奴隶分工之复杂，而这么复杂的分工只有在奴隶制度高度发达的情况下才有可能出现。

在罗马人看来，工商业不是主业，而是辅助性产业，是罗马使用奴隶较多的另一个部门。与农业相比，工商业在罗马的作用就显得小多了，罗马公民一般都视工商业为贱业。因此，祖籍为罗马公民的工商业者数量较少，即使经营工商业的，其经营规模也不大，他们或自营小作坊、店铺，或是受雇于人，或包工，或与其他自由人组成某种行业公会。① 手工业奴隶多在奴隶主的作坊中劳动，有些被出租和雇佣；有些被主人授予财产，独立经营某一产业；有些则和被释奴一起合伙经营。有些手工业者不仅占有其生产资料而且拥有帮工奴。从现有的材料看，从事建筑业的奴隶较多，产业规模也较大。例如，公元前53年，在克劳狄被其政敌米罗刺杀时，为克劳狄劳动的建筑奴隶就达千人之多。② 又如，据普鲁塔克记载，由克拉苏买进的那些可以充当建筑师和工匠的奴隶，就超过500人。③ 这些建筑奴隶不仅为罗马的建筑业繁荣做出了巨大的贡献，而且也为私人奴隶主创造了巨额的财富。克拉苏所占有的巨额财富中就有许多是由建筑奴隶创造的。与农业奴隶相比，工场奴隶的生活条件稍好些，因此在古代很少出现工场奴隶集体起义反抗奴隶主的事例。

公元前2世纪以后，罗马的奴隶人数日益增多，奴隶劳动几乎遍及生产的各个部门，奴隶越来越受到民众的关注，成为罗马人生活和社会经济中不可或缺的部分。

---

① 迦图：《农业志》，14；15；16；21；22。
② 西塞罗：《为米罗辩护》，20。
③ 普鲁塔克：《克拉苏传》，2。

### (三)罗马统治者对待奴隶的政策日趋完善

奴隶制生产关系在罗马确立之初，奴隶主对奴隶的压迫和剥削相当残酷。农场上的奴隶常常必须在管家的监督下，成年累月地为主人劳动。在劳动时，他们不得偷懒，不得偷吃主人的食物，不得到邻居家串门聊天。若违反主人的命令，则会受到严厉的惩罚，或被戴上镣铐，或被送进地牢，严重的甚至被钉在十字架上。矿区的奴隶则更为悲惨，他们每天都得长时间地在阴暗、潮湿、通风条件极差的矿井下干活，没有任何喘息的机会。所以，这些奴隶一般寿命都很短。更为甚者，奴隶主为了满足自己寻欢作乐的需要，甚至把一部分奴隶买来作为角斗奴，强迫他们在角斗场上互相残杀或与野兽厮杀。

野蛮的奴隶制度给奴隶带来了无穷无尽的苦难和灾难，但同时也激起了奴隶们的强烈反抗。公元前137年，西西里岛爆发的规模巨大的奴隶起义便是这种反抗的集中表现。此后不久，罗马又相继爆发了第二次西西里奴隶起义和斯巴达克起义。公元前3世纪后期以后的三次大规模奴隶起义，固然与罗马统治者的残酷剥削有关，但在某种程度上也反映了罗马统治者在处理奴隶问题上不够成熟。

第一次和第二次西西里起义以及后来的斯巴达克起义虽然失败了，但起义的结果客观上促进了罗马奴隶制生产关系的完善。在这些起义后，奴隶主对奴隶的认识更趋全面，他们不仅把奴隶看成是自己的财富，而且还把他们看成是财富的生产者。为此，他们更关心奴隶的健康，更注意改善奴隶的住房和饮食条件，更重视用小恩小惠来刺激奴隶的积极性。当时的农学家瓦罗在研究如何组织奴隶经营地产时，曾明确地告诫庄园主："应当用犒赏激励管家(奴隶)执行自己任务的热情，而且要注意使他们有一些自己的东西，要有一位女奴和他同居，替他生儿育女，这样就可以使他做事时比较踏实，也更留恋农庄。"[1]奴隶主的这些认识和实践上的改变，在客观上无疑促进了罗马经济的发展。

罗马的奴隶制度到公元1—2世纪时已发展了数百年，与共和末叶

---

[1]　瓦罗：《论农业》，17。

相比，这时的奴隶制又有了很多变化。首先，奴隶的来源发生了变化，由于对外战争的减少，战俘奴隶的数量也随之减少，家生奴隶逐渐成为奴隶主获取奴隶的主要途径。其次，长期的生产实践，使奴隶主阶级更加认识到奴隶是物质财富的创造者，虐待奴隶会使他们早死和逃跑，给主人带来经济上的损失。最后，因长期从事生产劳动而获取的经验增加了奴隶的才干和技能，他们中的相当一部分人或是给主人创造了大量的物质财富，或是成了主人不可或缺的帮手。由于这种种原因，在帝国早期，尽管奴隶们仍然生活在罗马社会的最下层，但总的来说他们所得到的实际待遇还是有了明显的提高。

帝国早期，奴隶主出于自身利益的考虑，更加注意改善奴隶的生活条件。科鲁美拉明确指出："不戴镣铐的奴隶居住的小屋，最好安排在朝南的地方；对于戴镣铐的奴隶，如果他们人数很多的话，就应当把他们安排在地下的奴隶营房里。不过这种地方卫生条件要尽量好一些，应当有许多透光而窄小的窗子。"[1]主人应惩罚那些逼迫奴隶使奴隶铤而走险并发动反叛的人。他不止一次地指出，主人应当关心其庄园上的奴隶，他认为这样做可以给主人带来许多好处。例如，他在《论农业》第1卷中这样写道："对于农村奴隶，只要他们品行端正，我往往对他们比对城里的奴隶要更亲密友好一些，和他们随便谈谈话。当我发现主人的友好态度对他们无休止的沉重劳动似乎能起减轻作用时，我就甚至有时同他们开玩笑，也允许他们比较自由地同我开玩笑。近来我更有一个新的做法，就是一遇到一项新工作，我就把他们叫来一同商量，好像他们更有经验一样，这样我可以发现他们每个人都有什么才能和智慧。不仅如此，我还发现凡在一项工作中他们曾经被征求意见，或他们的建议被采纳了，他们就更愿意着手去干。……关系到奴隶的生活待遇等细节的许多事，主人的检查更需精细和不厌其烦。例如，应查问一下在领取衣着和其他应该领的物品时他们有没有受到不公平的待遇，因为他们最容易遭受不公平的惩罚。遇到残忍和贪婪的人时他们也最可能遭受

---

[1]　科鲁美拉：《论农业》，1，6，3～4。

虐待。"①科鲁美拉认为，这是庄园主一般都应遵循的原则。又如，他在同一本书的另一处指出："奴隶如果不舒服，应让他休息几天，使其不会因劳累过度而病倒；应为奴隶修建澡堂，让他们在那里洗去污泥。"②为了增加庄园的劳动力，他还鼓励女奴隶多生孩子，认为："对于女奴，凡生育子女多的，我们就不应让她们参加工作，而且对那些生多个孩子的女奴还应让其获得自由。一般生育3个孩子的女奴可免除劳动，而超过此数的便可获得自由。"③

与科鲁美拉同时代的其他人，如辛尼加、彼特罗尼乌斯等也都认为应仁慈地对待奴隶。例如，哲学家辛尼加明确指出："奴隶制是反自然的，是和本性及其所固有的自由相抵触的……奴隶是人，他们和我们共同生活在一个天底下，是我们的朋友。"④辛尼加要人们牢记，所有的人在本性上是平等的，应像与顾客、普通的朋友说话那样同奴隶说话，以自己的行动来影响和改造他们。辛尼加认为，造成"有多少奴隶，就有多少敌人"的原因，是对奴隶采取的高压政策。他指出："当我们获取奴隶时，他们并不是我们的敌人，正是我们自己的行动促使其成了我们的敌人。"⑤彼特罗尼乌斯也认为，奴隶是人，他们与其他人完全一样。这比起共和末年把奴隶当作工具的思想有了明显的进步。

与此同时，为了防止奴隶逃跑和发动起义，罗马政府也采取了许多限制奴隶主虐待奴隶的措施。例如，维狄乌斯·波利奥曾在奥古斯都元首面前，要把一个犯了小过失的奴隶切成碎块，投入池中喂鱼，元首大为愤怒，命令立即将这个奴隶以及他的同伴奴隶同时释放。又如，当一些奴隶主因不愿花钱为自己的奴隶治病而宁愿将其弃于埃斯库拉庇乌斯

---

① 科鲁美拉：《论农业》，1，8，译文参见李雅书选译：《罗马帝国时期》上册，北京，商务印书馆，1985。

② 科鲁美拉：《论农业》，1，14，15，译文参见李雅书选译：《罗马帝国时期》上册，北京，商务印书馆，1985。

③ 同上书，1，19。

④ 辛尼加：《书信集·论奴隶》。

⑤ 参见辛尼加：《书信集·论奴隶》。"有多少奴隶就有多少敌人（Quol servi, tot hostes）"是罗马人的一句俗语。参见马可罗庇乌斯：《农神节》，1，11，13。

岛时，克劳狄元首就发布命令，给所有这类奴隶以自由；如果他们病愈返回，就不再受其主人的控制；如果有人宁愿杀死这样的奴隶而不释放他的话，就要被控告犯有谋杀罪。[①] 公元 75 年，韦斯帕芗立法规定凡被主人强迫为娼的女奴，应得自由。公元 90 年，图密善立法，禁止伤害奴隶肢体并使之伤残。哈德良则禁止售卖奴隶为角斗士，禁止杀害奴隶。他对奴隶主翁布里启娅（Umbricia）因微不足道的原因而极其残酷地处置奴隶表示强烈不满，下令将其放逐 5 年。[②] 到了安敦尼·庇乌斯（公元 138—161 年在位）时代，法律更规定：毫无理由地杀害自己奴隶的人，如同杀害他人的奴隶一样，应受同样处罚。安敦尼·庇乌斯元首在某些行省总督询问他关于逃亡到庙宇里去和到元首塑像那边去的奴隶的情况之后规定，如果奴隶难以忍受主人的残暴，可以强制主人在公平合理的条件下将该奴隶出卖，主人可以取得其售卖之所得。[③]

总之，到了公元 2 世纪，主人滥杀奴隶的状况已有了明显的改变。按帝国中期的罗马法律，奴隶所犯的严重过失一般不由主人而由行政长官来惩治。[④] 受到主人虐待的奴隶可以在元首的雕像处或行政长官那里寻求保护，并提出上诉，"城市执政官应当聆听奴隶对主人提出的控告"[⑤]。如果奴隶胜诉，他就可以被转移给另一位较人道的主人。在《罗马民法》中曾记录过这样一个案例，一个名叫帕里米基夫的奴隶，因苦于其主人的严厉，想另换主人。为了达到这一目的，他就自认杀了人。当法庭证实其杀人罪名不能成立时，他就自称是"同谋犯"。在严刑之下，他最后承认，他提供的证词是假的。马尔库斯·奥理略元首知道此案后，就马上下令将帕里米基夫赦免，并按这位奴隶的要求，将其出卖给另一位奴隶主。[⑥] 安敦尼·庇乌斯元首在给西班牙贝提卡行省总督爱

---

① 苏埃托尼乌斯：《提比略传》，25；查士丁尼：《学说汇编》，40，8，2；莫特斯丁：《论规则》，6。

② 查士丁尼：《学说汇编》，1，6，2。

③ 查士丁尼：《法学总论》，1，8，2。

④ 查士丁尼：《学说汇编》，18，1，12。

⑤ 同上书，1，12，1，8。

⑥ 同上书，45，1，38。

利乌斯·马尔西阿努斯(Aelius Marcianus)的批复中也明确规定：主人对自己的奴隶拥有支配权应当是正当的，同时也不应当剥夺任何人自己的权利。但是，对于主人来说，重要的是不要拒不帮助那些正当地恳求他停止虐待的、饥饿或不堪忍受侮辱的人。因此，你应当听取那些从奴隶群中逃出来并向元首请求庇护的奴隶的抱怨，如果发现他们遭受过度严酷的待遇或羞辱性侵害，你就应该决定将他们出卖，以使其不再陷于原主人的支配权之下。安敦尼·庇乌斯强调："如果主人无视我的谕令，我将对其采取严厉的制裁。"①从这里我们可以看出，到帝国早期，奴隶已经从家长制下逐渐解放出来并变成了国家的臣属。

当然，奴隶主和国家对奴隶的宽容还是有限度的。对奴隶的惩罚性和防范性法令照样存在。例如，公元57年，元老院就通过了一个法令，即如果一个主人被他自己的奴隶谋杀的话，那么，连那些根据他的遗嘱可以释放但仍留在他家里的奴隶都要和家中的其他奴隶一起被处以死刑。②

在奴隶的生活条件和法律地位提高的同时，奴隶主一般都非常注意对奴隶的技术培训，留传至今的许多契约文献都提到了这一情况。这些奴隶或作为徒弟，或被派往别的地方学艺。按规定，奴隶在学艺期间，奴隶主除了要供应奴隶的衣食所需之外，每年还必须给他们18天左右的假日。当然，就奴隶主而言，送奴隶学艺是为了从奴隶身上榨取更多的利润，但从客观上说，这也为奴隶积蓄财物并以此赎身提供了十分有利的条件。此外，奴隶主剥削奴隶的方法也有了新的变化，特有产奴隶制发展迅速。按照罗马法对特有产下的定义，特有产(Peculium)就是指奴隶经主人准许所拥有的独立于主人财产之外的、扣除他对主人所负的债务的那部分财产。③ 奴隶主常常将一部分财产授予奴隶，让其独立经营农业或工商业。奴隶主每年都从这些奴隶手中收取一定的"代役租"，

---

① 查士丁尼：《学说汇编》，1，6，2。
② 塔西佗：《编年史》，13，32。
③ 查士丁尼：《学说汇编》，15，1，5，4。

留下的盈利部分也就成了奴隶的特有产。特有产制首先对奴隶主有利，通过这种方法，奴隶主直接摆脱了经营上的劳累。同时，特有产制也对奴隶有一定的好处，这使他们在经济上有某种相对的独立性。奴隶借助特有产可以直接向主人赎身，成为被释奴。在帝国早期，奴隶对特有产的权利得到了明显的加强。[①] 奴隶不能脱离他的特有产被主人单独出卖；主人冒名顶替用奴隶的特有产去还债被严厉禁止。

以上这一切表明，随着统一帝国的建立和巩固，罗马的奴隶制生产关系较以前有了较明显的调整，奴隶的生活水平和法律地位也有了一定的提高。这对于罗马社会的稳定和罗马社会经济的繁荣产生了深远的影响。安敦尼王朝时期所出现的罗马"黄金时代"，很大程度上就是罗马奴隶制发展的必然结果。

**（四）罗马奴隶制在各个地区的发展极不平衡**

在罗马境内，意大利是奴隶最集中的地区。据统计，公元前225年意大利的总人口为400万，而奴隶为60万，占全部人口的15%。到公元前31年，意大利总人口为600万，而奴隶人口达到了200万，占总人口的约33%。这个比例与雅典、19世纪的巴西和美国南部诸州及古巴相比，或更高，或相差无几（见表9-4）。

表9-4　不同时期雅典、巴西、美国南部诸州和古巴的奴隶人数表

| 国　　家 | 时　　间 | 估计总人数 | 估计奴隶数 | 奴隶占总人口比例 |
|---|---|---|---|---|
| 雅　　典 | 公元前400年 | 20万 | 6万 | 30% |
| 巴　　西 | 公元1800年 | 300万 | 100万 | 约33% |
| | 公元1850年 | 800万 | 250万 | 30% |
| 美国南部州 | 公元1820年 | 450万 | 150万 | 约33% |
| | 公元1860年 | 1 200万 | 400万 | 约33% |
| 古　　巴 | 公元1804年 | 50万 | 18万 | 36% |
| | 公元1861年 | 140万 | 40万 | 约29% |

此表所使用的为英国学者霍普金斯所提供的数据。K. Hopkins, *Conquerors*

---

[①] 法学家乌尔比安曾明确指出，按民法，奴隶不能有财产，不能借债也不能放债；但按天赋人权，他可以占有财产，可以缔结各种契约。

*and Slaves*: *Sociological Studies in Roman History*，Cambridge & New York：Cambridge University Press，1978，p. 101.

除意大利外，帝国其他地区的奴隶制的发展则很不一致。西西里、西班牙、阿非利加、巴尔干等地区奴隶制较发达，但埃及以及东方各地区因奴隶制发展较早，已进入衰落时期。但这并不影响公元前 2 世纪以后罗马是奴隶制社会这一事实。因为首先意大利是罗马帝国的中心，是奴隶制度高度发达的地区。在公元 212 年卡拉卡拉颁布敕令以前[①]，罗马的大部分公民都居住在意大利。行省的自由民虽然人数众多，其中富人也不少，但毕竟处于臣民的地位，其影响力远不如罗马公民。其次，在罗马掌握政权的元首、元老、骑士等都在意大利有大量的地产，元老和骑士的最低财产数(分别为 100 万塞斯退斯和 40 万塞斯退斯)大部分都是指土地财产。图拉真元首还明确规定，元老在意大利的土地财产要占全部财产的 1/3。他们都占有大量的奴隶，都是靠剥削奴隶为生的奴隶主，由他们制定的政策，其出发点始终是为了维护奴隶主的利益。最后，意大利奴隶制不仅为罗马的统治阶级创造了大量的财富，给罗马公民提供了参与管理国家以及从事文化学习和研究的机会，而且也决定了行省经济的发展方向，为罗马帝国的繁荣创造了条件。所以，恩格斯指出："只有奴隶制才使农业和工业之间的更大规模的分工成为可能，从而使古代世界的繁荣，使希腊文化成为可能。没有奴隶制，就没有希腊国家，就没有希腊的艺术和科学；没有奴隶制，就没有罗马帝国。没有希腊文化和罗马帝国所奠定的基础，也就没有现代的欧洲。"[②]

# 四、奴隶的释放

罗马法对被释奴隶有严格而又明确的定义，它指出，被释奴隶

---

① 卡拉卡拉敕令把罗马公民权授予帝国的全体自由民(除投降者外)。参见胡庆钧主编：《早期奴隶制社会比较研究》，21 页，北京，中国社会科学出版社，1996。
② 《马克思恩格斯选集》第三卷，524 页，北京，人民出版社，1995。

(Libertinus，Libertini)就是指"从合法奴隶地位中解放出来的人，释放就是'给予自由'，因为奴隶是掌握在他人手中并处于其权力之下的，释放就是从这种权力之下解放出来。"①其关键词是合法奴隶从主人的权力下解放出来。

在相当长的一段时间里，学界都把被释奴隶的增多看作古代奴隶制业已失去活力的一种表现，是奴隶制不能在生产上提供足以补偿所消耗的劳动收益的产物，是奴隶制走向灭亡的标志。于是，便出现了以被释奴隶的少与多来衡量奴隶社会的盛与衰这一现象，似乎奴隶社会的衰落与被释奴隶的大量出现有着必然的联系。其实不一定如此，至少罗马的情况就不是如此。

奴隶的释放在罗马是家族和社会的大事。它几乎与奴隶制同步出现。早在王政时代，被释奴隶就已存在。在塞尔维乌斯时代，勒克斯（王）还专门就此做过改革。塞尔维乌斯认为，国家要雄霸世界就必须有众多的人口。因此，从前的国王们都把公民权给予一切外来人，但他们忽略了把公有权给被释奴隶的条文。"如果他们当初也同时立下这条给释奴以公民权的法令，那么这些被释放得自由的人会早已养育出大批下一代青年，国家就会永远也不缺乏自己的武装后备力量，即使被迫不得已而与全世界战争也会永远有充足的士兵。"②公元前5到前4世纪，被释奴隶有了明显的发展。因为当时的战俘都是罗马的近邻意大利人，有些与罗马人同种同文，得到释放后变成拥有半公民权的罗马公民，称为被释奴隶，在社会上形成了一个特殊阶层，被释奴隶的后代则成为全权公民。公元前4世纪的战争更多，进入罗马的奴隶也更多。有一个记载提到，公元前357年，罗马政府开始征释奴税，税率为5%。到公元前209年，释奴税累计达4 000磅黄金，从中研究者推算出每年罗马的释

---

① 查士丁尼：《法学总论》，1，5。
② 哈利卡纳苏斯的狄奥尼修斯：《罗马古事纪》，4，22，24。参见李雅书选译：《罗马帝国时期》上册，111～114页，北京，商务印书馆，1985。

奴约有 1 350 人。[1] 被释奴隶没有土地，都进入罗马城，从事工商业。其中有许多人原来就代替主人经营工商业，有很好的管理经验，被释后因致富而成为社会上层。但他们还与原主人有密切的关系，还承担着较多的义务。

罗马城里有很多被释奴隶的后裔，但他们在选举时，应该被安排到哪里去投票，一直是政治家们思考的重要问题。公元前 312 年，著名监察官阿庇乌斯·克劳狄乌斯曾提出，应允许城市居民到乡村部落登记；允许被释奴隶之子进入元老院。但这一法案没被通过。公元前 220 年，监察官颁布法令，明文规定，被释奴隶只能在 4 个城市部落内登记投票。公元前 169 年，监察官们进一步规定，被释奴隶可以在某一城市部落中登记，但必须以抽签的方法确定其在哪一个城市部落里登记。[2] 西塞罗对这次改革，大加赞赏，认为监察官老提比略·格拉古（格拉古兄弟之父）通过把被释奴隶安排到城市部落的办法，"拯救了共和国"，"若不是他那样做，我们可能早就失去它了"[3]。上述规定表明，被释奴隶在社会上还处于一种特殊地位，旧的门第之见在一般罗马人中还很盛行。[4] 同时也表明被释奴隶数量之多，若不加以有效管理，将影响罗马社会的秩序和原来公民的实际利益。

进入共和晚期及帝国初期后，罗马的奴隶释放制度不但没有被废弃和削弱，相反却得到了更大的发展。如果说公元前 3 世纪罗马每年平均释放的奴隶是 1 350 人的话，那么到共和国末年，每年的释放奴隶数就猛增至16 000 人。[5] 据记载，公元前 1 世纪前叶，罗马将军苏拉一次就从被宣布为公敌的人的奴隶中，选择年轻、身强力壮的 10 000 多人，

---

① M. Cary & H. H. Scullard, *A History of Rome : Down to the Reign of Constantine*, New York, St. Martin's Pr. , 1975, p. 178.

② 李维：《罗马史》，概要，20。

③ 西塞罗：《论演说家》，1，38。

④ 当然，公元前 2 世纪初，也有某些监察官对被释奴隶的限制较宽，有的甚至允许被释奴隶和其 5 岁以上的儿子连同他们的地产一起，在乡村部落中登记。参见李维：《罗马史》，41，50，8。但这只是个别现象。

⑤ 马克垚：《罗马和汉代奴隶制比较研究》，载《历史研究》，1981(3)。

使其成为平民，给予其自由的罗马公民权，并根据他自己的氏族名称，把他们称为科尔涅里乌斯①。公元 6 年，罗马组建消防队，由 7 000 人组成，其成员最初全部来自被释奴隶。② 公元 2 世纪的一块碑文显示，在罗马城与帝国祭祀有关的 275 个部落官员（Magistri Vicorum）中，有 229 个是被释奴隶，占总数的约 83%。③ 20 世纪后期，国外学者对罗马附近的 7 000 块表明死者身份的墓志进行了研究，结果发现在这些碑铭中，纪念被释奴隶的碑铭数量远远超过自由民，是自由人的 3 倍。这一研究结果虽然还有待进一步完善，但与塔西佗的记载做比较，就会发现它是可信的。塔西佗说："要知道，被释奴隶到处都有。特里布斯，中、低级公职人员，高级官员的助手和祭司，还有在罗马征集的巡防队，大部分都来自被释奴隶。如果把被释奴隶划出来，就会明显地显露出自由人是何等的少。"④尽管我们不能以此断定罗马城的大部分公民都与奴隶和被释奴隶有关，是奴隶或被释奴隶的后代，但有理由认为被释奴隶在罗马公民中占有很大的比重。

奴隶主释放奴隶常常有注册释放（Manumissio Censu）、执杖释放（Manumissio Vindicto）和遗嘱释放（Manumissio Testamento）等多种方式。根据罗马的习俗，奴隶在被释以后就获得了与原主人一样的地位。也就是说，一个被释奴隶，如果其主人是罗马公民，就可以仅仅通过私人释放而不用政府批准，自动进入罗马公民这一行列，享有罗马公民的义务和权利，有权参与公民投票，有权与公民成员通婚。因此，就政治地位而言，罗马的被释奴隶一般高于罗马公民阶层以外的任何自由民。因为后者虽然有人身自由，但往往被排斥于公民集体之外，他们既不能获取罗马公民所享有的任何权利，也不能与罗马公民建立合法的婚姻。

国外学者的研究表明，被主人释放的奴隶，大多数是希腊人、叙利

---

① 阿庇安：《内战史》，1，100～104。

② 狄奥·卡西乌斯：《罗马史》，55，26。

③ 《拉丁铭文集》，6073。

④ K. Hopkins, *Conquerors and Slaves*：*Sociological Studies in Roman History*，Cambridge & New York, Cambridge University Press, 1978, p. 115. 塔西佗：《编年史》，13，27。

亚人和已经希腊化的地中海东部人。在罗马城内，被释放的希腊籍奴隶约占这一地区全部被释奴隶的 70％；在拉丁姆则占 64％。[①]

帝国早期，奥古斯都为了使罗马公民队伍纯洁，曾一度以法律形式限制释放奴隶。公元前 2 年，他颁布《福非亚-卡尼尼亚法》限制根据遗嘱来释放奴隶的做法。法律规定："凡 1 人拥有奴隶 2 人以上但不多于 10 人者，最多可释放其奴隶数的一半；凡 1 人拥有奴隶 10 人以上但不超过 30 人者，最多可释放其奴隶数的 1/3；凡 1 人拥有奴隶 30 人以上但不超过 100 人者，有权最多可释放 1/4；最后，凡 1 人拥有奴隶 100 人以上但不超过 500 人者，最多可释放 1/5。"[②]对于有 500 名以上奴隶者，法律没有提及，也没规定百分比数，但规定任何人不得释放 100 人以上。"如果任何人想以遗嘱方式释放的人数超过上列数字的限制，那就按所列名次先后排序。名在前者获释，直到排到上文规定的限制数量为止。但如果按遗嘱释放奴隶的名字被写成一圆圈，那么没有任何奴隶能够得以获释，因为没有先后次序可循。"[③]公元 4 年，奥古斯都再次颁布法律，即《爱利乌斯-森提乌斯法》，以限制奴隶主在世时释放奴隶的权利。只有领有奴隶 20 年以上，而且仅限于 30 岁以上的奴隶，主人才有无条件释放的权利。"凡是不满 20 岁的奴隶所有者只有向一个委员会[④]提供足够的释放奴隶的理由，并经证明之后，才能释放奴隶。但不得以其他方式，只能用正式的执杖方式"[⑤]。

同时，法律还规定："不满 30 岁的奴隶不能以任何其他方式，只能

———————

　　[①]　T. Frank, *An Economic History of Rome*, Baltimore, The Johns Hopkins Press, 1927, p. 216.

　　[②]　N. Lewis & M. Reinhold eds., *Roman Civilization: Selected Readings*, New York, Columbia University Press, Vol. 2, 1966, pp. 53-54. 参见李雅书选译：《罗马帝国时期》上册，105～106 页，北京，商务印书馆，1985。

　　[③]　N. Lewis & M. Reinhold eds., *Roman Civilization: Selected Readings*, New York, Columbia University Press, Vol. 2, 1966, pp. 53-54.

　　[④]　奴隶释放委员会按规定在罗马由 5 名元老和 5 名骑士组成，在行省则由 20 名罗马公民组成，具体人选由主持事务的行政长官指定。

　　[⑤]　执杖方式是一种正式的释奴仪式，要有一位高级行政长官（执政官或市长）在场，主人用棍触击奴隶一下，算是正式释放仪式。中世纪册封骑士仪式可能源于此。

以执杖方式被释放才能成为被释奴隶并获罗马公民权。但事先亦须先经委员会证明有足够的释放理由。"同一法案还规定:"年龄不满 30 岁的奴隶以执杖方法被释放后,除非经委员会证明有释放理由,不然不能成为罗马公民……"此法还规定:"经遗嘱释放的奴隶与经主人同意释放的奴隶地位相同,因此可获得拉丁权。"①

奥古斯都的上述政策并没有收到很好的效果,被释奴隶的人数也并没有因此而受到较大的影响。

在帝国时代,被释奴隶不但人数众多,而且有的还因从事手工业和商业等而获取了大量的财富。这些发了财的暴发户——被释奴隶,往往成为上层贵族出身的知识分子和作家的嘲笑对象。彼特罗尼乌斯小说中的特里玛尔奇奥是这些文学形象中最著名的。特里玛尔奇奥生长于奥古斯都时代,当彼特罗尼乌斯描写他的时候,他已经老了。起初,他是一个奴隶,后来得到了主人的宠信,从他主人那里继承了一大笔财产。他把它主要投资于葡萄酒的批发生意上,并取得了很大的成功。到了晚年,他住在坎佩尼亚的一个城市里,依靠他的大片田庄的收入和放高利贷而大发其财。采齐利·尤库特是我们知道的另一个真实的案例,人们已经从庞培伊发现了他的相关档案。他斥巨资做生意,参加放高利贷和拍卖活动,在城内出租作坊,在城外出租土地并以此获取厚利。这些富有的被释奴隶往往参与举办皇帝的祭祀典礼,其地位介于缙绅和普通人等级之间。他们的孩子往往成为缙绅,有的成为骑士甚至元老。据塔西佗报道,尼禄时代的元老和骑士多是被释奴隶的后裔。② 也有被释奴经营更大规模的手工业、商业和高利贷业。而更多的被释奴则从事雇佣劳动或为保护人工作。在高官贵族庇护下工作的被释奴隶,一般很容易晋升。执政官阿夫列里·科塔的被释奴隶阿夫列里·佐西姆的例子便是明证。在一篇诗体铭文中,佐西姆曾自豪地声称,他为保护人当信使,保

---

① N. Lewis & M. Reinhold eds., *Roman Civilization*:*Selected Readings*,New York,Columbia University Press, Vol. 2, 1966, pp. 54-55. 参见李雅书选译:《罗马帝国时期》上册,106 页,北京,商务印书馆,1985。

② 塔西佗:《编年史》, 13, 27。

护人给了他 40 万塞斯退斯，并给他的子女们众多的好处。①

在帝国时期，因经营农业而获取巨大荣誉和财富的被释奴隶也不乏其人。据普林尼记载，被释奴之子阿奇利乌斯·斯特纳努斯（Acilius Sthenelus）在这方面获得了巨大的荣誉，因为他在莫塔纳地区经营一个面积不超过 60 犹格的葡萄园，把它们卖掉后得到了 40 万塞斯退斯。另一位被释奴维图莱努斯·阿吉阿鲁斯（Vetulenus Aegialus）也因为在坎佩尼亚的利特努姆地区经营葡萄业而闻名遐迩。普林尼认为，因效仿斯特纳努斯而获得成功的人中的典范要数文法学家列米乌斯·帕莱蒙（Remmius Palaemon）。他也是一位被释奴隶，据说他以 60 万塞斯退斯在莫塔纳买了一块土质很差的土地，并着手经营葡萄种植业。他在斯特纳努斯的指导下，把葡萄园整个儿翻耕了一遍，最后竟然创下了令人难以置信的奇迹，到第 8 年，他仅卖青就得了 40 万塞斯退斯。②

元首的被释奴隶更是地位显著，官运亨通，他们跻身帝国的行政机关，管理巨大的元首领地、作坊、矿山和房屋。开始时他们往往从事低下的职务，熟悉了业务以后，就按职阶升迁。从社会地位上说，元首的被释奴隶远在那些出身高贵的贵族之下。"可是实际上，他们的关系却与此不同，其实往往恰好与此相反。地位卑贱的'奴隶'扬扬得意地被'自由的人民和贵族所羡慕和嫉妒'，罗马的最高贵的家族都俯首屈服于他们之前，很少人敢把他们当作奴仆看待。……当时的人阿谀奉承，竟然为帕拉斯制作族谱，说他的先祖就是与他同姓的阿卡狄亚王。西庇阿的一个后裔还在元老院中提出一个表示感谢的议案，他说，这个王室的后裔竟然抛弃其古代的尊荣而为罗马服务，并且屈尊为王仆，实在是值得感谢的。根据公元 52 年的一位执政官的提议，元老院曾把一个行政长官的勋章和一笔巨款（15 000 000 塞斯退斯）送给他。不过帕拉斯只接受前一项礼品。于是元老院便通过了一个感激帕拉斯的决议案，称这位

---

① 辛尼加：《书信集》，47。
② 普林尼：《自然史》，14，5，47～51。

拥有 300 000 000 塞斯退斯家产的富翁为无私的楷模。① 这个法案公布于身着戎装的恺撒像旁边的一块铜牌上。鲁西乌斯·维特里乌斯（Lucius Vitellius）是维特里乌斯元首（公元 69 年在位）的父亲，是一位尽管在当时就被指责为卑劣但却地位高贵的人，也把帕拉斯和那尔西苏斯的金像视为家神加以崇拜。"② 辛尼加也曾记载，作为克劳狄元首赏识的奴隶卡里斯图斯（Callistus）的前主人，他站在卡里斯图斯门前求见，但卡里斯图斯却先接见别人，而把他的前主人拒之门外，并宣布前主人不是他想邀请来他家的人。③ 也正是这个辛尼加，在将被放逐时，给元首的被释奴隶写了一封卑躬屈膝、阿谀奉承的信，以期得到宽恕。老普林尼提到克劳狄的被释奴隶洛都特·德鲁齐里乌斯是西班牙的祭司，他为制造 1 个 500 磅重的银盘和 8 个 250 磅重的银盘，专门修造了一座作坊。④ 在朱理亚·克劳狄王朝时代，被释奴隶不仅是帝国政权的重要参与者，而且也是帝国最富有的人。弗里德里特在其名著《早期帝国的罗马生活和习俗》一书中曾这样写道："他们因为其特殊地位而得到的财富就是他们势力的一种象征。在被释奴隶的财富人所共知的时代里，可以和这些王仆较量的人当然是寥若晨星。那尔西苏斯共有 400 000 000 塞斯退斯的财产，这是已知的古典世界中的最大宗的个人财产。据尤维纳（Juvenal）测算，他的财富可以与克洛伊索斯（Croesus）⑤ 和波斯国王相媲美。帕拉斯共有 300 000 000 塞斯退斯，卡里斯图斯、伊帕佛洛蒂图斯（Epaphroditus）、多利佛鲁斯（Doryphorus）等的财产也不少。当克劳狄有一天叹息帝国财政陷于困境时，罗马人在闲谈中说，如果他那两个被释奴隶（帕拉斯和那尔西苏斯）肯让他成为他们的伙伴，则他便会财帛有余了"，"因为拥有大宗财富的缘故，元首的被释奴隶的奢侈和荣耀程度都

---

① 小普林尼：《书信集》，7，29。
② L. Friedlander, *Roman Life and Manners under the Early Empire*, New York, Arno Pr. 1979，Vol. 1，pp. 47-48.
③ 斯达提乌斯：《森林》，3，4；辛尼加：《书信集·论奴隶》。
④ 《拉丁铭文集》，6，10050。
⑤ 克洛伊索斯，吕底亚国王，在当时是富豪的代名词。

远远地超过罗马的贵族。他们的大厦是罗马最雄伟的大厦。据尤维纳说，克劳狄的太监波沙特斯（Posides）的大厦比卡庇托里神庙还壮观，而且在里边有世界上最罕见和最贵重的物品"[1]。元首的被释奴隶以各种宏伟而有用的建筑物点缀罗马及帝国的其他城市。

不过被释奴隶即使身份再高、财富再多也难以消除出身低贱的痕迹。他们的法律地位和社会身份同自由公民还有许多差别。

首先，被释奴隶对前主人仍负有相当的义务，保留着被保护的关系。通常他们要对前主人终生感激不尽，前主人才会感到满意，不然他们会受到指责。公元56年，元老院曾讨论并研究过对不知感恩的被释奴隶的再奴役问题。[2] 有些主人甚至还要求被释奴隶继续为其子女效劳。最后，元首规定，凡已生育两名子女者，应免除对前主人的义务。[3]

被释奴隶在政治权利方面一般低于自由民，他们虽然可以担任外来宗教的祭司，但不能当罗马教的祭司。即使他们担任了高官，仍可受刑。最初，法律还规定被释奴隶不能参加近卫军，但后来甚至连近卫军长官也可由他们担任。看来这些禁令也并非不可改变。

从姓名上看，被释奴隶很难隐瞒自己的身份，他们一般必须用主人的第一、第二名，然后再加上自己原奴隶名，作为第三名。原名多带有奴隶特色，很容易看出其出身。[4] 第一代被释奴隶一般不能进入元老和骑士阶层，他们的儿孙辈就没有这种限制了。

从现有资料看，获得赎身或被释放的奴隶当中，有年老体弱者。例如，当一位奴隶患了一种致命的高烧病时，他的主人便放弃了其作为一

① L. Friedlander, *Roman Life and Manners under the Early Empire*, New York, Arno Pr. 1979, Vol. 1, p. 45.

② 塔西佗:《编年史》,13, 26。

③ K. Hopkins, *Conquerors and Slaves: Sociological Studies in Roman History*, Cambridge & New York, Cambridge University Press, 1978. p. 130.

④ 20世纪初以来，学者们对东部地区和罗马奴隶的名字进行了大量的研究，早期那种认为奴隶的名字必然指明其民族和地理来源的假设，已被放弃。奴隶主给奴隶取的名字有些与民族有关，如Gete、Daros、Syrus等，但大多无关。奴隶主十分希望把奴隶的名字同神，如赫尔莫斯、狄奥尼修斯等联系起来。或者给奴隶取一个使人联想起美好生活的名字，如特里丰、"幸福的"等来表明主人的财富和地位。

个主人的权利以改善这位奴隶的地位。这位奴隶非常感谢他的主人。临终前，他把原来的主人称为"恩人"，因为他作为一个自由人开始了阴间的生活。[①] 也有年轻勤劳者。西塞罗认为，勤奋而诚实的奴隶一般在 7 年内就有希望获得释放。[②] 德国学者阿尔菲特(G. Alfoldy)曾在 20 世纪 70 年代对帝国西部的罗马城、意大利、西班牙和多瑙河流域等地区的 1 201 个被释奴隶做过分析研究，发现在 30 岁以下时获得自由的奴隶就达奴隶总数的 3/5。[③] 在罗马法典中，也经常提到奴隶购买自由权的实例(约 70 多例)，这充分说明这种现象的普遍性。辛尼加指出，奴隶节衣缩食，常常将积存下来的钱用于购买自由权。[④] 那么，罗马人何以大量释放成年奴隶？其中的原因很多，情况也各不相同。

据调查，被树碑纪念的在 30 岁之前就去世的被释奴隶中有 3/5 是女性，有些碑文还写明她们同主人有婚姻关系。这种奴隶显然是由于同主人的感情关系而获释的。

有的奴隶主则是为了获取更多的利益而释放奴隶的。这些奴隶主常常与奴隶订立契约，允许奴隶用一定的赎金赎身。赎金的数额常常相当于奴隶主再购买一名奴隶的花费，所以，奴隶的释放并不影响奴隶制的延续。如果奴隶在他购买自由权以前就死了，那么按罗马法，他节省下来的钱会被交给主人。慷慨的主人也许会运用他的权利来供养奴隶的妻子和孩子。[⑤] 更重要的是，主人通过释放奴隶的方法，使奴隶看到了获取自由的希望，从而无形中也就提高了奴隶对劳动的兴趣，促进了罗马社会经济的发展。更何况，奴隶被释后，对原先的主人还负有一系列义务。例如，被释奴得给前主人服役；当前主人陷入困境时，他得维持前主人的生活。有些主人还对被释奴提出相当苛刻的要求。[⑥] 共和时期，

---

① 马契尔：《讽刺诗》，1，101，7～10。
② 西塞罗：《腓力比克》，8，32。
③ K. Hopkins, *Conquerors and Slaves：Sociological Studies in Roman History*, Cambridge & New York，Cambridge University Press，1978，p. 127.
④ 辛尼加：《道德书信篇》，80，4。
⑤ 小普林尼：《书信集》，8，16。
⑥ 查士丁尼：《学说汇编》，38，2，1。

行政长官(Praetor)曾屡次立法制止前主人的这种剥削。[①] 帝国时期,法律也规定,要给被释奴隶以足够的时间使他们能够谋生,同时,在为前主人干活时,前主人应向其供应食品。[②] 这充分说明,被释奴隶受前主人的剥削还是非常严重和普遍的。

共和末叶,罗马政局混乱,有些奴隶主为了扩大政治势力,获得更多的拥护者和选票,不时释放奴隶;有些则为了从国家和富人那里获取更多的救济粮,也释放奴隶。据狄奥·卡西乌斯记载,公元前 57 年,庞培因看到大批奴隶被释放并加入分粮队伍,曾建议重新登记领粮人数,从而稳定分粮秩序,建立分粮制度,结果遭到了一部分公民的谴责。狄奥尼修斯这位哈里卡纳苏斯人则更把"用释放奴隶来获取公粮"这种现象当作奥古斯都时代罗马的一大特征。他在其《罗马古事纪》中写道,让被释奴隶去领取每月由政府发放的口粮,让他们去领取由富人发给贫穷公民的施舍物,并将这些东西送交给给予他们自由的人。这是某些人释放奴隶的目的。[③]

当然,也有一些奴隶主是出于道义上的考虑来释放奴隶的。帝国初期,罗马的一些社会活动家和哲学家常常攻击奴隶主对奴隶的残酷剥削,揭露主人的伪善[④]。主人认识到释放奴隶既有利可图,又可避免指责,所以常常愿意释放奴隶。尤其是当奴隶临死前,则更容易被释放。例如,据马契尔记载:"当一种致命的疾病向他(一位奴隶)袭来时,我认为他不应作为一名奴隶死去,我放弃了对他作为一位主人的权利。……临终前,他意识到了我对他的奖赏,并把我称作庇护人(patron)而不是主人,因为他作为一个自由人开始了阴间的生活。"[⑤]哈里卡纳苏斯的狄奥尼修斯也说:"有些人在奴隶临死前才给他们自由权,目

---

① 查士丁尼:《学说汇编》,38,1,2。共和末期,因为奴隶主对被释奴隶的剥削过分严重,造成许多被释奴负担过重,政府立法制止正是这种状况的真实反映。

② 同上书,38,1~2。

③ 哈里卡纳苏斯的狄奥尼修斯:《罗马古事纪》,4,24,5。

④ 同上书,4,24。

⑤ 马契尔:《讽刺诗》,1,101,5~10。

的是希望他们得到自由人的称号。"①

　　在罗马，释放奴隶的原因各不相同，但释放释隶的现象始终存在。尤其到了罗马帝国早期，不断有奴隶主较大规模地释放奴隶，而且还释放成年的奴隶。这对于罗马奴隶主是十分有利的。因为这能更好地协调主人与奴隶的关系，充分发挥奴隶的主动性和创造性。历史表明，罗马大量释放奴隶不但没有削弱奴隶制的基础，相反还对奴隶制生产关系起到了巩固的作用，是奴隶制高度发展的反映。奴隶主的奴隶释放政策和措施既促进了奴隶制经济的发展，同时也对罗马社会起到了极其重要的稳定作用。

# 五、罗马奴隶制的衰落

　　罗马奴隶制经历了产生、发展、强盛和衰落几个阶段，为人类提供了一个非常完整的有关奴隶制发展历程的研究标本。如果说从罗马建城到公元前 2 世纪中叶是罗马奴隶制的形成和发展期的话，那么公元前 2 世纪中叶到 2 世纪末叶则是罗马奴隶制的发展和繁荣期。从 3 世纪以后到西罗马帝国灭亡，罗马奴隶制进入了衰落阶段。罗马奴隶制的衰落主要表现在以下几个方面。

　　第一，国家剥削的加重和城市的衰退。

　　国家是上层建筑，它受经济基础的影响，同时也反过来影响经济的发展。

　　帝国早期，罗马治下的和平给帝国带来辉煌的成就。罗马当时的大地理学家斯特拉波曾自豪地指出："无论如何，罗马人和他们的同盟者从来没有像奥古斯都·恺撒获得绝对权威以来那样繁荣过。这一繁荣奠基于奥古斯都·恺撒所提供的和平与富足。"②公元 2 世纪的阿里斯提德

---

① 哈里卡纳苏斯的狄奥尼修斯：《罗马古事纪》，4，24。
② 斯特拉波：《地理学》，6，4。

斯更认为："现在整个世界都好像是在欢度假期一样，脱下了古代的战袍，穿上了自由欢乐的锦袍。所有的城市都已经放弃了它们旧有的争端，希望在一件单纯的事情上取胜，那就是每个城都希望使它自己变得更快乐、更美丽。到处都是游戏场、林园、神庙、工场和学校。城市都充满了光明和美丽，整个的大地都好像是元首的花园一样。友好的烽火从它的平原上升起，而那些战争的硝烟就好像是随风飘去，到了山海以外去了，代替它们的是说不尽的美景和欢快。"①地中海城市市场呈现出一派繁荣景象。

安敦尼王朝结束以后，帝国境内发生巨大变化。罗马国家对百姓的剥削日益加重。它"变成了一架庞大的复杂机器，专门用来榨取臣民的膏血。捐税、国家徭役和各种代役租使人民大众日益陷于穷困的深渊；地方官、收税官以及兵士的勒索，更使压迫加重到使人不能忍受的地步"②。戴克里先时期，罗马实行"四帝共治制"③，官员和军队人数大增，民众深受其害。据拉克坦提乌斯记载，戴克里先"选择三人与其共治；将帝国分成四部分，军队人数倍增。四个统治者中的每一位都拥有比以前帝国唯一的统治者更多的士兵④。收税人的数目远远超过了纳税人的数目，从而促使农夫因负担重税而痛苦不堪，以致破产的隶农抛弃了土地，耕地上则长满野草和灌木"⑤。帝国各地民不聊生。所有的行省都分得很小，而每一地方、每一城市都派去数量庞大的官员和税吏。此外，还有许多不同级别的财产管理人、近卫军长官代理人。他们很少关注行政事务，但每天都有审判和放逐，还有对无数物品的征税。政府把征税权的范围扩大至帝国的众多领域。

帝国后期，罗马军队的人数达到 65 万人，比元首制早期大约增加了四倍，再加上官僚阶层以及教会的管理阶层，这些依靠政府生活的人

---

① 阿里斯提德斯：《罗马颂》，26。
② 恩格斯：《家庭、私有制和国家的起源》，166 页，北京，人民出版社，2018。
③ 又称"双奥古斯都与双恺撒分权管理制"。
④ 作者扩大了戴克里先军事建制的规模，从惯例的 30 万增加为 40 万。
⑤ 拉克坦提乌斯：《论基督徒迫害者之灭亡》，1，7。

数已经在古代世界达到了登峰造极的地步。政府为了养活这些庞大的官僚与军队，制定各种政策把大量的隶农和城市职业工作者固定在土地上或行业里；强迫地方库里亚元老接受自治市行政管理者的任命，督促他们承担城市元老院中的世袭义务，以完成地方的收税任务。

为了躲避国家的沉重税收，城市经济的灵魂——库利亚元老纷纷流亡他乡。有的逃到别的地区；有的往乡下寻求大地主的庇护；有的则到蛮族那里寻找生活上的自由。因为"蛮族铸剑为犁，视罗马人为盟友和朋友。有些罗马人宁愿在贫穷中自由度日，也不愿在罗马治下忍受折磨和捐税"①。"他们到蛮族那里去寻求罗马的人道。因为在罗马人那里，他们业已不堪忍受野蛮的、不人道的待遇了。"②罗马国家已经由原先公民的保护者变成了残酷的压迫者。正如恩格斯所言，罗马帝国最初是建立在对内维持秩序对外防御野蛮人的基础上的，"然而它的秩序却比最坏的无秩序还要坏，它借口保护公民防御野蛮人，而公民却把野蛮人奉为救星来祈望"③。随着城市中坚力量的大量逃亡，城市经济日趋衰退。城市萧条的结果便是商品市场的收缩，贸易、工业的衰落，实物交流的回归。地中海经济一下子退回到地方经济。原先由分工合作产生的互补经济逐渐消失，自给自足的自然经济再次成为帝国的主体经济。帝国农村化成为晚期罗马社会最大的特征。

第二，奴隶人数的减少和奴隶庄园的衰落。

奴隶制生产方式缺乏劳动力自然再生产的内部机制。奴隶劳动力在生产领域不能保持稳定的供给，缺少可持续发展的条件。历史上，奴隶的来源主要依靠战争。战俘奴隶是罗马奴隶制社会赖以存在的重要条件。帝国以后，奥古斯都努力寻求罗马的自然边界，并嘱咐继承者不要轻易突破业已形成的疆域，罗马逐渐进入外战减少的阶段。④ 而对外战

---

① 奥罗修斯：《反异教徒七书》，7，41。
② 萨尔维安：《论上帝的统治》，5，8。
③ 恩格斯：《家庭、私有制和国家的起源》，166 页，北京，人民出版社，2018。
④ 奥古斯都在遗嘱中附有一个条款，其内容就是不允许继承者扩充帝国的疆土。见塔西佗：《编年史》，1，11。

争的减弱又严重地影响了奴隶的供给源,从而导致了奴隶制大庄园劳动力补给上的短缺。

众所周知,大庄园是帝国时期罗马农业生产的主要经营形式。恩格斯认为,在意大利,从共和制衰亡时期起就存在着几乎遍布全境的面积巨大的大庄园(Latifundien)。一般而言,大庄园"是用两种方法加以利用的:或者当做牧场,那里居民就被牛羊所代替,因为看管牛羊只用少数奴隶就行了;或者当做田庄,使用大批奴隶经营大规模的园艺业——一部分为了满足主人的奢侈生活,一部分为了在城市市场上出售"①。奴隶制大庄园具有明显的商品生产特征。城市市场的存在是奴隶制大庄园存在的重要前提。

3世纪以后,随着城市的衰落,大地产经营模式也开始发生转变。"以奴隶劳动为基础的大庄园经济,已经不再有利可图。"②"古典古代的奴隶制,已经过时了。"③"现在小规模经营又成了唯一有利的形式。田庄一个一个地分成了小块土地,分别租给缴纳一定款项的世袭佃农,或者租给分成制农民,这种分成制农民只能获得他们一年劳动生产品的六分之一,或者仅仅九分之一,他们与其说是佃农,毋宁说是田产看管人。但是这种小块土地主要是交给隶农,他们每年缴纳一定的款项,被束缚在土地上,并且可以跟那块土地一起出售;这种隶农虽不是奴隶,但也不是自由的,他们不能和自由民通婚,他们相互间的婚姻也不被看作完全有效的,而是像奴隶的婚姻一样,只被看做简单的同居(contubernium)。他们是中世纪农奴的前辈。"④

罗马的奴隶制虽然衰落了,但奴隶制并没有因为衰落而消亡。奴隶劳动在意大利等地照样存在。例如,在4、5世纪之交,有一位名叫麦拉尼娅(Melania)的女贵族,她在罗马附近就拥有62个村庄,大约有

---

① 恩格斯:《家庭、私有制和国家的起源》,166页,北京,人民出版社,2018。
② 同上书,167页。
③ 同上。
④ 同上。

2.5万奴隶在其中从事劳动。[①] 但从历史的趋势看,奴隶劳动已经日益走向没落。

公元4世纪下半叶以后,一批批日耳曼新主人来到罗马,改变了帝国土地上原先的土地所有制形式。罗马已经不再是以前的罗马,帝国也不再是原先的帝国,主人更不是原来的主人。罗马的奴隶制已经走到了尽头。

---

① A. H. M. Jones, *The Later Roman Empire* (284-602), *A Social, Economic, and Administrative Survey*, Vol. 2, Baltimore, The Johns Hopkins University Press, 1964, pp. 782-793.

# 附录一　各种统计表

表 1　公元前 508—公元 14 年罗马公民人口统计表

| 年　代 | 人口数 | 材料来源 |
|---|---|---|
| 公元前 508 年 | 130 000 | 哈里卡纳苏斯的狄奥尼修斯：《罗马古事纪》，5，20 |
| 公元前 503 年 | 120 000 | 希罗尼努斯：《亚伯拉罕以来的年代学》，1，69，1 |
| 公元前 498 年 | 150 700 | 哈里卡纳苏斯的狄奥尼修斯：《罗马古事纪》，5，75 |
| 公元前 493 年 | 110 000 | 哈里卡纳苏斯的狄奥尼修斯：《罗马古事纪》，6，96 |
| 公元前 474 年 | 103 000 | 哈里卡纳苏斯的狄奥尼修斯：《罗马古事纪》，9，36 |
| 公元前 465 年 | 104 714 | 李维：《罗马史》，3，3，9 |
| 公元前 459 年 | 117 319 | 李维：《罗马史》，3，24 |
| 公元前 392 年 | 152 573 | 普林尼：《自然史》，33，16 |
| 公元前 339 年 | 165 000 | 犹西比乌斯：《年代学》，1，110，1 |
| 公元前 319 年 | 250 000 | 李维：《罗马史》，9，19 |
| 公元前 292 年 | 262 321 | 李维：《罗马史》，10，47 |
| 公元前 289 年 | 272 000 | 李维：《罗马史》，概要，11 |
| 公元前 279 年 | 287 222 | 李维：《罗马史》，概要，13 |
| 公元前 275 年 | 271 224 | 李维：《罗马史》，概要，14 |
| 公元前 264 年 | 292 234 | 李维：《罗马史》，概要，16 |
| 公元前 251 年 | 297 797 | 李维：《罗马史》，概要，18 |
| 公元前 246 年 | 241 712 | 李维：《罗马史》，概要，19 |
| 公元前 240 年 | 260 000 | 希罗尼努斯：《亚伯拉罕以来的年代学》，1，134，1 |
| 公元前 234 年 | 270 713 | 李维：《罗马史》，概要，20 |

| 年　代 | 人口数 | 材料来源 |
|---|---|---|
| 公元前 225 年 | 273 000 | 波利比乌斯：《通史》，2，24 |
| 公元前 209 年 | 137 108 | 李维：《罗马史》，概要，36 |
| 公元前 204 年 | 214 000 | 李维：《罗马史》，概要，29，37 |
| 公元前 194 年 | 143 704 | 李维：《罗马史》，35，9 |
| 公元前 189 年 | 258 318 | 李维：《罗马史》，38，36 |
| 公元前 179 年 | 258 794 | 李维：《罗马史》，概要，41 |
| 公元前 174 年 | 269 015 | 李维：《罗马史》，42，10 |
| 公元前 169 年 | 312 805 | 李维：《罗马史》，概要，45 |
| 公元前 164 年 | 337 452 | 李维：《罗马史》，概要，46 |
| 公元前 159 年 | 328 316 | 李维：《罗马史》，概要，47 |
| 公元前 154 年 | 324 000 | 李维：《罗马史》，概要，48 |
| 公元前 147 年 | 322 000 | 希罗尼努斯：《亚伯拉罕以来的年代学》，1，158，2 |
| 公元前 142 年 | 328 442 | 李维：《罗马史》，概要，54 |
| 公元前 136 年 | 317 933 | 李维：《罗马史》，概要，56 |
| 公元前 130 年 | 318 823 | 李维：《罗马史》，概要，59 |
| 公元前 125 年 | 394 736 | 李维：《罗马史》，概要，60 |
| 公元前 115 年 | 394 336 | 李维：《罗马史》，概要，63 |
| 公元前 85 年 | 463 000 | 耶罗迈：《年代学》，61，173，4 |
| 公元前 69 年 | 900 000 | 李维：《罗马史》，概要，98 |
| 公元前 28 年 | 4 063 000 | 奥古斯都：《奥古斯都自传》，8 |
| 公元前 8 年 | 4 233 000 | 奥古斯都：《奥古斯都自传》，8 |
| 公元 14 年 | 4 937 000 | 奥古斯都：《奥古斯都自传》，8 |

### 表 2 公元前 262—前 142 年罗马战俘奴隶情况表

| 时　间 | 数　量 | 来源地或民族 | 材料来源 |
|---|---|---|---|
| 公元前 262 年 | 25 000 | 阿格里根图 | 西西里的狄奥多鲁斯:《历史集成》,23,9,1 |
| 公元前 256 年 | 20 000 | 北　非 | 西西里的狄奥多鲁斯:《历史集成》,1,29,7 |
| 公元前 254 年 | 13 000 | 潘诺努斯 | 西西里的狄奥多鲁斯:《历史集成》,23,18,5;波利比乌斯:《通史》,1,38,9~10 |
| 公元前 241 年 | 10 000 | 利利贝乌姆 | 波利比乌斯:《通史》,1,61,8 |
| 公元前 218 年 | 2 000 | 利利贝乌姆 | 李维:《罗马史》,21,51,2 |
| 公元前 215 年 | 5 000 | 希庇尼 | 李维:《罗马史》,23,37,12 |
| 公元前 214 年 | 3 000 | 孟　达 | 李维:《罗马史》,24,42,4 |
| 公元前 213 年 | 7 000 | 阿特里努姆 | 李维:《罗马史》,24,47,14 |
| 公元前 209 年 | 4 000 | 马图里亚 | 李维:《罗马史》,27,15,4 |
| 公元前 209 年 | 30 000 | 他林敦 | 李维:《罗马史》,27,16,7 |
| 公元前 204 年 | 8 000 | 北　非 | 李维:《罗马史》,29,29,3 |
| 公元前 197 年 | 5 000 | 马其顿 | 李维:《罗马史》,33,10,7;11,2 |
| 公元前 177 年 | 5 632 | 莫提拉和法瓦里亚 | 李维:《罗马史》,41,11,8 |
| 公元前 171 年 | 2 500 | 哈利阿图斯 | 李维:《罗马史》,42,63,11 |
| 公元前 167 年 | 150 000 | 伊庇鲁斯 | 李维:《罗马史》,45,34,5 |
| 公元前 146 年 | 55 000 | 迦太基人 | 奥罗西乌斯:《反异教徒七书》,4,23,3 |
| 公元前 142 年 | 9 500 | 路西达尼亚 | 阿庇安:《西班牙战争》,68 |

## 表3　公元前1世纪罗马征兵情况表

| 征兵地区 | 征兵时间 | 材料来源 |
|---|---|---|
| 全意大利 | 公元前87年 | 普鲁塔克：《马略传》，41 |
| | 公元前84—前82年 | 阿庇安：《内战史》，1，76~77；81；86 |
| | 公元前83—前82年 | 阿庇安：《内战史》，1，86 |
| | 公元前52年 | 西塞罗：《为米罗辩护》，67~68；恺撒：《高卢战记》，7，1；狄奥·卡西乌斯：《罗马史》，40，50，1 |
| | 公元前49年 | 恺撒：《内战记》，1，7；阿庇安：《内战史》，2，34 |
| | 公元前43年 | 西塞罗：《腓力比克》，5，31；7，13；10，21；12，16；13，5；14，5。西塞罗：《家信集》，12，5，2；阿庇安：《内战史》，3，65；3，91 |
| | 公元前41年 | 阿庇安：《内战史》，5，27；5，74 |
| 罗马城 | 公元前90年 | 狄奥·卡西乌斯：《罗马史》，断片，100；征集被释奴隶，参见李维：《罗马史》，概要，74；阿庇安：《内战史》，1，49 |
| | 公元前83年 | 阿庇安：《内战史》，1，82，373 |
| | 公元前49年 | 恺撒：《内战记》，1，14，4 |
| | 公元前43年 | 西塞罗：《腓力比克》，10，21；《家信集》，11，8，2 |
| 山南高卢 | 公元前90年 | 普鲁塔克：《塞尔托里乌斯》，4 |
| | 公元前87年 | 阿庇安：《内战史》，1，67，308 |
| | 公元前83年 | 阿庇安：《内战史》，1，86，393 |
| | 公元前63年 | 西塞罗：《反卡提林阴谋》，2，5 |
| | 公元前58—前57年 | 恺撒：《高卢战记》，1，7；2，2 |
| | 公元前54—前52年 | 恺撒：《高卢战记》，5，24；6，1；7，1 |

| 征兵地区 | 征兵时间 | 材料来源 |
| --- | --- | --- |
| 山南高卢 | 公元前 49 年 | 恺撒：《高卢战记》，1，18；3，87，4 |
| | 公元前 44—前 43 年 | 西塞罗：《腓力比克》，5，36；12，9；7，21 |
| | 公元前 41 年 | 狄奥·卡西乌斯：《罗马史》，48，12，5 |
| 埃特鲁里亚 | 公元前 87 年 | 阿庇安：《内战史》，1，67 |
| | 公元前 44 年 | 阿庇安：《内战史》，3，42；狄奥·卡西乌斯：《罗马史》，45，12，6 |
| | 公元前 43 年 | 西塞罗：《家信集》，10，33，4；《腓力比克》，12，33；阿庇安：《内战史》，3，66 |
| 庇塞浓 | 公元前 83 年 | 维莱里乌斯：《罗马史纲》，2，29；普鲁塔克：《庞培传》，6 |
| | 公元前 63 年 | 西塞罗：《反卡提林阴谋》，2，5；萨鲁斯提乌斯：《卡提林阴谋》，30 |
| | 公元前 49 年 | 西塞罗：《致阿提库斯书》，8，126，2；恺撒：《内战记》，1，13～15 |
| | 公元前 43 年 | 阿庇安：《内战史》，3，66；3，72；3，93 |
| 翁布里亚 | 公元前 64 年 | 西塞罗：《为莫莱纳辩护》，42 |
| | 公元前 49 年 | 西塞罗：《致阿提库斯书》，8，126，2 恺撒：《内战记》，1，12 |
| 萨　宾 | 公元前 49 年 | 苏埃托尼乌斯：《韦斯帕芗传》，1，2 |
| 拉丁姆和坎佩尼亚 | 公元前 87 年 | 阿庇安：《内战史》，1，65，294 |
| | 公元前 63 年 | 萨鲁斯提乌斯：《卡提林阴谋》，30 |
| | 公元前 49 年 | 西塞罗：《致阿提库斯书》，8，26，2；9，19，1。恺撒：《内战记》，1，14 |
| | 公元前 44 年 | 西塞罗：《致阿提库斯书》，16，8，1；阿庇安：《内战史》，3，40；狄奥·卡西乌斯：《罗马史》，45，12，2 |
| | 公元前 44—前 43 年 | 西塞罗：《腓力比克》，7，22；《论土地法》，2，84 |

| 征兵地区 | 征兵时间 | 材料来源 |
|---|---|---|
| 马尔西、皮利吉尼、马路西尼 | 公元前83年 | 普鲁塔克:《克拉苏传》,6,3 |
| | 公元前49年 | 恺撒:《内战记》,1,15;1,20;2,27;2,28;2,29;2,34~35 |
| | 公元前43年 | 西塞罗:《腓力比克》,7,23 |
| 萨姆尼乌姆 | 公元前44年 | 西塞罗:《致阿提库斯书》,16,2,6 |
| 路加尼亚和勃鲁提乌姆 | 公元前55年 | 普林尼:《自然史》,2,147 |
| | 公元前49年 | 恺撒:《内战记》,1,30 |
| 阿普利亚 | 公元前49年 | 西塞罗:《致阿提库斯书》,7,12,2 恺撒:《内战记》,1,24 |

## 表4　帝国早期部分百万富翁统计表

| 姓　名 | 死亡时间 | 财产数(单位:塞斯退斯) | 材料来源 |
|---|---|---|---|
| 科尔涅里乌斯·林杜鲁斯（Cn. Cornelius Lentulus） | 死于公元25年 | 4亿 | 辛尼加:《论施舍》,2,27;苏埃托尼乌斯:《提比略传》,49,1 |
| 那尔西苏斯（Narcissus） | 死于公元54年 | 4亿 | 狄奥·卡西乌斯:《罗马史》,60,34 |
| 伏鲁西乌斯·撒图尼努斯（L. Volusius Saturninus） | 死于公元56年 | 3亿 | 塔西佗:《编年史》,14,56,1;13,30 |
| 安纳乌斯·辛尼加（L. Annaeus Seneca） | 死于公元65年 | 3亿 | 塔西佗:《编年史》,13,42;狄奥·卡西乌斯:《罗马史》,61,10,3 |
| 维比乌斯·克列斯普斯（Q. Vibius Crispus） | 死于公元83年或93年 | 3亿 | 塔西佗:《演说问答》,8 |
| 安敦尼乌斯帕拉斯（M. Antotaius Pallas） | 约死于公元62年 | 3亿 | 塔西佗:《编年史》,12,53 |
| 朱理乌斯·李锡努斯（C. Julius Licinus） | 死于公元14年之后 | 2亿~3亿 | 尤维纳:1,109;辛尼加:《书信集》,119,9;普林尼:《自然史》,33,134 |
| 朱理乌斯·卡里斯图斯（C. Julius Callistus） | 约死于公元52年 | 2亿多 | 普林尼:《自然史》,33,134 |

续表

| 姓　名 | 死亡时间 | 财产数（单位：塞斯退斯） | 材料来源 |
|---|---|---|---|
| 克罗狄乌斯·伊庇里乌斯·马尔西努斯（T. Clodius Eprius Marcellus） | 约死于公元 79 年 | 2 亿 | 塔西佗：《演说问答》，8 |
| 萨鲁斯提乌斯·帕西努斯·克里斯普斯（C. Sallustius Passienus Crispus） | 约死于公元 46 年或公元 47 年 | 2 亿 | 杨共乐：《早期丝绸之路探微》，146 页，北京，北京师范大学出版社，2011。 |
| 吉维乌斯·阿庇契乌斯（M. Gavius Apicius） | 死于公元 28 年之后 | 1 亿1 000 万 | 辛尼加：《致哈尔维乌斯》，10，9；马契尔，3，22 |
| 陶里乌斯·鲁福斯（L. Tarius Rufus） | 死于公元 14 年左右 | 1 亿 | 普林尼：《自然史》，18，37 |
| 雅典的克劳狄乌斯·希帕尔库斯（Ti. Claudius Hipparchus of Athens） | 死于公元 81 年之后 | 1 亿 | 苏埃托尼乌斯：《韦斯帕芗传》，13 |
| 阿奎利乌斯·鲁古路斯（M. Aquillius Regulus） | 死于公元 105 年左右 | 6 000 万 | 小普林尼：《书信集》，2，20，13 |
| 罗利阿·鲍利纳（Lollia Paulina） | 死于公元 49 年 | 4 000 多万 | 普林尼：《自然史》，9，117～118 |
| 小普林尼（C. Plinius Caecilius Secundus） | 死于公元 111—113 年左右 | 2 000 万 | 琼斯：《罗马帝国经济》，370 页 |
| 马萨利亚的克里纳斯（Crinas of Massilia） | 死于公元 54—68 年之间 | 2 000 万左右 | 普林尼：《自然史》，29，9 |
| 卡尔普尼乌斯·庇索（M. Calpurnius Piso） | 死于公元 20 年左右 | 500 万 | 塔西佗：《编年史》，3，17 |
| 奥亚的埃米利亚·普旦提拉（Aemilia Pudentilla of Oea） | 死于公元 158—159 年左右 | 400 万 | 阿普莱乌斯：《寓言》，75 |
| 马达罗斯的阿普莱乌斯（L. Apuleius of Madauros） | 死于公元 140—150 年左右 | 200 万 | 阿普莱乌斯：《寓言》，75 |

### 表5 第一次布匿战争时期罗马国家收入简表

| 时间 | 项目 | 金额 | 占总收入的百分比 |
|---|---|---|---|
| （公元前264—前241年）第一次布匿战争 | 公民税 | 5 000～6 000 | 42%～50% |
| | 战争收入 | 5 500 | 46% |
| | 公有地租金等 | ? | |
| | 合　计 | 12 000 | 100% |
| | 年　均 | 500 | |

说明：表5～表14主要依据T.弗兰克《古代罗马经济研究》第1卷提供的有关数据编制。金额单位为万塞斯退斯。

### 表6 第一次布匿战争时期罗马国家支出简表

| 时间 | 项目 | 金额 | 占总支出的百分比 |
|---|---|---|---|
| （公元前264—前241年）第一次布匿战争 | 军费（包括公民兵军饷、辅助军给养、海军军费、运输装备费等） | 10 000 | 100% |
| | 合　计 | 10 000 | 100% |
| | 年　均 | 435 | |

### 表7 第二次布匿战争时期罗马国家收入简表

| 时间 | 项目 | 金额 | 占总收入的百分比 |
|---|---|---|---|
| （公元前218—前201年）第二次布匿战争期间 | 公民税（含公债） | 18 200 | 64% |
| | 战争收入 | 6 500 | 23% |
| | 行省税收 | 2 400 | 8% |
| | 公有地地租及间接税 | 1 500 | 5% |
| | 合　计 | 28 600 | 100% |
| | 年　均 | 1 590 | |

表 8　第二次布匿战争时期罗马国家支出简表

| 时间 | 项目 | | 金额 | 占总支出的百分比 |
|---|---|---|---|---|
| （公元前 218—前 201 年）第二次布匿战争期间 | 军　费 | | 28 600 | 100％ |
| | 合　计 | | 28 600 | 100％ |
| | 年　均 | | 1 590 | |

表 9　公元前 200—前 157 年罗马国家收入简表

| 时间 | 项目 | | 金额 | 占总收入的百分比 |
|---|---|---|---|---|
| 公元前 200—前 157 年 | 战争收入 | | 26 160 | 42.8％ |
| | 行省税收（包括矿山收入） | | 18 000 | 29.6％ |
| | 公有地地租 | | 6 300 | 10.3％ |
| | 公民税（至公元前 167 年） | | 6 000 | 9.8％ |
| | 间接税 | | 4 600 | 7.5％ |
| | 合　计 | | 61 060 | 100％ |
| | 年　均 | | 1 420 | |

表 10　公元前 200—前 157 年罗马国家支出简表

| 时间 | 项目 | | 金额 | 占总支出的百分比 |
|---|---|---|---|---|
| 公元前 200—前 157 年 | 行政与公共娱乐 | | 4 000 | 7.2％ |
| | 公共工程 | | 2 000 | 3.6％ |
| | 军　费 | | 47 200 | 85.1％ |
| | 偿还第二次布匿战争公债 | | 2 250 | 4.1％ |
| | 合　计 | | 55 450 | 100％ |
| | 年　均 | | 1 289.5 | |

**表 11　公元前 150—前 90 年罗马国家收入简表**

| 时间 | 项目 | 金额 | 占总收入的百分比 |
|---|---|---|---|
| 公元前 150—前 90 年 | 行省税收 | 100 000 | 90％ |
| | 间接税<br>战争收入 | 10 000 | 9％ |
| | 国王遗产 | ？ | |
| | 合　计 | 110 000—120 000 | 100％ |
| | 年　均 | 2 000 | |

**表 12　公元前 150—前 90 年罗马国家支出简表**

| 时间 | 项目 | 金额 | 占总支出的百分比 |
|---|---|---|---|
| 公元前 150—前 90 年 | 军　费 | 65 000 | 57％ |
| | 公共工程 | 22 500 | 20％ |
| | 行政费 | 20 000 | 18％ |
| | 公民粮食补贴（公元 123 年以后） | 6 000 | 5％ |
| | 合　计 | 113 500 | 100％ |
| | 年　均 | 1 892 | |

**表 13　公元前 90—前 31 年罗马国家收入简表**

| 时间 | 项目 | 金额 | 占总收入的百分比 |
|---|---|---|---|
| 公元前 90—前 31 年 | 行省税收 | 公元前 63 年：5 000 | |
| | 战争收入 | 公元前 62 年：8 500<br>？<br>（公元前 61 年，庞培上交 5 000） | |

**表 14  公元前 90—前 31 年罗马国家支出简表**

| 时间 | 项目 | 金额 | 占总支出的百分比 |
|------|------|------|------|
| 公元前 90—前 31 年 | 军　费 | 公元前 80—前 50 年：<br>年均：2 300～2 500 | |
| | 公民粮食补贴 | 公元前 58—前 51 年：<br>年均：600 | |
| | 行政费 | ？ | |
| | 公共工程 | ？ | |

# 附录二　罗马与迦太基之间
# 签订的条约

　　罗马与迦太基之间的第一个条约是在路契乌斯·朱尼乌斯·布鲁图斯和马尔库斯·赫拉提乌斯就任执政官之年订立的。他们是罗马人驱逐国王后首次当选的执政官（公元前509）。卡庇托尔的朱庇特神庙也是由他们主持修建的。这一年正好是薛尔克斯入侵希腊前的第28年。我在这里附上条约的译文，并尽力翻译准确——但实际上古今语言大相径庭，即使罗马最博学的专家在经过认真的钻研之后，也很难把条约中的某些内容翻译出来。下面是条约的具体内容：

　　罗马人及其同盟者与迦太基及其同盟者之间，应依照以下条款友好相处：

　　第一，无论罗马人或其盟友，除为风暴或敌人所迫外，均不得驶越美丽海岬。如有被迫登陆者，不得购买或带走除为修理船只或宗教仪式所需用品之外的任何东西，并必须在5日内离开此地。

　　第二，登陆经商的人，如无传令官或城镇官员在场，不得从事任何交易。如果在利比亚或撒丁尼亚进行交易，卖主无论以什么价格出卖商品，只要上述官吏在场，都将得到国家的保护。如果罗马人来到西西里的迦太基辖区，那么他就能享受与其他人同等的权利。

　　第三，迦太基人不能损害阿尔德阿人、安契乌姆人、劳兰顿人、西尔策依人和塔拉西那人的利益，也不能损害罗马辖下的其他拉丁城镇的利益。对于那些不隶属罗马的拉丁城镇，迦太基人也不得擅自插手。如果他们已经攻占了某一城市，则应秋毫无犯，并完整地将其移交给罗马人。他们不得在拉丁姆地区修筑堡垒。如他们携带武器进入拉丁姆境内，则必须在夜晚来临之前离开。

这里所说的美丽海岬，接近迦太基的北方边界，迦太基人绝不允许罗马人乘军舰在此以南航行，我认为其原因是他们不愿意让罗马人熟悉比萨提斯周围或被他们称为埃姆波里亚的小塞尔提斯附近的地区，因为这里土地肥沃，物产丰富。条约继续说，如有人因风暴或受敌人追逐而到达该地，他们可以带走祭神或修船所需的物品，但不得超过此限，并必须在 5 日内离去。罗马人可以到迦太基本土，到美丽海岬这边的所有利比亚城市以及撒丁尼亚岛与西西里的迦太基辖区进行贸易。迦太基人必须以国家的信誉保证贸易者受到公正的待遇。

从条约中可见，迦太基人已经把撒丁尼亚和利比亚岛完全看成是受他们统辖的地区。至于西西里岛却不同，他们只对受迦太基统治的那部分地区做了规定。罗马人在订约时同样也仅提及了拉丁姆地区，没有提及意大利的其余部分，因为当时意大利还没有完全处在他们的统治之下。

在此条约之后，他们又缔结了另一个条约（双方签订这一条约的具体日期不详——译者）。在这个条约里，迦太基人把推罗和乌提卡也包括进去，并在美丽海岬之外又增加了玛斯提亚和塔尔塞乌姆，以此作为界线，不准罗马人越过这一界线进行远征掳掠或兴建城市。条约的内容大致如下：

　　罗马人及其同盟者与迦太基、推罗人、乌提卡人及其同盟者之间，应按以下条款友好相处：
　　第一，罗马人不得越过美丽海岬、玛斯提亚和塔尔塞乌姆进行掳掠、贸易或兴建城市。
　　第二，迦太基人如占领了拉丁姆地区任何不属于罗马统辖的城市，他们可保有其战利品和俘虏，但必须把城市归还。如果迦太基人俘虏了那些与罗马人缔结过成文条约，但不隶属于罗马的城市的成员，那么他们不得将俘虏带入罗马湾，若已带入，一经罗马人干预，俘虏即应释放。罗马人也应承担与此相同的义务。

第三，罗马人如在迦太基统治下的地区取得水或粮食，他们不得用这些粮食来伤害与迦太基缔结条约和建立友好关系的任何民族。迦太基也同样不得有这类行动。若有人有此种行为，将不以私人报复处罚，而应以触犯国法论罪。

第四，罗马人不得在撒丁尼亚和利比亚从事贸易或兴建城市。除补充给养或修理船舶之外，不得获取任何其他物品。因被风暴所驱而停靠在这些海岸者，应于 5 日内离去。在西西里的迦太基所辖地区及迦太基本土，罗马人可以经营任何商业，并销售准许公民售卖的任何物品。迦太基人在罗马也享有同样的权利。

在这一条约中，迦太基人又一次强调了他们对利比亚和撒丁尼亚的所有权，并不准罗马人越雷池一步。但是另一方面，对于西西里，他们只提及了属于他们管辖的部分。罗马人对拉丁姆也做出了同样的规定，不准迦太基人欺侮阿尔德阿人、安契乌姆人、劳兰顿人、西尔策依人和塔拉西那人，同时也禁止迦太基人欺侮那些坐落于拉丁海边且与这一条约有关的城市。

早期罗马人与迦太基人之间的最后一个条约缔结于皮洛士入侵意大利之时（公元前 280），即迦太基为争夺西西里而进行的战争之前。这一条约除了重申过去的条约中业已规定的条款外，还增加了以下内容：

无论迦太基人还是罗马人，如有一方欲与皮洛士订立盟约，那么双方都将互相约定：当两国中的任何一方遭受攻击时，他们都将互相援助。不管哪一方需要支援，迦太基人都将供应运输船只及战舰；但战士的薪饷应由战士的所属国支付。如有需要，迦太基人也应在海上援助罗马人。但任何人都不得无视罗马人的意愿强令船员在罗马沿海登陆。

这些条约的宣誓仪式如下。迦太基人首先向他们的祖神宣誓，然后由罗马人按照古代的习俗向朱庇特石宣誓。但在签订最后一个条约时，罗马人是向马尔斯和奎林努斯神宣誓的。向朱庇特石宣誓的仪式如下。为条约发誓的人手持石头以国家的名义起誓。誓毕，发誓人将以下述语言结束整个仪式："若我遵守这个誓言，我将得到好运；若我阳奉阴违，那么就让所有的人都平安地生活在自己的祖国和法律之下，守着自己的财产、诸神和祖坟；而唯独我要同这块石头一样被抛弃。"说毕，他将手中的石头扔向天空。

这些镌刻在青铜板上的条约铭文，直到今日还存放在卡庇托尔朱庇特神庙附近的营造官档案库内。

译自波利比乌斯：《通史》，3，22～26

# 参考文献

**一、马列经典著作**

1. 马克思：《资本论》第一卷，北京，人民出版社，2004。

2. 马克思：《资本论》第二卷，北京，人民出版社，2004。

3. 马克思：《资本论》第三卷，北京，人民出版社，2004。

4. 《马克思恩格斯全集》第四十六卷，上册，北京，人民出版社，1979。

5. 《马克思恩格斯选集》第一卷，北京，人民出版社，1995。

6. 《马克思恩格斯选集》第二卷，北京，人民出版社，1995。

7. 《马克思恩格斯选集》第三卷，北京，人民出版社，1995。

8. 《马克思恩格斯选集》第四卷，北京，人民出版社，1995。

9. 列宁：《国家与革命》，北京，人民出版社，2001。

**二、古典文献（以下文献皆来自哈佛大学出版社"洛布古典丛书"）**

1. Ammianus Marcellinus, *Roman History*.

2. Appian, *The Civil Wars*.

3. Athenaeus, *The Deipnosophists*.

4. Aulus Gellius, *Attic Nights*.

5. Caesar, *The Alexandrian War*, *The African War*, *The Spanish War*.

6. Caesar, *The Gallic War*.

7. Caesar, *The Civil Wars*.

8. Cato, *On Agriculture*.

9. Cicero, *Letters to Atticus*.

10. Cicero, *On the Republic*, *On the Laws*, *On Duties*.

11. Cicero, *Philippics*.

12. Columella, *On Agriculture*.

13. Cornelius Nepos, *On Great Generals*, *On Historians*.

14. Dio Chrysostom, *Discourses*.

15. Diodorus Siculus, *Library of History*.

16. Dionysius of Halicarnassus, *Roman Antiquities*.

17. Florus, *Epitome of Roman History*.

18. Herodian, *History of the Empire*.

19. Horace, *Odes and Epodes Satires*, *Epistles*, *The Art of Poetry*.

20. Livy, *Roman History*.

21. Lucan, *The Civil War (Pharsalia)*.

22. Magie, D. *The Two Valerians*, *The Two Gallieni*, *The Thirty Pretenders*, *The Deified Claudius*, *The Deified Aurelian*, *Tacitus*, *Probus*.

23. Magie, D. *Firmus, Saturninus, Proculus and Bonosus*.

24. Magie, D. *Carus, Carinus and Numerian*.

25. Marcus Aurelius, *Midetation*.

26. Pausanias, *Description of Greece*.

27. Petronius, *Satyricon*, *Apocolocyntosis*.

28. Pliny the Elder, *Natural History*.

29. Pliny the Younger, *Letters*.

30. Pliny the Younger, *Panegyricus*.

31. Plutarch, *Alexander and Caesar*.

32. Plutarch, *The Education of Children*, *How the Young Man Should Study Poetry*, *On Listening to Lectures*, *How to Tell a Flatterer from a Friend*, *How a Man May Become Aware of His Progress in Virtue*.

33. Plutarch, *How to Profit by One's Enemies*, *On Having*

*Many Friends*，*Chance*，*Virtue and Vice*，*Letter of Condolence to Apollonius*，*Advice About Keeping Well*，*Advice to Bride and Groom*，*The Dinner of the Seven Wise Men*，*Superstition*.

34. Polybius，*The Histories*.

35. Procopius，*Gothic War*.

36. Procopius，*On Buildings*.

37. Quintus Curtius，*History of Alexander*.

38. Sallust，*War with Catiline*，*War with Jugurtha*，*Selections from the Histories*，*Doubtful Works*.

39. Seneca，*Epistles*.

40. Strabo，*Geography*.

41. Suetonius，*Julius*，*Augustus*，*Tiberius*，*Gaius*，*Caligula*，*Claudius*，*Nero*，*Galba*，*Oth. and Vitellius*，*Vespasian*，*Titus*，*Domitian*.

42. Tacitus，*Agricola*，*Germania*，*Dialogue on Oratory*.

43. Tacitus，*Annals*.

44. Tacitus，*Histories*.

45. Valerius Maximus，*Memorable Doings and Sayings*.

46. Velleius Paterculus，*Compendium of Roman History*，*Res Gestae Divi Augusti*.

47. Virgil，*Eclogues*，*Georgics*，*Aeneid*..

### 三、古典文献译著及相关资料集

1. [古罗马]阿庇安：《罗马史》上卷，北京，商务印书馆，1978。

2. [古罗马]阿庇安：《罗马史》下卷，北京，商务印书馆，1976。

3. [古希腊]阿里安：《亚历山大远征记》，北京，商务印书馆，1979。

4. [古罗马]奥古斯丁：《忏悔录》，北京，商务印书馆，1963

5. [古罗马]加图：《农业志》，北京，商务印书馆，1986。

6. [古罗马]凯撒：《高卢战记》，北京，商务印书馆，1979。

7. [古罗马]凯撒:《内战记》,北京,商务印书馆,1986。

8. [古罗马]查士丁尼:《法学总论》,北京,商务印书馆,1997。

9. [古希腊]普鲁塔克:《希腊罗马名人传》,北京,商务印书馆,1990。

10. [古罗马]撒路斯提乌斯:《喀提林阴谋 朱古达战争》,北京,商务印书馆,1994。

11. [古罗马]苏维托尼乌斯:《罗马十二帝王传》,北京,商务印书馆,2000。

12. [古罗马]塔西佗:《编年史》,北京,商务印书馆,1981。

13. [古罗马]塔西佗:《历史》,北京,商务印书馆,2002。

14. [古罗马]塔西佗:《日耳曼尼亚志 阿古利可拉传》,北京,商务印书馆,2011。

15. [古罗马]瓦罗:《论农业》,北京,商务印书馆,1981。

16. [古罗马]西塞罗:《国家篇 法律篇》,北京,商务印书馆,1999。

17. [古罗马]西塞罗:《论老年 论友谊 论责任》,北京,商务印书馆,2003。

18. 林志纯主编:《世界通史资料选辑:上古部分》,北京,商务印书馆,1962。

19. 李雅书选译:《罗马帝国时期》上,北京,商务印书馆,1985。

20. 杨共乐选译:《罗马共和国时期》上,北京,商务印书馆,1997。

21. 杨共乐选译:《罗马共和国时期》下,北京,商务印书馆,1998。

22. 杨共乐主编:《世界上古史资料汇编》,北京,北京师范大学出版社,2010。

**四、近现代外文著作**

1. Abrams, Philip and Wrigley, E. A. eds., *Towns in Societies: Essays in Economic History and Historical Sociology*, Cambridge,

Cambridge University Press, 1978.

2. Astin, E. , *Cato the Censor*, Oxford, Clarendon Press, 1989.

3. Astin, A. E. , Walbank, F. W. , Frederiksen, M. W. and Ogilvie, R. M. eds. , *The Cambridge Ancient History*, *Second Edition*, *Volume Ⅷ*, Cambridge, Cambridge University Press, 1989.

4. Badian, E. , *Roman Imperialism in the Late Republic*, Ithaca, N. Y. , Cornell University Press, 1981.

5. Beloch, Julius, *Die Bevolkerung der Griechisch-Romischen Welt*, Leipzig, Verlag von Duncker & Humblot, 1886.

6. Briscoe, John, *A Commentary on Livy Books xxxi-xxxiii*, Oxford, Clarendon, 1973.

7. Brunt, P. A. , *Italian Manpower: 225 B. C. -A. D. 14*, Oxford, Clarendon Press, 1971.

——*Social Conflicts in the Roman Republic*, New York, Norton, 1971.

8. Cary, M. and Scullard, H. H. , *A History of Rome: Down to the Reign of Constantine*, New York, St. Martin's Pr. , 1975.

9. Crawley, C. W. ed. , *The New Cambridge Modern History*, *Vol. 9*, Cambridge, Cambridge University Press, 1965.

10. Crook, J. A. , Lintott, Andrew and Rawson, Elizabeth eds. , *The Cambridge Ancient History*, *Second Edition*, *Volume IX*, Cambridge, Cambridge University Press, 1992.

11. Dudley, Donald R. , *The Romans*, London, Hutchinson, 1970.

12. Duncan-Jones, Richard, *The Economy of the Roman Empire: Quantitative Studies*, Cambridge, Cambridge University Press, 1982.

13. Ferrero, Guglielmo, *The Greatness and Decline of Rome*, Alfred E. Zimmern (H. J. Chaytor) trans. , London, William Heine-

mann，1971.

14. Finley，M. I. ，*Slavery in Classical Antiquity*: *Views and Controversies*，Cambridge，W. Heffer，1960.

——*The Ancient Economy*，Berkeley & London，University of California Press，1985.

15. Frank，T. ，*An Economic History of Rome*，Baltimore，The Johns Hopkins Press，1927.

——*An Economic Survey of Ancient Rome* (ESAR)，Baltimore，The Johns Hopkins Press，1933.

16. Friedlander，L. ，*Roman Life and Manners under the Early Empire*，New York，Arno Pr. ，1979.

17. Garnsey，Peter，Hopkins，Keith and Whittaker，C. R. eds. ，*Trade in the Ancient Economy*，London，Chatto & Windus，1983.

18. Heichelheim，Fritz M. ，*An Ancient Economic History*，Vol. 3，Leyden，A. W. Sijthoff，1970.

19. Hopkins，K. ，*Conquerors and Slaves*: *Sociological Studies in Roman History*，Cambridge & New York，Cambridge University Press，1978.

20. Jones，A. H. M. ，*The Decline of the Ancient World*，London，Longman，1984.

——*Later Roman Empire*: *284-602*，Blackwell，1986.

21. Lewis，N. and Reinhold，M. eds. ，*Roman Civilization*: *Selected Readings*，New York，Columbia University Press，1951.

22. Lindsay，J. O. ed. ，*The New Cambridge Modern History*，*Vol. 7*，Cambridge，Cambridge University Press，1957.

23. Loane，H. J. ，*Industry and Commerce of the City of Rome*，Philadelphia，Porcupine Press，1979.

24. Malone，Caroline and Stoddart，Simon eds. ，*Papers in Italian Archaeology 4*: *The Cambridge Conference*，*Pt. 1 The Human*

*Landscape*，Oxford，BAR，1985．

25．Rickman，G．，*The Corn Supply of Ancient Rome*，Oxford，Clarendon Press，1980．

26．Rostovtzeff，M．，*The Social and Economic History of the Roman Empire*，London，Oxford University Press，1998．

27．Sandys，Sir John Edwin ed.，*ACompanion to Latin Studies*，Cambridge，Cambridge University Press，1929．

28．Scullard，H. H．，*A History of the Roman World，753 to 146 BC*，London，Methuen & Co. Ltd.，1951．

29．Smith，Richard Edwin，*Service in the Post-Marian Roman Army*，Manchester，Manchester University Press，1958．

30．Stevenson，G. H．，*Roman Provincial Administration till the Age of Antonines*，Oxford，Blackwell，1939．

31．Toynbee，A. J．，*Hannibal's Legacy*，London，Oxford University Press，1965．

Wacher，John ed.，*The Roman World*，Vol. 2，London，Routledge and Kegan Paul，1986．

32．Westermann，W. L．，*The Slave Systems of Greek and Roman Antiquity*，Philadelphia，American Philosophical Society，1955．

33．White，K. D．，*Roman Farming*，London，Thames & Hudson，1970．

——*Greek and Roman Technology*，London，Thames and Hudson，1984．

## 五、近现代外文学术论文

1．Brunt，P. A．，"The Army and the Land in the Roman Revolution," *The Journal of Roman Studies*，1962，Vol. 52．

2．Crawford，Michael，"Money and Exchange in the Roman World," *The Journal of Roman Studies*，1970，Vol. 60．

3．Duncan-Jones，R. P．，"Human Numbers in Towns and Town-

Organisations of the Roman Empire: The Evidenceof Gifts," *Historia*: *Zeitschriftfür Alte Geschichte*, 1964, Bd. 13, H. 2.

4. Frank, T., "The Public Finances of Rome 200-157 B. C.," *The American Journal of Philology*, 1932, Vol. 53, no. 1.

5. Garnsey, Peter, Gallant, Tom and Rathbone, Dominic, "Thessaly and the Grain Supply of Rome during the Second Century B. C.," *The Journal of Roman Studies*, 1984, Vol. 74.

6. Garnsey, Peter and Rathbone, Dominic, "The Background to the Grain Law of Gaius Gracchus," *The Journal of Roman Studies*, 1985, Vol. 75.

7. Gordon, Mary L., "The Nationality of Slaves under the Early Roman Empire," *The Journal of Roman Studies*, 1924, Vol. 14.

8. Hopkins, Keith, "Taxes and Trade in the Roman Empire (200 B. C. -A. D. 400)," *The Journal of Roman Studies*, 1980, Vol. 70.

9. Nagle, D. Brendan, "The Etruscan Journey of Tiberius Gracchus Author(s)," *Historia*: *Zeitschriftfür Alte Geschichte*, 4th Qtr., 1976, Bd. 25, H. 4.

10. Oates, Whitney J., "The Population of Rome," *Classical Philology*, 1934, Vol. 29, No. 2.

11. Pansiot, F. P., and Rebour, H., "Improvement in Olive Cultivation" (Food and Agriculture Organization of the U. N., *Agricultural Studies* No. 50, 1961).

12. Rathbone, D. W., "The Development of Agriculture in the 'Ager Cosanus' during the Roman Republic: Problems of Evidence and Interpretation," *The Journal of Roman Studies*, 1981, Vol. 71.

——"The Slave Mode of Production in Italy," *The Journal of Roman Studies*, 1983, Vol. 73, pp. 160-168.

13. Rich, J. W., "The Supposed Roman Manpower Shortage of the Later Second Century B. C.," *Historia*: *ZeitschriftFür Alte Ge-*

*schichte*，3rd Qtr.，1983，Bd. 32，H. 3.

14. Taylor, Lily Ross, "Freedmen and Freeborn in the Epitaphs of Imperial Rome," *The American Journal of Philology*，1961，Vol. 82，No. 2.

15. Westermann, William Linn, "Slave Maintenance and Slave Revolts," *Classical Philology*，1945，Vol. 40，No. 1.

16. White，K. D.，"Wheat-Farming in Roman Times," *Antiquity*，1963，37(147).

——"The Productivity of Labour in Roman Agriculture," *Antiquity*，1965，39(154).

17. Yeo, Cedric A.，"Land and Sea Transportation in Imperial Italy," *Transactions and Proceedings of the American Philological Association*，1946，Vol. 77.

——"The Overgrazing of Ranch-Lands in Ancient Italy," *Transactions and Proceedings of the American Philological Association*，1948，Vol. 79：275-307.

——"The Development of the Roman Plantation and Marketing of Farm 18. Products," *FinanzArchiv / Public Finance Analysis*，1951，Vol. 13，No. 2.

——"The Economics of Roman and American Slavery," *Finanz Archiv / Public Finance Analysis*，1951/1952，Bd. 13，H. 3：451.

**六、近现代中文译著**

1. [英]爱德华·吉本：《罗马帝国衰亡史》，北京，商务印书馆，1997。

2. [苏]科瓦略夫：《古代罗马史》，北京，生活·读书·新知三联书店，1957。

3. [美]罗斯托夫采夫：《罗马帝国社会经济史》，北京，商务印书馆，1985。

4. [法]孟德斯鸠：《罗马盛衰原因论》，北京，商务印书馆，2001。

5. ［美］J. W. 汤普森：《历史著作史》上卷，第一分册，北京，商务印书馆，1988。

6. ［美］汤普逊：《中世纪经济社会史》，上册，北京，商务印书馆，1997。

七、中文著作

1. 胡庆钧、廖学盛：《早期奴隶制社会比较研究》，北京，中国社会科学出版社，1996。

2. 李雅书、杨共乐：《古代罗马史》，北京，北京师范大学出版社，2004。

3. 《世界上古史纲》编写组编：《世界上古史纲》上、下册，北京，人民出版社，1981。

4. 施治生、郭方主编：《古代民主与共和制度》，北京，中国社会科学出版社，2002。

5. 杨共乐：《罗马史纲要》，北京，商务印书馆，2015。

八、中文学术论文

1. 齐思和：《从伽图的农业论看罗马农业》，载《大公报》，1951-05-11。

2. 马克垚：《罗马与汉代奴隶制比较研究》，载《历史研究》，1981(3)。

3. 王阁森：《加图的农业思想和加图式庄园的经济特征》，载《齐鲁学刊》，1985(6)。

4. 王阁森：《瓦罗农学与公元前 1 世纪意大利的农业经济》，载《齐鲁学刊》，1986(3)。

在撰写《罗马社会经济研究》的过程中，笔者参考了国内外众多的文献资料，并吸纳了国内外学者相关的学术成果，尤其是参考并使用了 Loeb Classical Library 和商务印书馆出版的汉译世界学术名著丛书，引用了这两套书中的部分译文，或对某些译文做了适当的汉译，在此特作说明。笔者对学术前辈们付出的辛勤劳动表示由衷的感谢与敬意。

# 后　记

　　《罗马社会经济研究》是多年前完成的研究成果，多年后重新对其审核，发现许多观点都还有重要的学术价值，深感欣慰。这应该感谢我的老师们，感谢他们对我的正确引导和悉心指导。是他们要求我踏实求学，从文字入手，从材料出发；是他们要求我重视理论，深入分析，辩证思考，综合观察事物的发展过程。我由衷地感激他们。

　　在这次修订过程中，我参考或使用了 The Loeb Classical Library 相关作品以及李雅书、马香雪、王以铸、任炳湘、王家绶、谢德风等先生的部分翻译成果，吸纳了编辑刘东明、尹栋同志为本书的修订提出的富有启发性的意见，在此特作说明，并致谢忱。

杨共乐

北京师范大学史学理论与
史学史研究中心

**2020 年 10 月 1 日**

**图书在版编目（CIP）数据**

罗马社会经济研究/杨共乐著. —北京：北京师范大
学出版社，2022.1
（励耘史学文丛）
ISBN 978-7-303-27556-4

Ⅰ.①罗… Ⅱ.①杨… Ⅲ.社会经济形态－研究－
古罗马 Ⅳ.①F119.2

中国版本图书馆 CIP 数据核字（2021）第 260869 号

| 营　销　中　心　电　话 | 010-58807651 |
| 北师大出版社高等教育分社微信公众号 | 新外大街拾玖号 |

LUOMA SHEHUI JINGJI YANJIU

出版发行：北京师范大学出版社 www.bnup.com
　　　　　北京市西城区新街口外大街 12-3 号
　　　　　邮政编码：100088

印　　刷：天津旭非印刷有限公司
经　　销：全国新华书店
开　　本：730 mm ×980 mm　1/16
印　　张：19.75
字　　数：279 千字
版　　次：2022 年 1 月第 1 版
印　　次：2022 年 1 月第 1 次印刷
定　　价：60.00 元

策划编辑：刘东明　　　　　责任编辑：赵雯婧　尹　栋
美术编辑：李向昕　　　　　装帧设计：李向昕
责任校对：段立超　　　　　责任印制：马　洁